교부 문헌 총서 12

폴리카르푸스의 편지
폴리카르푸스 순교록

하느님성서연구소
하 성 수
역주

분 도 출 판 사

차 례

폴리카르푸스의 편지

가. 해제 ··· 9
  1. 스미르나 ·· 9
  2. 폴리카르푸스의 생애 ······································ 11
  3. 첫째 편지와 둘째 편지 ··································· 19
  4. 편지의 구성 ··· 20
  5. 편지의 주제와 내용 ······································ 22
  6. 「폴리카르푸스의 편지」에 사용된 문헌 ············· 25
  7. 「폴리카르푸스의 편지」와 「클레멘스의 편지」의 유사 본문 비교 ··· 26
  8. 폴리카르푸스와 사목서간 ······························· 30
  9. 교회론 ·· 34
  10. 종말론 ·· 40
  11. 고대 라틴어 사본 ·· 41

나. 본문과 역주 ·· 45

다. 부록: 라틴어 역본 ··· 88

폴리카르푸스 순교록

가. 해제 ·· 101
  1. 「폴리카르푸스 순교록」의 문학 유형과 삶의 자리 ·············· 101

5

2. 순교록의 편집본과 본문 ·· 103
      2.1. 순교록의 편집본 ·· 103
      2.2. 그리스어 수사본 ·· 104
      2.3. 에우세비우스의 「교회사」 4, 15, 3-45 ···················· 105
      2.4. 간접 증언 ·· 106
      2.5. 초기 번역본 ··· 106
   3. 순교록의 구조 ·· 106
   4. 몬타누스주의 ··· 109
   5. 순교록과 신약성서: '복음에 따라' (κατὰ τὸ εὐαγγέλιον) ···· 115
   6. 순교록에 나타난 '순교자' (μάρτυς) 개념의 발전 ············ 118

나. 본문과 역주 ·· 123

다. 부록: 에우세비우스의 「교회사」 4, 15, 3-45 ···················· 192

약어표 ·· 205
참고 문헌 ··· 210

성서 인용 색인 ··· 223
고대문헌 인용 색인 ··· 231

폴리카르푸스의 편지

가. 해 제

1. 스미르나

스미르나 Σμύρνα(Smyrna, 오늘날 터키의 이즈미르)[1]는 소아시아 지방의 서해안에 있는 항구 도시이다. 에올리아인들은 기원전 12세기에 스미르나에 정착하여 기원전 10세기부터 8세기까지 이곳의 토착민들을 통치하였다. 헤로도투스(「역사」 1,150)는 에올리아인들이 성 밖에서 주신酒神인 디오니시오스를 경배하는 축제를 거행하는 사이에 이오니아인들이 이 도시를 점령하였다고 전한다. 이오니아인들은 스미르나에서 도보로 사흘 거리의 사르데스에 도읍을 둔 리디아 왕국과 전쟁을 벌였다. 기원전 627년 리디아의 왕 알리아테스Alyatess는 이 전쟁에서 스미르나를 점령하였다. 그 뒤 스미르나인들은 내륙지방의 평원에 흩어져 살았으며 이 도시는 300년간 폐허로 남아 있었다. 그러나 스미르나인들은 정체성을 잃지 않고 자신들을 '스미르나인'이라고 불렀다. 이들에 관한 보고는 고대의 여러 시인들과 호메로스의 작품에 남아 있다(스미르나인들은 호메로스가 스미르나에서 태어났다고 주장한다).

기원전 334년 알렉산더 대왕은 소아시아 지방을 침공하여 사르데스를 점령하였다. 그가 323년 열병으로 사망한 뒤 리시마코스Lysimachos 왕은 301년 입소스Ipsos 전투에서 승리를 거두었다. 그 뒤 스미르나는 새로운 도시로 재건되어 아시아 지방의[2] 주요도시로 발돋움하였다. 기원전 281년 스미르나는 시리아의

---

[1] 스미르나에 관해서는 J.B. Bauer, *Die Polykarpbriefe*, 9-10쪽; L. Bürchner, *Smyrna*, 730-764쪽; H. Leclerq, *Smyrne*, 1519-1548쪽; A.M. Mansel, *Smirne*, 376-378쪽 참조.

[2] 로마 제국의 속주 가운데 하나였으며 오늘날의 터키 서부 지역에 해당한다.

오론테스 강가의 안티오키아에 수도를 둔 셀레우코스 왕조의 지배를 받았지만, 스미르나인들은 국내적으로도, 다른 나라와의 외교적 협상에서도 상당한 자유를 누렸다. 페르가몬, 로도스와 마찬가지로 스미르나는 로마와 연합하여 셀레우코스 왕조의 안티오쿠스 3세(기원전 241-187년)에 맞서 싸웠다.

타치투스(「연대기」 4,54-55)는 스미르나가 기원전 195년 소아시아에서 로마 여신의 신전을 처음으로 세운 도시라고 전한다. 특히 이 도시에는 망명자를 보호하는 아프로디테 스트라토니키스 신전이 있었으며, 주신(主神)인 '신들의 위대한 어머니 시필레네' Μεγαλή Μήτηρ Θεών Σιπυληνή의 신전도 있었다. 클라우디우스 황제(기원후 41~54년) 시대에는 2만 명을 수용할 수 있는 극장이 건립되었으며, 학문과 의학의 발달로 드높은 명성을 날렸다. 로마의 아우구스투스(기원전 27 ~ 기원후 14년) 시대 말기와 티베리우스(기원후 14~37년) 시대 초기에 저술 활동을 한 고대의 지리학자 스트라보L. Strabo는 스미르나를 세상에서 가장 아름다운 도시라고 하였다.

스미르나는 1세기 후반, 곧 사도 시대에 이미 그리스도교 신앙을 받아들였다(사도 2,8-10 참조). 스미르나는 요한 묵시록의 저자가 소아시아 지방에 편지를 보낸 일곱 교회(에페소, 스미르나, 페르가몬, 티아디라, 사르디스, 필라델피아, 라오디체아) 가운데 하나이다(묵시 2,8-11). 도미티아누스 황제(81~96년)는 살아 있을 때에 로마의 황제들 가운데 처음으로 자신을 "우리 주, 우리 신(神)"으로 공경할 것을 요구하였다. 소아시아 지방에서는 이러한 황제의 명령이 철저히 시행되어 로마 제국의 어느 지방보다 국가와 그리스도교 공동체 사이에 갈등이 심하였다. 묵시록은 도미티아누스 황제가 스미르나의 그리스도인에게 열흘 동안 일으킨 박해에 대해 전한다(묵시 2,10 참조).

안티오키아의 주교 이냐시우스는 시리아에서 로마로 압송되는 도중에 스미르나에서 네 통의 편지(에페소인, 마그네시아인, 트랄레스인, 로마인들에게 보낸 편지)를 썼고,[3] 스미르나의 주교인 폴리카르푸스는 이냐시우스가 순교한 지 수십년 뒤 스미르나의 경기장에서 순교하였다. 스미르나 출신의 많은 사람이 갈리아 지방에 그리

---

[3] 이밖에 이냐시우스는 트로아스에서 세 통의 편지(필라델피아인들, 스미르나인들, 폴리카르푸스에게 보낸 편지)를 썼다.

스도교를 전파하였다. 폴리카르푸스의 제자이자 리옹의 주교인 이레네우스도 스미르나 출신이었을 것이다. 3세기 데치우스 황제(249~251년)의 박해 때, 스미르나 출신의 장로 피오니우스와 몇몇 그리스도인이 이곳에서 순교하였으나 스미르나의 주교 에우크테몬은 배교하였다. 스미르나의 주교들은 니체아(325년), 에페소(431년), 칼체돈(451년) 공의회에 참석하기도 하였다. 스미르나의 주교 요한은 1054년 7월 20일 미카엘 케룰라리오스가 콘스탄티노플 교회회의에서 제안한 결정들에 서명하였다. 이 결정으로 동방 교회와 서방 교회는 분열되고 그 뒤로 수세기 동안 스미르나는 주변 강대국들이 벌이는 전쟁의 소용돌이에 휘말리게 되었다. 스미르나는 1084년 셀주크족에 정복되었으나, 1097년에 비잔틴 제국이 다시 탈환하였다. 제4차 십자군(1204년)이 콘스탄티노플을 점령한 뒤에는 니체아 제국에 속하였다. 이후 스미르나는 다시 셀주크족에 정복되었으나 1324년 동맹군(베네치아, 교황, 키프로스, 요한기사 수도회)이 셀주크족에 승리를 거둠으로써 이곳의 대주교좌는 잠시 전성기를 누렸다. 특히 작은 형제회OFM가 이곳에서 활발히 활동하였으며, 이 시기의 모든 주교는 수도회의 회원들이었다. 몽골족의 침입(1402년)과 오스만족의 점령(1425년) 이후 이곳의 주교좌가 폐지되었지만 1624년 다시 설립되어 몇십 년 동안 지속되었다. 19세기에 접어들어 다시 주교좌가 설립되고 역시 몇십 년 동안 활발한 활동을 벌였다(1826~1873년 대성당 건축, 1869년 그리스 주교들이 참석한 교회회의 개최). 그리스와 터키 지역에 흩어져 살던 두 나라 민족은 그리스-터키 전쟁(1922~1933년) 이후 각자의 나라로 이주하여 현재 스미르나의 그리스도교 신자수는 현저히 줄어들었다.

2. 폴리카르푸스의 생애

폴리카르푸스의 이름과 생애에 관한 내용을 기록한 작품에는 「이냐시우스의 편지」,[4] 테르툴리아누스의 「이단자 규정론」, 가假-피오니우스의 「폴리카르푸스의

---

[4] 이냐시우스는 네 통의 편지(이냐.에페 21,1; 이냐.마그 15; 이냐.스미 12,2; 이냐.폴리 머릿글 참조)에서 스미르나의 주교 폴리카르푸스를 언급한다.

생애」,⁵ 「폴리카르푸스 순교록」, 에우세비우스의 「교회사」 등이 있다. 그밖에 이레네우스는 「이단논박」(3.3.4)에서 자기 스승 폴리카르푸스에 관한 짧은 전기를 전하면서 그가 어렸을 때 노년기에 접어든 폴리카르푸스의 설교를 들었고, 폴리카르푸스가 사도의 제자였다고 증언한다. 이레네우스는 영지주의에 빠진 로마의 장로 플로리누스에게 보낸 편지에서 다음과 같이 기술한다.

> 나는 복된 폴리카르푸스가 앉았던 자리와 가르쳤던 자리, 드나들던 장소, 그의 모든 행동과 외모, 사람들 앞에서 행한 연설을 당신(플로리누스)에게 설명할 수 있습니다. 그가 요한과 주님을 본 다른 사람들과 어떻게 교제하고 그들의 말을 어떻게 인용하였으며, 주님과 그분의 기적과 가르침에 관하여 그들에게서 무엇을 들었는지도 설명할 수 있습니다. 폴리카르푸스는 '로고스'(말씀)의 삶을 목격한 사람들로부터 모든 것을 전해 들었듯이 모든 것을 성서와 일치하여 이야기하였습니다.⁶

이레네우스가 위의 글에서 언급한 요한이 사도 요한은 아닐지라도(이러한 가능성은 거의 없다), 폴리카르푸스가 사도들의 제자였다는 사실을 이 편지에서 확인할 수 있다. "폴리카르푸스는 사도들의 제자이며, 주님을 직접 본 사람들과 함께 살았습니다."⁷ 이레네우스는 폴리카르푸스가 "사도들에 의해" $\dot{\upsilon}\pi\dot{o}$ $\dot{a}\pi o\sigma\tau\acute{o}\lambda\omega\nu$ 스미르나의 주교로 임명되었다고 전한다. 이때문에 「폴리카르푸스 순교록」은 폴리카르푸스를 "사도적 스승"(16.2)으로 부른다. 테르툴리아누스는 폴리카르푸스를 사도의 제자로 여기며, 사도 요한이 그를 스미르나의 주교로 임명하였다고 말한다.⁸

---

⁵ 400년경 저술된 가(假)-피오니우스의 「폴리카르푸스의 생애」는(F.X. Funk - F. Diekamp, *Patres,* 402-450쪽 참조) 고대의 순교 사건을 전하고 있지만 역사적 신빙성은 별로 없는 작품이다. 이 작품의 내용은 매우 허구적이지만 폴리카르푸스에 관한 연대는 「이냐시우스의 편지」, 「폴리카르푸스 순교록」과 「폴리카르푸스의 편지」, 이레네우스와 에우세비우스의 작품들에서 인용되었다. 이 작품은 400년경에 쓰였기 때문에 데치우스 황제의 박해 때 순교한(250년) 스미르나의 장로 피오니우스가 이 작품의 저자라고 볼 수 없다.

⁶ 에우. 교회 5,20,6.   ⁷ 이레. 논박 3,3,4. 참조: 에우. 교회 5,24,16.

⁸ 테르. 규정 32 참조.

폴리카르푸스는 아시아 지방에서 매우 존경받는 교회 지도자로서 155년경 로마로 가서[9] 그곳의 주교 아니체투스(154/155~166/167년)와 부활절 날짜, 단식 문제와 같은 교회의 여러 현안을 토의하였다. 아시아 지방의 대변인으로서 폴리카르푸스는 서방의 관습과 달리, 사도 요한의 전통에 따라 니산달 14일, 또는 그 다음 일요일에 부활절을 거행하는 '14일파' Quartadezimaner를 변론하였다. 부활절 날짜에 관한 이러한 토론에서 의견의 일치는 이루어지지 않았다. 그러나 폴리카르푸스와 아니체투스의 주장이 달랐음에도 그들 사이의 교회 공동체성은 깨지지 않았다. 아니체투스는 자신의 교회에서 스미르나의 주교가 성만찬을 거행하도록 허용하였으며,[10] 폴리카르푸스는 아니체투스와 화해한 뒤 로마를 떠났다.[11] 스미르나의 주교는 로마에 머무르는 동안 그곳의 이단자들, 이른바 발렌티누스파 영지주의자와 마르치온파에 맞서 논쟁을 벌여 그들 가운데 많은 사람을 교회로 다시 이끌었다.[12]

---

[9] 폴리카르푸스가 로마에 갔다는 사실은 이레네우스가 빅토르(189~199년경)에게 보낸 편지에서 알 수 있다.

[10] 에우.교회 5,24,14-17; 4,14,1 참조.

[11] 폴리카르푸스가 아니체투스 주교와 교회의 여러 문제를 논의하기 위해 로마로 간 것은 교회사적으로 지속적인 영향을 미쳤다. 이른바 '부활절 논쟁'에서 의견이 일치하지 않자, 로마의 주교 빅토르는 온 세계 모든 그리스도교 공동체의 부활축일을 춘분 이후 첫 만월 다음에 오는 일요일로 제정하려고 하였다. 이때 소아시아의 그리스도인들은 니산달 14일이 평일이라는 사실을 고려하지 않고 유다인과 동일한 날에 부활절을 거행하는 사도 요한의 전통에 따라 이를 반대하였다. 이때문에 이들을 "14일파"라고 부른다. 이 논쟁에서 폴리카르푸스와 아니체투스는 어떤 합의도 이루어내지 못했지만, 그렇다고 교회의 일치와 평화가 깨진 것은 아니었다. 이러한 사실을 바탕으로 리용의 이레네우스도 빅토르를 독려하여 평화를 유지하도록 권고하였고, 결국 이 논쟁의 궁극적인 해결은 이루어지지 않았다. 그러다 마침내 니체아 공의회(325년)가 니산달 14일에 행하는 부활절 관습을 최종적으로 금지시킴으로써 이 관습의 실행은 점점 더 약화되었다(H.R. Drobner, *Lehrbuch*, 44쪽 참조).

[12] 이레.논박 3,3,4 참조. 이레네우스는 마르치온이 폴리카르푸스에게 자신을 아느냐고 물었을 때 폴리카르푸스가 "나는 당신이 사탄의 맏아들이라는 것을 압니다"라고 대답하였다고 한다. 이처럼 폴리카르푸스는 마르치온을 개인적으로 교회에 받아들이지 않았다.

폴리카르푸스의 생애, 특히 그의 순교에 관해서는 스미르나 교회가 프리기아 지방의 필로멜리움 공동체에 보낸 편지인 「폴리카르푸스 순교록」에 상세히 전해진다. 사도행전에 나오는 스테파노의 순교 보고 이후 틀림없이 가장 오래되었을 이 순교 보고서는 폴리카르푸스가 사망한 지 1년 이내에 저술되었다. 「폴리카르푸스 순교록」 9장 3절에서 스미르나의 주교는 전집정관 앞에서 다음과 같이 고백한다.

여든여섯 해 동안 나는 그분을 섬겼습니다. 그분은 나에게 어떤 그릇된 행위도 하지 않으셨습니다. 그런데 내가 나를 구원하신 왕을 어떻게 모독할 수 있겠습니까?

이 진술에서 당시 폴리카르푸스의 나이가 적어도 86세였거나 그가 그리스도교로 개종하여 세례받은 이후의 햇수가 86년이었다고 추정할 수 있다.[13]

폴리카르푸스는 스미르나의 경기장에서 순교하였다.[14] 폴리카르푸스의 정확한 순교 연도는 아직도 논의중이지만, 「폴리카르푸스 순교록」 21장에는 순교 연도를 추론할 수 있는 내용이 나온다.

복된 폴리카르푸스는 크산티쿠스 달의 둘째 날, 3월 초하루 날의 7일 전, 대안식일[15] 오후 2시경에 순교하였습니다. 그는 트랄레스의 필립푸스가 대사제이고[16] 스타티우스 쾨드라투스가[17] 전집정관이었을 때 … 헤로데에게 체포되었습니다.

---

[13] 바우어(J.B. Bauer, *Die Polykarpbriefe*, 11-12쪽 참조)는 이 진술을 루가 2,36-37의 여예언자 안나와 관련시켜 해석한다. 안나가 과부가 되어 84년간 하느님을 섬겼다는 진술이 과부가 된 다음일 경우 그녀는 100세 이상이 된다. 주석가들은 이 구절을 "안나는 남편과 일곱 해를 산 후 (현재 그의 나이인) 여든네 살까지 과부로 살았다"로 해석한다. 따라서 바우어는 대부분의 학자들과 마찬가지로 이 구절을 폴리카르푸스의 온 생애를 가리키는 것으로 이해한다.

[14] 이레.논박 3,3,4; 에우.교회 5,24,4 참조.

[15] 로르도르프는 '대안식일'을 공공축제가 열리는 토요일, 곧 2월 23일에 열리는 정기축제로 해석하였다(W. Rordorf, *Zum Problem*, 245-249쪽 참조).

[16] 트랄레스의 율리우스 필립푸스(C. Julius Phillippus)는 149년 9월 실제로 대사제직을 지낸 인물이다.

한편 에우세비우스는 「교회사」에서 폴리카르푸스의 순교를 마르쿠스 아우렐리우스 황제의 통치기간(161~180년)으로 기록하였다(에우.교회 4,14,10-15,2). 반면에 「연대기」에서는 스미르나의 폴리카르푸스와 리용의 갈리아 순교자들이 마르쿠스 아우렐리우스 황제 즉위 7년(167년)에 있었던 박해의 희생자들이라고 언급하였다.

이러한 문헌들을 바탕으로 학자들은 폴리카르푸스의 사망 연도를 다음 네 가지로 주장한다.

1) 많은 학자는 「폴리카르푸스 순교록」 21장의 연대기적 보고에 따라 155~160년경으로 내세운다.[18]
2) 일부 학자는 에우세비우스 「연대기」의 보고에 따라 167/168년으로 주장한다.[19]

---

[17] 스타티우스 콰드라투스는 142년에 스미르나의 집정관이었으며, 155년경에는 전집정관이 되었다. 집정관(Consul)에서 전집정관(Proconsul)이 되기까지는 일반적으로 13년이 걸린다

[18] G. Alföldy, *Konsulat*, 214-215쪽 (156~158년); B. Altaner - A. Stuiber, *Patrologie*, 52쪽 (156년); L.W. Barnard, *In Defence*, 192쪽; T.D. Barnes, *A. Note*; T.D. Barnes, *Pre-Decian Acta*, 509쪽 이하 (156/157년); Th. Baumeister, *Die Anfänge*, 291-292쪽 (160년경); G.A. Bisbee, *Pre-Decian Acts*, 119쪽 이하 (155~158년); G. Buschmann, *Martyrium*, 19-24쪽; G. Buschmann, *Martyrium Polycarpi*, 129-130쪽; C.J. Cadoux, *Ancient Smyrna*, 355쪽, 주3 (155년); B. Dehandschutter, *Martyrium*, 191-219쪽 (156~160년); B. Dehandschutter, *Research*, 497-502쪽 (155~160년); E. Egli, *Altchristliche Studien*, 74-79쪽 (155년); J.A. Fischer, *Die Apostolischen Väter*, 229-232쪽 (155/156년); R.M. Grant, *Eusebius*, 115-116쪽 (156/157년); E. Griffe, *A propos*; E. Griffe, *Un nouvel article* (155년); J.W. Henten, *Zum Einfluß*, 701쪽 이하 (155~160년); P. Karpinski, *Annua dies*, 40쪽, 주2 (155년); J.B. Lightfoot, *ApF* II/1, 471-472쪽, 626-637쪽 (155년); H.A. Musurillo, *The Acts* (156년); W. Reuning, *Zur Erklärung*, 8-9쪽 (156년); W.R. Schoedel, *The Apostolic Fathers*, 78-79쪽 (155~160년); E. Schwartz, *Christliche und jüdische Ostertafeln*, 127-131쪽 (156년); W.H. Waddington, *Mémoire* (155년).

[19] D. Berwig, *Mark Aurel*, 41쪽 (168년); P. Brind'Amour, *La date* (167년); H.F.v. Campenhausen, *Bearbeitungen*, 253-254쪽 (166~7년); W.H.C. Frend, *Martyrdom*, 295쪽, 주1 (165~168년); H.I. Marrou, *La date* (167/168년); V. Saxer, *Bible*, 33쪽, 주2 (167년); M. Simonetti, *Alcune osservazione*, 328-332쪽 (167/168년); A. Strobel, *Ursprung*, 245-253쪽 (167년); W. Telfer, *The Date* (168년).

3) 몇몇 학자는 에우세비우스의 「교회사」에 따라 177년경으로 여긴다.[20]
4) 극소수의 학자는 250년 이후로 추정한다. 많은 학자는 폴리카르푸스가 데치우스 황제(250년) 이후에 사망한 것으로 추론하는 론케이S. Ronchey와 카임Th. Keim의 주장을 반박하였다.

「폴리카르푸스 순교록」 21장에 근거할 경우 폴리카르푸스의 사망 연도는 스타티우스 콰드라투스가 전집정관으로 있고, 대안식일이 토요일인 155년 2월 23일(윤년일 경우 156년 2월 22일)에 해당된다. 많은 학자는 「폴리카르푸스 순교록」 21장이 후대에 첨가되었을지라도 에우세비우스의 진술보다 더 신빙성이 있는 것으로 생각한다.

한편 그레그와르H. Grégoire와 오르겔P. Orgels은 「폴리카르푸스 순교록」 21장을 거부하고 에우세비우스의 「교회사」에 따라 폴리카르푸스가 177년경에 순교하였다고 주장하였다. 그들은 에우세비우스의 「연대기」(GCS 20,222: 참조: PL 27,627-628)에서 폴리카르푸스와 갈리아 지방의 그리스도인들이 마르쿠스 아우렐리우스 황제 통치 7년에 순교하였다는 보고는 에우세비우스의 「교회사」 5권의 서언에 기록된 '즉위 17년'을 잘못 기록한 것으로 보았다. 그렇지만 이러한 논거는 다음과 같은 근거로 반박할 수 있다.

1) 에우세비우스의 「연대기」에 나타나는 마르쿠스 아우렐리우스 황제 통치 7년을 17년으로 잘못 적었다는 주장은 신빙성이 없다.
2) 스미르나의 주교가 「폴리카르푸스 순교록」 9장 3절에 기록된 대로 86년 동안 그리스도를 섬겼다면, 유아 세례를 받았을 경우에 그의 나이는 적어도 86세가 된다. 따라서 순교 연도가 177년경이 되면 탄생 연도는 90년경이 되기 때문에 그는 단지 사도들을 알기만 한 사람이지 그들의 제자는 될 수 없다. 폴리카르푸스의 사망 연도를 155/156년으로 잡을 경우 그는 70년경에 태어난 것이다.
3) 이레네우스(논박 3,3,4)는 폴리카르푸스가 부활축일 논쟁에서 14일파를 변론하기 위하여 아시아 지방의 대표자로서 로마의 주교 아니체투스

---

[20] H. Grégoire - P. Orgels, La véritable date (177년).

(154/155~166/167년)를 만나러 갔다고 한다. 이러한 보고는 폴리카르푸스의 사망 연도를 아니체투스의 재임 초기로 추론하게 한다. 폴리카르푸스의 나이가 많아질수록 90세 이상의 노인이 로마로 여행한다는 사실은 불가능하기 때문이다.

4) 몬타누스주의의[21] 발생 연도는 에우세비우스(170년경)와 에피파니우스(156/157년)의 진술에[22] 큰 차이가 있기 때문에 아직도 논쟁의 여지가 있다. 따라서 「폴리카르푸스 순교록」 4장에서 몬타누스파의 인물인 퀸투스의 일화가 몬타누스주의 발생 이후에 저술되었으리라는 그레그와르의 주장(170년경)은 설득력이 없다.

마지막으로 폴리카르푸스의 사망 연도를 167/168년으로 주장하는 학자들을 논박하는 근거는 다음과 같다.

1) 에우세비우스의 연대는 부분적으로 모순된다. 에우세비우스는 사건들의 시간 배열을 잘못 기록하였을 뿐만 아니라, 마르쿠스 아우렐리우스 황제 치하에 일어난 그리스도교 박해 연도도 개략적으로 적었다. "따라서 에우세비우스는 안토니우스 피우스(138~161년)와 마르쿠스 아우렐리우스(안토니우스)를 종종 혼동한 것 같다. 그는 이 황제들에 관하여 아는 사실이 별로 없기 때문이다."[23] "에우세비우스는 폴리카르푸스의 순교 연도와 유스티누스의 순교 연도를 혼동한 것 같다."[24] 게다가 에우세비우스는 「폴리카르푸스 순교록」과 가피오니우스의 「폴리카르푸스 순교록」을 동시대의 작품으로 잘못 알고 있다.

2) 「폴리카르푸스 순교록」의 문헌비평적·양식비평적 연구는 에우세비우스

---

[21] 몬타누스주의에 관해서는 「폴리카르푸스 순교록」 해제 4. '몬타누스주의' 참조.

[22] 몬타누스주의의 발생 연대 문제와 관련하여 학자들은 「폴리카르푸스 순교록」이 160년 이전에 저술되었으며, 몬타누스주의의 시작도 대략 160년 이전으로 보아야 한다고 주장한다.

[23] J.W. Henten, Zum Einfluß, 702쪽.   [24] R.M. Grant, Eusebius, 115쪽.

를 통해 전승된 본문이 「폴리카르푸스 순교록」의 사본들 가운데 가장 오래된 것이 아니라는 사실을 밝혀내었다.

3) 폴리카르푸스의 사망 연도가 늦어질수록 스미르나의 주교가 주님의 여러 사도를 알았다는 이레네우스의 증언은 난관에 부딪친다.

4) 스타티우스 콰드라투스가 142년에 집정관이었다면, 그가 안토니우스 피우스 치하의 집정관에서 전집정관(155년경)으로 승진하는 데 걸린 기간인 13년은 일반적인 승진 기간과 일치한다.[25] 따라서 약 23년(166년)이 걸렸다는 사실은 설득력이 없다.

5) 「폴리카르푸스 순교록」 21장이 뒤에 첨가되었을지라도 21장의 내용이 신빙성이 없다는 것을 뜻하지는 않는다.

따라서 스미르나의 주교가 160년대에 거의 100세까지 살았다 하더라도 「폴리카르푸스 순교록」 21장에 나오는 연도를 확실한 것으로 여겨, 그의 사망 연도를 이른 시기로 정하는 것이 더 타당하다. 155년경에 처형되었다면, 그는 「폴리카르푸스 순교록」 9장 3절의 해석에 따라 (태어났을 때부터 또는 세례 때부터 86세) 1세기 70년대에 태어났으며, 이로써 사도들과 이냐시우스와의 교분도 잘 설명할 수 있다.[26]

또한 예수를 순교자의 원형으로 보는 「폴리카르푸스 순교록」이 강조하는 순교관은, 순교록 문헌사에서 폴리카르푸스의 사망 연도가 155/156년이라는 사실에 가장 잘 부합한다. 신학사적으로 「폴리카르푸스 순교록」은 '순교자' μάρτυς 와 '고백자' ὁμολογήτης를 명백히 구분하는 「리용 공동체의 편지」 이전에, μάρτυς를 순교자에 관한 전문용어로 알지 못하는 안티오키아의 이냐시우스 이후에 쓰였기 때문이다.[27] 따라서 대다수 학자의 견해와 마찬가지로 폴리카르푸스는 155~160년경에 순교한 것으로 추론할 수 있다.

---

[25] 승진 기간에 관해서는 주17 참조.

[26] G. Buschmann, *Das Martyrium*, 367-372쪽; J.A. Fischer, *Die Apostolischen Väter*, 230-233쪽 참조.

[27] 「폴리카르푸스 순교록」 해제 6. '순교록에 나타난 순교자(μάρτυς) 개념의 발전' 참조.

3. 첫째 편지와 둘째 편지

이레네우스가 플로리누스에게 보낸 편지의 증언에 따르면 폴리카르푸스는 여러 교회 공동체와 몇몇 형제에게 여러 편지를 썼다.[28] 그러나 오늘날까지 남아 있는 폴리카르푸스의 편지는 이레네우스와 에우세비우스(교회 3.36.13)가 전하는 「필립비인들에게 보낸 편지」 한 통뿐이다. 이 편지는 14장으로 구성되며, 완전한 본문은 라틴어 역본으로만 전해진다. 그리스어 필사본에는 1장에서 9장 2절까지, 그리고 에우세비우스의 「교회사」(3.36.14-15)에는 9장과 13장이 수록되어 있다.

이 편지는 17세기부터 연구의 대상이 된 중요한 문제를 다룬다. 이 편지의 9장에서는 이냐시우스와 그의 동행자가 이미 순교한 것으로 되어 있다. "그들(이냐시우스와 조시무스와 루푸스)에게는 주님 곁에 그들의 자리가 (마련되어) 있다"(2폴리 9,2). 이와 달리 13장의 라틴어 본문에서는 폴리카르푸스가 필립비인들에게 이냐시우스와 "그의 동행자들"qui cum eo sunt에 관한 소식을 묻는다.[29] 이로써 이들의 죽음이 스미르나 교회에 아직 전해지지 않았음을 알 수 있다.

이러한 모순에 대해 1936년 해리슨[30]은 현재 우리에게 전해지는 폴리카르푸스의 편지가 본디 두 통이었던 편지를 합본했다는 새롭고 매우 신빙성있는 견해를 주장하였다. 해리슨에 따르면 폴리카르푸스의 첫째 편지는 지금까지 결론으로 여겨 온 13장(과 14장)이고, 둘째 편지는 1-12장이다. 해리슨은 필립비인들이 폴리카르푸스에게 이냐시우스의 편지를 베껴서 보내줄 것을 요청한 편지의 첨서添書를 첫째 편지로 여겼다. 따라서 폴리카르푸스의 첫째 편지인 이 첨서는 이냐시우스가 로마로 압송되던 당시(110년경)에 쓰였다고 할 수 있다. 피셔[31]는 첫째 편지와 둘째 편지의 역사적 연관성을 다음과 같이 요약한다. 이냐시우스

---

[28] 에우.교회 5,20,8.

[29] "이냐시우스와 그의 동행자들에 대하여 여러분이 더 정확한 소식을 알게 되면 우리에게 알려 주십시오"(1폴리 1,2).

[30] P.N. Harrison, *Polycarp's two Epistles*.

[31] J.A. Fischer, *Die Apostolischen Väter*, 235쪽 참조.

는 필립비를 거쳐 압송되고 있을 때(2폴리 9,1: 1,1 참조), 필립비인들에게 박해가 끝난 안티오키아 교회에 편지를 보내줄 것을 당부하였다. 필립비인들은 스미르나의 폴리카르푸스에게 편지를 보내어 폴리카르푸스가 지닌 이냐시우스의 편지들을 베껴서 자신들에게 보내달라고 요청하였다. 폴리카르푸스는 오늘날 첫째 편지로 여기는 첨서에서 안티오키아로 보내는 편지의 전달을 약속하였으며, 이냐시우스에 관한 그밖의 소식을 물어보았다. 로마에서 일어난 이냐시우스의 순교 소식은 스미르나보다 필립비에 더 빨리 전해질 수 있기 때문이다. 이 경우 다음과 같은 추론이 가능하다. 폴리카르푸스는 필립비인들에게 첫째 편지를 보냈고, 필립비인들은 이에 답신한다. 폴리카르푸스는 필립비인들의 답신에 첫째 편지보다 더 긴 둘째 편지를 보낸다. 따라서 폴리카르푸스가 쓴 두 통의 편지는 시기적으로 오래 떨어져 있지 않다. 해리슨은 둘째 편지가 20년 뒤인 135~137년경에 쓰였다고 주장하는 반면, 피셔는 몇 개월 또는 길어야 1~2년 뒤에 쓰였다고 추론한다.

필립비인들에게 보낸 폴리카르푸스의 두 통의 편지는 저자가 사망한 직후 합본되었음이 틀림없다. 왜냐하면 이레네우스가 "매우 교훈적인 편지"(이레.논박 3,3,4)로 호평하며 추천하는 이 작품은 이미 합본된 형태였기 때문이다.[32]

4. 편지의 구성

폴리카르푸스의 편지를 편집하거나 번역한 클라이스트,[33] 피셔,[34] 카멜로,[35] 발타사르[36]도 해리슨의 가설에 동의하였다. 이들은 13장을 필립비인들이 요청한 편지에 대한 첨서(添書)로 보고 첫째 편지로 여겼다. 그렇지만 14장은 해리슨의 가

---

[32] 히에로니무스(유명 17)는 이 편지가 4세기 말까지도 소아시아에서 미사의 독서로 사용되었다고 전한다. "폴리카르푸스가 필립비인들에게 보낸 매우 교훈적인 편지가 있다. 이 편지를 읽고 자신의 구원을 얻고자 하는 사람은 이 편지에서 폴리카르푸스의 믿음과 진리에 대한 가르침을 배울 수 있다"(에우.교회 4,14,8).

[33] J.A. Kleist, *The Didache*.   [34] J.A. Fischer, *Die Apostolischen Väter*.
[35] P.Th. Camelot, *Ignace*.   [36] H.U.v. Balthasar, *Die Apostolischen Väter*.

설과 달리 폴리카르푸스의 첫째 편지에 속하지 않고 둘째 편지의 결어로서 12장에 부가된 것으로 보았다. 편지의 구성은 다음과 같다.

머릿글	인사말
1장	순교자들에게 보여 준 필립비인들의 후대厚待와 그들의 믿음에 대한 칭찬
2장 - 4,1	믿음과 올바른 처신을 위한 권고
2장	믿음과 그리스도인의 삶에 대한 권고
3장	저술 동기와 바울로 편지의 내용
4,1	일반적 권고
4,2 - 6,2	가정 규범
4,2	부인들의 본분
4,3-5,1	과부들의 본분
5,2	봉사자들의 본분
5,3	젊은이들과 처녀들의 본분
6,1-2	장로들의 본분
6,3 - 7,2	이단자들에 대한 경고
8,1 - 9,2	인내에 대한 권고
8장	그리스도의 본보기를 따름
9장	순교자들, 바울로와 다른 사도들의 본보기를 따름
10장	믿음, 형제애, 자선, 흠잡을 데 없는 품행을 위한 권고
11-12장	장로 발렌스 사건에 대한 권고
11장	장로 발렌스 사건
12장	용서와 기도에 대한 권고
13장 (첫째 편지)	필립비 공동체가 이냐시우스의 편지들을 베껴서 보내 달라고 요청
〔14장〕 맺는말	축복의 기도, 모든 사람을 위해 기도할 것을 권고(크레센스와 그의 누이에 대한 추천, 끝맺는 인사)

5. 편지의 주제와 내용

폴리카르푸스는 둘째 편지에서 자신의 정체성을 무엇보다도 사도 전승을 알리고 지키는 사람으로 밝힌다. 그가 항상 사도들에게서 배운 것과 교회가 선포한 것을 가르쳤다는 이레네우스의 증언(논박 3.3.4)이 이 정체성을 뒷받침한다. 폴리카르푸스가 중요하게 여긴 전승은 구약, 그리스도, 복음을 전한 사도들의 가르침이다(2폴리 3,2: 6,3: 7,2). 그리고 이 가르침은 이냐시우스의 편지들과 클레멘스의 편지에도 나타나는 '사도적 정신'이다.

편지의 내용으로 볼 때, 폴리카르푸스는 사변적 신학을 전개하지도 않았으며, 독창적이거나 심오한 사상가도 아니었다. 사변적 재능이 부족하지만 사도 전승에 충실한 이러한 인물에게서 진보적인 교의나 가르침을 기대해서는 안 된다. 폴리카르푸스가 지닌 믿음의 중심은 그리스도이다. 그리스도는 하느님 아버지의 아들, 우리의 주님, 영원한 대사제(2폴리 12,2), 우리의 스승(2폴리 2,3)이시며, 무엇보다도 우리의 죄를 속죄하기 위하여 죽으시고 사람이 되신 구원자(2폴리 머릿글)이시다. 그리스도께서는 순교자의 스승이시고(폴리.순교 17,3 참조), 우리의 구원자이시고 우리 몸의 지도자이시며 온 세계 보편 교회의 목자이시다(폴리.순교 19,2). 우리는 그리스도를 통해 참다운 생명을 얻었으며(2폴리 1,2-3: 8,1), 하느님 아버지께서는 우리를 위하여 그분을 죽은 자들 가운데서 일으키셨다(2폴리 1,2: 2,1-2: 9,2). 참된 믿음은 그리스도의 탄생과 십자가에 관한 고백(2폴리 7,1) 및 부활하신 주님에 대한 고백(2폴리 2,1)을 포함한다.[37]

그리스도의 실제적 육화를 부인하고 부활도 심판도 없다(2폴리 7,1)고 주장하는 사람들은 그리스도인을 그릇된 길로 이끌기 때문에, 폴리카르푸스는 이들을 반그리스도이며 사탄의 맏아들로 보았다(2폴리 7,1). 폴리카르푸스가 요한의 첫째 편지 4장 2-3절을 인용하였듯이 이들은 그리스도께서 몸으로 오셨다는 사실을 부인하는 가현설파이다. 폴리카르푸스는 그리스도에 관한 사도적 전승과 상반되는

---

[37] J.A. Fischer, *Die Apostolischen Väter*, 240쪽 참조.

가현설을 강한 어조로 경고한다(2폴리 6,3-7,2). 그는 그리스도의 육화와 십자가를 구원과 생명이라고 말하며, 이단자들을[38] 거슬러 믿음에 충실히 머물기를 권고한다(1폴리 1,2: 2폴리 2,1; 6,3). 올바른 신앙을 위협하는 이러한 위험이 필립비에 있었는지 또는 폴리카르푸스가 이에 관해 알고 있었는지는 확실하지 않다. 아마도 그는 스미르나에서 이와 관계있는 체험을 한 것 같다. 이미 안티오키아의 이냐시우스도 스미르나의 공동체에 보낸 편지(1-8)에서 가현설에 대해 경고하였다.

폴리카르푸스는 편지 3장 1절에서 저술 동기를 정당화하면서 주제를 명확히 밝힌다. "의로움에 관하여 이 편지를 씁니다."[39] 의로움에 바탕을 둔 둘째 편지의 목표는 무엇보다 그리스도인의 실천적 삶을 촉구하는 윤리와 도덕에 있다. 그는 바울로와 마찬가지로 행실이 아니라 은총이 우리를 구원으로 이끈다고 말한다(2폴리 1,3: 11,4). 우리는 은총으로 선택받고 믿음에 따라 올바른 행위를 할 수 있다. 그렇지만 폴리카르푸스에게는 은총이 확실한 예정을 의미하는 것은 아니다. 폴리카르푸스는 신앙을 믿음뿐만 아니라 하느님 앞에서의 올바른 행동으로 이해한다. 곧, 행업이 뒤따라야 한다. 그렇지만 덕을 쌓으려는 그리스도인의 노력에는 이를 도와주는 은총이 필요하기 때문에, 폴리카르푸스는 은총 안에 머물기를 바라는 마침인사로 편지를 끝맺는다.

폴리카르푸스가 추구하는 윤리와 도덕은 궁극적으로 하느님 아버지와 그리스도의 계명들(2폴리 2,2-3; 4,1; 5,1; 6,3)에 바탕을 둔다. 예수 그리스도의 계명은 탐욕, 돈 욕심, 중상, 거짓 증언과 불의를 멀리하는 것이다.[40] 따라서 이 편지에

---

[38] 폴리카르푸스는 이단자들을 대단히 혐오하였으며, 그들에 대한 소식을 들었을 때 다음과 같이 탄식하였다. "오, 선하신 하느님, 당신은 저에게 어떤 시대를 맡기셨기에 제가 이러한 것을 겪어야 합니까?"(에우.교회 5,20,7).

[39] 폴리카르푸스는 편지에서 의로움에 관하여 여러 번 언급한다(2폴리 2,3; 3,3; 4,1; 8,1; 9,1). 바우어(J.B. Bauer, *Die Polykarpbriefe*, 19-21쪽 참조)는 발렌스와 그의 부인에 관한 사건을 편지의 결론으로 여겨, 이 '의로움' 개념을 필립비 공동체가 폴리카르푸스에게서 조언받고자 하는 주된 주제로 본다. 이를 바탕으로 바우어는 발렌스에 관한 부분(11-12장)과 그 앞의 다양한 내용을 다루는 첫 부분(1-10장)의 연관성을 '의로움' 개념으로 설명한다.

[40] 「폴리카르푸스의 편지」는 악덕 목록과 미덕 목록(2폴리 2,2; 4,3; 5,2;

서 되풀이되어 나타나는 '삼가다, 멀리하다' ἀπέχεσθαι(라틴어 abstinere: 2폴리 2,2; 5,3; 6,1,3; 11,1-2), '버리다, 물리치다' ἀπολείπειν(2,1; 7,2), '자제하다' ἀνακόπτεσθαι(5,3), '억제하다, 삼가다' χαλιναγωγεῖν(5,3), '분별이 있다' σωφρονεῖν(4,3)와 같은 용어들은 폴리카르푸스가 중요시하는 낱말들이다. 마찬가지로 세속적 욕망에 대한 절제 ἐγκράτεια가 무엇보다 중요한 용어로 사용된다(2폴리 4,2; 5,3; 7,1 참조).

또한 그리스도는 고난과 순교에서 우리의 본보기이다(2폴리 8,2). 폴리카르푸스는 이러한 본보기에 따라 그리스도의 수난에 동참하는(9,2) 인내 ὑπομονή를 강조한다(2폴리 8,2; 9,1; 12,2; 참조: 1폴리 1,2). 폴리카르푸스가 이해하는 인내(2폴리 9,1; 12,2)는 그리스도께서 인내하신 것처럼 그리스도인들도 이웃의 잘못을 참아야 한다는 구체적 제안들로 이어진다. 발렌스와 그의 부인은 그리스도의 원수가 아니라 돈 욕심에 사로잡혀 길을 잃은 그리스도의 몸의 지체이다. 이때문에 폴리카르푸스는 이들에 대한 용서를 호소하였다(2폴리 11,4). 이를 통해 그는 하느님께 대한 사랑과 그리스도교적 이웃사랑을 신앙인이 지녀야 할 도덕과 윤리의 과제로 명백히 권고한다. 신앙인은 하느님의 영예를 위하여 이웃사랑을 실천함으로써 이교인들 앞에서 흠잡을 데 없어야 한다(2폴리 2,2-3; 10,2). 이러한 사랑은 발렌스와 그의 부인에게(2폴리 11,4; 12,1), 더 나아가 박해자들과 그리스도의 원수에게도 드러나야 한다(2폴리 12,3).

폴리카르푸스는 진리의 말씀을 전승과 일치하여 이해하고 받아들였으며, 주님과 사도들과 예언자들이 선포한 도덕적·교훈적 내용을 가르쳤다. 그의 윤리론과 도덕론은 전통적 가르침말고는 독창성이 엿보이지 않지만 이를 진지하게 가르치고자 하는 그의 자세는 우리에게 깊은 인상을 준다. 그가 쓴 두 통의 편지는 주님의 공동체와 인류에게 윤리적 과제가 무엇인지를 알려주는 원시 교회의 증언이다.

6,1; 12,2) 및 가정 규범과 공동체 규범(2폴리 4,2-6,2)에서 무엇보다도 바울로의 편지, 베드로 전서, 클레멘스의 편지, 이냐시우스가 폴리카르푸스에게 보낸 편지에 나온 내용과도 관련이 있다. 또한 발렌스와 그의 부인이 범한 탐욕과 금전욕에 대한 반복된 경고(2폴리 2,2; 4,1,3; 5,2; 6,1; 11,1 이하)가 두드러지게 많이 언급된다는 점이 이목을 끈다.

6. 「폴리카르푸스의 편지」에 사용된 문헌

「폴리카르푸스의 편지」가 신약성서와[41] 「클레멘스의 편지」, 「이냐시우스의 편지」에서 많은 영향을 받았다는 사실은 스미르나의 주교가 초대 그리스도교의 문헌을 회상하면서 작품을 구성하였음을 보여준다.[42] 이러한 문헌들의 인용은 둘째 편지에 두루 나타난다. 폴리카르푸스는 구약성서의 몇 구절만 인용하지만, 예언서들(2폴리 6,3)과 당시 그리스도교 시대에 통용되던 구약의 도덕적 가르침(2폴리 2,1; 6,1 이하; 10,2; 12,1)도 존중하였다.

폴리카르푸스는 신앙의 규범Regula fidei이자 처음부터 전승되어 온 말씀으로 돌아갈 것을 권고한다(2폴리 7,1-2). 사도 전승을 중요시하는 그는 자신의 편지에서 신약성서의 많은 구절을 인용한다. 그는 공관복음서들 가운데 마태오 복음을 가장 많이, 그리고 루가 복음과 사도행전의 구절도 자주 사용한다. 그러나 마르코 복음을 직접 인용하거나 요한 복음과 묵시록, 필레몬서를 사용한다는 뚜렷한 흔적은 나타나지 않는다. 야고보와 유다의 편지, 베드로 후서를 사용했을 가능성도 확실하지 않다.[43] 바울로의 나머지 편지들을 사용했는지는 단정할 수 없지만, 필립비 서간과 사목서간, 요한의 편지들을 사용한 사실은 분명하다. 그밖에 둘째 편지 2장 1절, 7장 1절, 9장 2절은 이전에 사용된 신앙정식信仰定式들을 상기시킨다. 이 정식들이 성서의 본문에 바탕을 두었는지는 오늘날까지 해결되지 않고 있다.[44] 「폴리카르푸스의 편지」에서는 위에 언급된 성서 외에 이단자들이 주님의 말씀을 왜곡하였다(2폴리 7,1)는 진술로, 경전과 이단자들의

---

[41] 사도교부 시대에는 신약성서와 위경의 구별이 확정되지 않았고, 각 공동체에서 독자적으로 경전의 범위를 확정하였다. 폴리카르푸스는 성서의 경전이 형성되는 시기에 활동하였다. 따라서 사도교부 시대의 문헌으로 당시 경전의 범위를 알아낼 수는 없다.

[42] D.van Damme, *Polykarp*, 27쪽 참조.

[43] 에우세비우스(교회 4,14,9)는 폴리카르푸스가 베드로 전서도 사용하였다고 증언한다.

[44] J.A. Fischer, *Die Apostolischen Väter*, 239쪽.

위경을 구분하려는 의식을 드러낸다.[45]

폴리카르푸스는 동시대나 그 이전의 다른 교부들의 작품 가운데에서 「클레멘스의 편지」를 많이 사용한다. 그가 이 작품을 직접 인용하지는 않았지만 일련의 표현과 사상에서 「클레멘스의 편지」와 매우 밀접하게 연관되어 있음을 알 수 있다. 따라서 스미르나의 주교 폴리카르푸스야말로 「클레멘스의 편지」를 널리 알린 증인이라 할 수 있다. 그는 성서의 본문을 결합(2폴리 5,3; 7,1-2; 8,1; 10,1-2; 12,1; 12,3)할 때 「클레멘스의 편지」 13장 2절을 본보기로 따르고 있다. 그러나 「폴리카르푸스의 편지」 2장 3절의 표현은 「클레멘스의 편지」 13장 2절보다 세련되고 짧으면서도 문구에 더 충실하다. 그는 산상설교에 관한 이 가르침을 운율적으로 재구성하였다. 이 구절은 아마도 그가 기억하고 있는 대로 기록한 것 같다.[46]

7. 「폴리카르푸스의 편지」와 「클레멘스의 편지」의 유사 본문 비교

폴리카르푸스가 클레멘스의 첫째 편지에서 많은 구절을 이용하였다는 사실이 여러 편집자(C.J. Hefele, Th. Zahn, F.X. Funk, A. Harnack)의 편집본에서 증명되었다. 라이트푸트[47]는 이 편집본들의 진술을 모아 유사한 본문을 대조하였으나 많은 부분이 적절하지 않았다. 따라서 여기서는 라이트푸트의 적합하지 않은 부분을 생략한 뵐터[48]의 대조 본문을 싣는다.

---

[45] J.B. Bauer, *Die Polykarpbriefe*, 23쪽.

[46] 쾨스터(H. Köster, *Synoptische Überlieferung*, 115-118쪽 참조)는 폴리카르푸스가 자신이 알고 있던 공관복음에 대한 '기억'으로 이 구절을 작성했다고 보는 반면, 레슈(A. Resch, *Außerkanonische Paralleltexte*, 96쪽 참조)는 폴리카르푸스와 클레멘스가 격언이 풍부한 외경에서 이것들을 기록했다고 보며(J.B. Bauer, *Die Polykarpbriefe*, 44-45쪽 참조), 글로버(R. Glover, *Patristic Quotations*, 240-242쪽 참조)는 폴리카르푸스와 클레멘스가 우리에게 전해지지는 않았지만 저마다 알던 Q문헌에 따라 이 구절들을 작성했다고 주장한다.

[47] J.B. Lightfoot, *ApF* II/1, 149-152쪽.   [48] D. Völter, *Polykarp*, 40-43쪽.

폴리카르포스	클레멘스
인사말: τῇ ἐκκλησίᾳ τοῦ θεοῦ τῇ παροικούσῃ Φιλίππους. ἔλεος ὑμῖν καὶ εἰρήνη παρὰ θεοῦ παντοκράτορος καὶ Ἰησοῦ Χριστοῦ τοῦ σωτῆρος ἡμῶν πληθυνθείη.	**인사말**: τῇ ἐκκλησίᾳ τοῦ θεοῦ τῇ παροικούσῃ Κόρινθον. χάρις ὑμῖν καὶ εἰρήνη ἀπὸ παντοκράτορος θεοῦ διὰ Ἰησοῦ Χριστοῦ πληθυνθείη.
1,2: ἡ βεβαία τῆς πίστεως ὑμῶν ῥίζα.	**1,2**: τὴν ... βεβαίαν ὑμῶν πίστιν.
1,2: ἕως θανάτου καταντῆσαι.	**5,2**: ἕως θανάτου ἤθλησαν.
1,3: οὐκ ἐξ ἔργων, ἀλλὰ θελήματι θεοῦ διὰ Ἰησοῦ Χριστοῦ.	**32,3**: οὐ δι' αὐτῶν ἢ τῶν ἔργων αὐτῶν ... ἀλλὰ διὰ τοῦ θελήματος αὐτοῦ, **32,4 참조**: διὰ θελήματος αὐτοῦ ἐν Χριστῷ Ἰησοῦ.
2,1: ἐν φόβῳ καὶ ἀληθείᾳ.	**19,1**: ἐν φόβῳ καὶ ἀληθείᾳ.
2,3: μνημονεύοντες δὲ ὧν εἶπεν ὁ κύριος διδάσκων· μὴ κρίνετε, ἵνα μὴ κριθῆτε· ἀφίετε καὶ ἀφεθήσεται ὑμῖν· ἐλεᾶτε, ἵνα ἐλεηθῆτε· ᾧ μέτρῳ μετρεῖτε ἀντιμετρηθήσεται ὑμῖν.	**13,1.2**: μεμνημένοι τῶν λόγων τοῦ κυρίου Ἰησοῦ, οὓς ἐλάλησεν διδάσκων ἐπιείκειαν καὶ μακροθυμίαν. οὕτως γὰρ εἶπεν· ἐλεᾶτε, ἵνα ἐλεηθῆτε· ἀφίετε ἵνα ἀφεθῇ ὑμῖν· ... ὡς κρίνετε, οὕτως κριθήσεσθε ... ᾧ μέτρῳ μετρεῖτε, ἐν αὐτῷ μετρηθήσεται ὑμῖν.
3,2: τοῦ μακαρίου καὶ ἐνδόξου Παύλου ... ὃς καὶ ἀπὼν ὑμῖν ἔγραψεν ἐπιστολάς.	**47,1.2**: ἀναλάβετε τὴν ἐπιστολὴν τοῦ μακαρίου Παύλου ... τί πρῶτον ... ἔγραψεν;
3,2: εἰς ἃς ἐὰν ἐγκύπτητε ...	**45,2**: ἐγκεκύφατε εἰς τὰς γραφάς.
	53,1: ἐγκεκύφατε εἰς τὰ λόγια τοῦ θεοῦ(40,1; 62,3 참조)
4,2: ἔπειτα καὶ τὰς γυναῖκας ὑμῶν ἐν τῇ δοθείσῃ αὐταῖς πίστει καὶ ἀγάπῃ καὶ ἁγνείᾳ, στεργούσας τοὺς ἑαυτῶν ἄνδρας ἐν πάσῃ ἀληθείᾳ καὶ	**1,3**: γυναιξίν τε ἐν ἀμώμῳ καὶ σεμνῇ καὶ ἁγνῇ συνειδήσει πάντα ἐπιτελεῖν παρηγγέλλετε, στεργούσας καθηκόντως τοὺς ἄνδρας ἑαυτῶν.

ἀγαπῶσας πάντας ἐξ ἴσου ἐν πάσῃ ἐγκρατείᾳ.

καὶ τὰ τέκνα παιδεύειν τὴν παιδείαν τοῦ φόβου τοῦ θεοῦ.

4,3: μακρὰν οὔσας πάσης διαβολῆς, καταλαλιᾶς.

4,3: ὅτι εἰσὶ θυσιαστήριον θεοῦ καὶ ὅτι πάντα μωμοσκοπεῖται. καὶ λέληθεν αὐτὸν οὐδὲν οὔτε λογισμῶν οὔτε ἐννοιῶν.

5,2: ᾧ ἐὰν εὐαρεστήσωμεν ... ἐὰν πολιτευσώμεθα ἀξίως αὐτοῦ.

5,3: ὑποτασσομένους τοῖς πρεσβυτέροις.

5,3: τὰς παρθένους ἐν ἀμώμῳ καὶ ἁγνῇ συνειδήσει περιπατεῖν.

5,2; 6,1: εὔσπλαγχνοι.

6,1: ἀπεχόμενοι πάσης ὀργῆς.

6,3: οἱ εὐαγγελισάμενοι ἡμᾶς ἀπόστολοι.

6,3: καὶ οἱ προφῆται, οἱ προκηρύξαντες τὴν ἔλευσιν τοῦ κυρίου ἡμῶν.

6,3: ζηλωταὶ περὶ τὸ καλόν.

7,2: διὸ ἀπολιπόντες τὴν ματαιότητα τῶν πολλῶν καὶ

21,6.7: τὰς γυναῖκας ἡμῶν ... διορθωσώμεθα ... τὴν ἀγάπην αὐτῶν ... πᾶσιν τοῖς φοβουμένοις τὸν θεὸν ὁσίως ἴσην παρεχέτωσαν.

21,6: τοὺς νέους παιδεύσωμεν τὴν παιδείαν τοῦ φόβου τοῦ θεοῦ.

30,3: ἀπὸ παντὸς ψιθυρισμοῦ καὶ καταλαλιᾶς πόρρω ἑαυτοὺς ποιοῦντες(35,5 참조).

41,2: πρὸς τὸ θυσιαστήριον μωμοσκοπηθὲν τὸ προσφερόμενον.

21,3: καὶ ὅτι οὐδὲν λέληθεν αὐτὸν τῶν ἐννοιῶν ἡμῶν οὐδὲ τῶν διαλογισμῶν.

21,1: ἐὰν μὴ ἀξίως αὐτοῦ πολιτευόμενοι τὰ καλὰ καὶ εὐάρεστα ἐνώπιον αὐτοῦ ποιῶμεν.

57,1: ὑποτάγητε τοῖς πρεσβυτέροις(1베드 5,5 참조).

1,3: γυναιξίν τε ἐν ἀμώμῳ καὶ σεμνῇ καὶ ἁγνῇ συνειδήσει πάντα ἐπιτελεῖν.

54,1; 29,1; 14,3: εὔσπλαγχνος, εὐσπλαγχνία.

13,1: ἀποθέμενοι πᾶσαν ἀλαζονείαν ... καὶ ὀργάς.

42,1: οἱ ἀπόστολοι ἡμῖν εὐηγγελίσθησαν.

17,1: κηρύσσοντες τὴν ἔλευσιν τοῦ Χριστοῦ· λέγομεν δὲ ... τοὺς προφήτας.

45,1: ζηλωταὶ περὶ τῶν ἀνηκόντων εἰς σωτηρίαν.

7,2: διὸ ἀπολίπωμεν τὰς κενὰς καὶ ματαίας φροντίδας καὶ

τὰς ψευδοδιδασκαλίας ἐπὶ τὸν ἐξ ἀρχῆς ἡμῖν παραδοθέντα λόγον ἐπιστρέψωμεν, **2,1** 참조: διὸ ... δουλεύσατε τῷ θεῷ ... ἀπολιπόντες τὴν κενὴν ματαιολογίαν καὶ τὴν τῶν πολλῶν πλάνην.

7,2: προσκαρτεροῦντες νηστείαις, δεήσεσιν αἰτούμενοι τὸν παντεπόπτην θεόν.

8,2: μιμηταὶ οὖν γενώμεθα τῆς ὑπομονῆς αὐτοῦ ... τοῦτον γὰρ ἡμῖν τὸν ὑπογραμμὸν ἔθηκεν δι' ἑαυτοῦ.

9,1: ὑπομονήν, ἥν καὶ εἴδατε κατ' ὀφθαλμοὺς ... καὶ ἐν αὐτῷ Παύλῳ καὶ τοῖς λοιποῖς ἀποστόλοις.

9,2: εἰς τὸν ὀφειλόμενον αὐτοῖς τόπον εἰσὶ παρὰ τῷ κυρίῳ.

10,1: fraternitatis amatores.

10,2: omnes vobis invicem subiecti estote.

11,4: ut omnium vestrum corpus salvetis.

12,1: confido enim vos bene exercitatos esse in sacris literis,

12,2: qui credituri sunt
14: Haec vobis scripsi per Crescentem ... conversatus est enim nobiscum inculpabiliter.

ἔλθωμεν ἐπὶ τὸν εὐκλεῆ καὶ σεμνὸν τῆς παραδόσεως ἡμῶν κανόνα, **9,1:** διὸ ὑπακούσωμεν ... καὶ ἐπιστρέψωμεν ἐπὶ τοὺς οἰκτιρμοὺς αὐτοῦ, ἀπολιπόντες τὴν ματαιοπονίαν, **19,2:** ἐπαναδράμωμεν ἐπὶ τὸν ἐξ ἀρχῆς παραδεδομένον ἡμῖν τῆς εἰρήνης σκοπόν.

55,6: διὰ γὰρ τῆς νηστείας καὶ τῆς ταπεινώσεως αὐτῆς ἠξίωσεν τὸν παντεπόπτην δεσπότην(64,1 참조).

16,17; 17,1: ὁρᾶτε, ... τίς ὁ ὑπογραμμὸς ὁ δεδομένος ἡμῖν ... μιμηταὶ γενώμεθα κἀκείνων 등등

5,7: ὑπομονῆς γενόμενος (곧, Παῦλος) μέγιστος ὑπογραμμός, **5,3:** λάβωμεν πρὸ ὀφθαλμῶν ἡμῶν τοὺς ἀγαθοὺς ἀποστόλους.

5,4: ἐπορεύθη εἰς τὸν ὀφειλόμενον τόπον τῆς δόξης.

47,5; 48,1: φιλαδελφίας.

38,1: ὑποτασσέσθω ἕκαστος τῷ πλησίον αὐτοῦ.

37,5: εἰς τὸ σῴζεσθαι ὅλον τὸ σῶμα, **38,1:** σῳζέσθω οὖν ἡμῶν ὅλον τὸ σῶμα.

62,3: σαφῶς ᾔδειμεν γράφειν ἡμᾶς ἀνδράσιν ... ἐγκεκυφόσιν εἰς τὰ λόγια ... τοῦ θεοῦ, **53,1:** καλῶς ἐπίστασθε τὰς ἱερὰς γραφάς.

42,4: τῶν μελλόντων πιστεύειν.

63,3: ἐπέμψαμεν δὲ καὶ ἄνδρας πιστοὺς καὶ σώφρονας ... ἀναστραφέντας ἀμέμπτως ἐν ἡμῖν.

8. 폴리카르푸스와 사목서간

사목서간의 저자가 바울로인지 아닌지 하는 문제는[49] 아직도 많은 논의와 토론의 대상이다. 이미 개신교 성서학계에는 사목서간이 바울로가 아니라 그가 사망한 뒤 그의 임무를 이어받은 어떤 제자가 저술하였다는 견해가 일반적이다. 대부분의 가톨릭 성서학자들도 이러한 주장에 동조한다.[50]

이와같이 사목서간의 저자가 바울로인가에 대한 의문점이 생긴 이유는 사목서간이 비교적 후대의 그리스도교 문헌에서 처음 소개되기 때문이다. 곧, 사목서간은 180년경 쓰인 무라토리 경전목록에 처음으로 나타나며 거기에는 바울로가 저자라고 기록되어 있다. 그러나 150년경 작성된 마르치온의 경전목록에는 사목서간이 들어 있지 않다. 지금으로서는 사목서간의 저술 연도에 대한 견해가 학자마다 다르기 때문에 마르치온이 이 서간들을 몰랐는지, 아니면 알면서도 몇몇 성서와 함께 의도적으로 삭제했는지 알 길이 없다. 또한 바울로 서간의 가장 오래된 사본인 파피루스 46호$\mathfrak{p}^{46}$(200년경)에도 사목서간은 수록되어 있지 않다.[51]

---

[49] 19세기 초반까지는 사목서간의 저자가 바울로임을 전혀 의심하지 않았다. 그렇지만 1804년 슈미트(J.E.C. Schmidt, *Historisch-kritische Einleitung*)가 디모테오 전서의 바울로 친저성을 조건적으로 인정한 뒤, 1807년에 슐라이어마허(F. Schleiermacher, *Über den sogenanten ersten Brief*)는 디모테오 전서의 바울로 친저성을 체계적으로 논박했다. 그 뒤 많은 학자들이 이를 뒷받침하는 논거를 제시하였다.

[50] 롤러(O. Roller, *Das Formular*)는 사목서간이 바울로의 구술에 따라 어느 필경사가 받아썼다는 '서기 가설'(secretary hypothesis)을 주장했고, 해리슨(P.N. Harrison, *The Problem*)과 팔코너(R. Falconer, *The Pastoral Epistles*)는 바울로가 친필로 쓴 편지를 후대에 어떤 사람이 첨가하여 완성하였다는 '단편 가설' (fragment hypothesis)을, 모울(C.F.D. Moule, *The Problem*, 430-452쪽)과 스트로벨(A. Strobel, *Schreiben*, 191-210쪽), 나이트(G.W. Knight III, *The Pastoral Epistles*, 48-52쪽)는 루가가 썼다고 주장하였다.

[51] K.H. 셸클레, 『신약성서 입문』, 정양모 외 역(왜관: 분도출판사, 1976²), 220-221쪽 참조. 파피루스 46호에는 히브리서, 고린토 전·후서, 에페소서, 갈라디아서, 필립비서, 골로사이서의 모든 본문과 로마서와 데살로니카 전서의 일부가 나온다(B.M. Metzger, *The Text*, 252쪽 참조).

사목서간은 다음과 같은 점에서 바울로의 다른 서간들과 차이가 있다. ① 어휘와 문체, ② 역사적 상황, ③ 유설에 대한 투쟁, ④ 공동체 안에서의 서열과 직무, ⑤ 신학적 내용.[52]

우선 학자들은 사목서간에 사용된 848개의 낱말 가운데 305개의 낱말이 바울로의 다른 서간에서 쓰이지 않는다는 점과 사목서간에만 있는 표현들, 곧 '이 말은 확실합니다' πιστὸς ὁ λόγος[53]와 '올바른 가르침'[54]을 예로 들고 있다. 바울로의 서간들과 사목서간은 신학적 내용과 주제에서도 많이 다르다. 바울로가 예수의 재림을 παρουσία로 표현한 반면 사목서간은 ἐπιφάνεια로 표현하였으며, 바울로가 자주 사용하는 개념들(예를 들어 자유, 순명 등)이 사목서간에는 나타나지 않는다. 바울로는 영과 육을 대립 관계로 이해하였지만 사목서간의 저자는 그렇지 않다. 또한 바울로는 '의로움' δικαιοσύνη을 하느님이 믿는 이에게 베푸는 은총으로 이해하였지만, 사목서간의 저자는 인간의 노력으로 얻을 수 있다고 여겼다.[55] 종말에 대한 견해도 다르다. 바울로는 세상 종말이 곧 다가오리라는 기대에 차 있었다. 그러나 사목서간의 저자는 세상의 종말이 먼 훗날 일어날 것으로 이해하여 현세의 질서와 공동체의 제도 등을 중요시하고, 오히려 그리스도의 재림은 하느님이 '정하신 때에' 이루어질 것으로 여겼다.[56] 또한 사목서간은 바울로의 다른 서간들에 비해 교회의 직무에 대해 더 많이 언급한다.[57]

더욱이 사목서간이 전제하고 있는 교회의 상황들은 바울로의 서간들보다 후

---

[52] W.G. Kümmel, *Introduction*, 371쪽 참조.

[53] 1디모 1,15; 3,1; 4,9; 2디모 2,11; 디도 3,8 참조.

[54] 사목서간에 나오는 이 말의 그리스어 원문은 다음과 같다. ὑγιαίνουσα διδασκαλία(2디모 4,3; 디도 1,9-10; 2,1); ὑγιαίνοντες λόγοι(1디모 6,3); λόγος ὑγιής(디도 2,8).

[55] 1디모 6,11; 2디모 2,22; 3,16; 4,8 참조.

[56] 1디모 6,15 참조. 신교선, 「사목서간」, 『한국가톨릭대사전』 제6권(서울: 한국교회사연구소, 1998), 3920쪽 참조.

[57] 1디모 3,1-7; 5,17-19; 2디모 1,5-9; 4,14; 5,22; 봉사자: 1디모 3,8-13; 과부직: 1디모 6,15 참조.

대에 쓰였음을 시사한다. 사목서간에는 2세기 중엽에 널리 퍼져 있던 마르치온의 사상을 반박하고 있음이 엿보인다. 맡겨진 것, 곧 선을 간직하고 불경건한 주장과 '반론'ἀντιθέσις들을 피하라는 경고인 디모테오 전서 6장 20-21절의 내용이 마르치온의 주저인 「대립명제」'Ἀντιθέσις의 제목과 일치하는 것은 우연이 아닐 것이다. 따라서 사목서간의 일부 내용은 사도 전승을 충실히 지키려는 모교회의 답변으로 이해할 수 있다. 이 서간의 저자는 당시에 제기된 교회의 여러 문제에 결정적인 답변을 할 수 있는 교직자일지도 모른다.

그러나 이러한 주장만으로 사목서간에 나오는 구체적인 소식들,[58] 사목서간에만 등장하는 바울로의 친우와 협력자, 원수들의 이름을[59] 설명하기에는 많은 무리가 따른다. 따라서 성서 주석가들은 이 대목만을 최소한 바울로의 친저로 보고, 사목서간을 사도 바울로의 가르침과 그의 권위를 빌려 저술된 '가-바울로 편지'로 이해한다. 다만 사목서간의 저술 시기를 주교와 장로를 구별하지 않는다는 사실을 바탕으로[60] 1세기 말에서 2세기 초 사이로 추정할 뿐이다.[61]

캄펜하우젠은 이와 다른 견해를 주장하였다. 마르치온에 맞선 대표적 투쟁자로서 사도 전승을 보존하고, 교회의 여러 문제점을 해결한 폴리카르푸스는 요한과 이냐시우스의 편지들보다 사목서간에 나타난 실천적·윤리적·교계적 사상에 더 접근해 있는 인물이다. 폴리카르푸스의 편지와 사목서간의 이러한 유사성을 바탕으로 캄펜하우젠은 사목서간의 저자가 폴리카르푸스일 수 있다는 가설을 내놓았다. "우리가 판단할 수 있는 한, 폴리카르푸스를 사목서간의 저자로 추론할 수 있다. 그는 모든 외적 상황과 실제로 일치하는 특징을 지닌 유일한 인물이

---

[58] 2디모 4,9-22; 디도 3,12-15 참조.

[59] 1디모 1,20; 2디모 1,15-18; 4,19; 디도 3,13 참조.

[60] 늦어도 117년에 순교한 안티오키아의 주교 이냐시우스는 주교를 교회의 최고 지도자로 보며, 장로와 부제를 명확히 구별한다(이냐.마그 3,2; 6,1; 이냐.스미 8,1 참조).

[61] K. H. 셸클레, 『신약성서 입문』, 224-225쪽 참조. 큄멜은 2세기 초반으로 주장한다(W.G. Kümmel, Introduction, 387쪽 참조).

다. 우리는 폴리카르푸스 이외에 사목서간의 저자일 수 있는 사람을 전혀 알지 못하며, 따라서 그를 사목서간의 저자로 부르는 것이 올바르다고 생각한다."[62]

캄펜하우젠은 다음과 같은 논거로 자신의 가설을 뒷받침한다. 사목서간과 폴리카르푸스 사이에는 서로 일치하는 어휘가 있다. 사목서간에 한 번씩 사용된 (ἁπαξλεγόμενον) 네 낱말이 「폴리카르푸스의 편지」에서도 발견된다.[63] 특정한 표현의 일치도 눈에 띈다. 「폴리카르푸스의 편지」에서는 현세에서 ὁ νῦν αἰών라는 표현이 두 번,[64] 사목서간에서는 세 번[65] 나오는데, 원시 그리스도교의 다른 문헌은 ὁ νῦν αἰών 대신에 ὁ αἰων οὗτος라는 표현을 사용한다.[66] 이밖에 디모테오 전서 6장 7절이 「폴리카르푸스의 편지」 4장 1절과 유사하고, 디모테오 전서 6장 10절의 φιλαργυρία(돈에 대한 욕심)가 「폴리카르푸스의 편지」 4장 1절에도 나타난다.

그러나 사목서간의 문체와 주제가 바울로의 기타 서간과 여러 면에서 상이하다는 점과, 「폴리카르푸스의 편지」와 사목서간이 낱말, 문장의 표현, 한 번만 나오는 낱말이 유사하다는 점을 근거로 폴리카르푸스가 사목서간의 저자일 수도 있다는 주장은 아직도 논쟁의 여지가 많다. 「폴리카르푸스의 편지」와 사목서간이 서로 일치하는 구절은(1디모 6,7.10 = 2폴리 4,1; 2디모 4,10 = 2폴리 9,2) 격언체 형식인데, 이 격언은 문헌과 상관없이 많은 사람들도 널리 쓰던 말이다. 또 디모테오 전서 6장 7절과 폴리카르푸스의 둘째 편지 4장 1절은 구약성서(욥 1,21; 집회 5,14)와 헬레니즘의 영향을 받은 유다교의 문헌(지혜 7,6)뿐 아니라 그리스-로마 시대의 여러 문헌에서도 폭넓게 나타난다.[67] 따라서 권고를 주된 내용으로 하는 사목서간과 바울로의 다른 서간들을 비교할 때에는 양쪽의 서간들에서 권고와

---

[62] H.F.v. Campenhausen, *Polykarp*, 222쪽.

[63] '쓸데없는 말'(ματαιολογία, 2폴리 2,2; 1디모 1,6); '험담하는'(διάβολός의 형용사적 용법, 2폴리 5,2; 1디모 3,11; 2디모 3,3; 디도 2,3); '일구이언하는' (δίλογος, 2폴리 5,2; 1디모 3,8); '자제하는'(ἐγκρατής, 2폴리 5,2; 디도 1,8).

[64] 2폴리 5,2; 9,2 참조.   [65] 1디모 6,17; 2디모 4,10; 디도 2,13 참조.

[66] 마태 12,32; 루가 20,34; 로마 12,2; 갈라 1,4 참조.

[67] M. Dibelius - H. Conzelmann, *The Pastoral Epistles*, 84-85쪽 참조.

관련된 구절을 서로 비교해야지 교리 내용으로 비교해서는 안 된다는 반론 역시 아직은 설득력이 있다.

그렇지만 폴리카르푸스가 사목서간을 쓴 것이 아니라면 적어도 그와 영적인 교감을 나눈 어떤 사람이 썼을 가능성조차 배제할 수 없다. 이 사람은 폴리카르푸스가 사용한 동일한 개념, 표현, 신학적 입장을 받아들였으며, 지금까지 남아 있는 폴리카르푸스의 편지들을 본보기로 삼았을 것이다. 이 사람은 바울로의 글을 이단적으로 날조한 위서(僞書)로부터 사도의 글을 지키고, 이단자들로부터 공동체를 보호하기 위하여 바울로의 이름으로 편지를 쓴 스미르나의 성직자일지도 모른다.[68]

9. 교 회 론

둘째 편지의 인사말은 당시의 교회론에 대해 시사하는 바가 크다. "필립비에 나그네로 사는 하느님의 교회"는 바울로가 가르친 대로 세상을 심판할 성도들(1고린 6,2: 2폴리 11,2 참조)의 공동체이며, 하느님과 우리 주님께서 선택하신 사람들의 공동체이다. 여기서 '하느님의 교회'는 낯선 나그네로서 이 세상을 살아가야 하는 그리스도인들의 정체성을 드러내는 표현이다. 이는 교회가 아직은 나그네요 완전하지 못하다는 것과, 교회가 '하느님 나라' 그 자체는 아니며 다만 하느님 나라의 길을 준비하는 과정에 있다는 것을 상징적으로 보여준다.[69] 아직 지상의 나그네인 우리는 환난과 박해 가운데에서 그리스도의 발자취를 따라, 머리와 결합된 몸으로서 그리스도의 수난에 참여하게 된다(로마 8,17).[70] 그리스도의 신비체를[71] 교회의 표상으로 제시하는 바울로의 가르침은 「폴리카르푸스의

---

[68] J.B. Bauer, *Die Polykarpbriefe*, 25-27쪽 참조.

[69] J. Feiner - L. Vischer(공동 편집인), 이경우·정한교 옮김, 『하나인 믿음』(서강대학교 신학연구소·한국신학연구소 펴냄), 분도출판사 1979, 350쪽 참조.

[70] 교회헌장 7항.

[71] 그리스도의 신비체인 몸으로서의 교회론은 로마의 클레멘스와 안티오키아의 이냐시우스의 편지에서도 엿볼 수 있다.

편지」 11장 4절에서도 암시된다. 공동체는 믿음을 통하여 주님의 지체가 된다. 사람 몸의 지체는 여럿이지만 모든 지체가 한 몸을 이루듯이 신자들도 그리스도의 지체를 이룬다(1고린 12,12). 그리스도의 몸을 이룰 때에 지체들이 서로 다르고[72] 성령의 선물이 다양한 것처럼 직무도 다양하다.[73]

교회는 선인들과 악인들로 구성된 성도들의 공동체이다(2폴리 6,1 참조). 악인들 가운데에는 교회 공동체에서 파문되거나 하느님 나라의 상속을 받지 못하는 중죄를 지은 사람들도 있다(2폴리 5,3; 6,3; 7,1; 11,2 참조). 폴리카르푸스는 편지에서 장로 발렌스의 사건을 상론한다. 발렌스와 그의 부인은 탐욕과 금전욕 때문에 큰 부정을 저질렀다(더 이상의 상세한 내용은 우리에게 전해지지 않는다). 본문에서 추측할 수 있듯이 그는 면직되었으며, 부인과 함께 파문된 상태였다(2폴리 11,1.4). 폴리카르푸스는, 두 사람은 참회해야 하고 공동체는 그들을 용서하여 교회에 다시 받아들일 것을 요구한다(11,4).

유다교 공동체의 장로 제도와 마찬가지로 그리스도교 공동체의 장로들은 사람들이 제기한 고소와 고발에 대해 공동체의 이름으로 심판하였다.[74] "그들은 죄인들을 내쫓고 다시 받아들이는 것을 권위있게 결정하는 공동체의 대표자이다. 그러나 그들은 신자들의 협조를 얻어 이를 행해야 한다."[75] 「폴리카르푸스의 편지」에서도 가정과 공동체 규범의 영역에서 봉사자들과 장로들의 본분을 언급하고 있는데(5,2; 6,1 이하), 장로들의 직무는 무엇보다도 참회하도록 지도하는 것이다. 장로들의 판결은 올바르고 관대해야 한다. 그들이 재판관으로 형벌

---

[72] 교회헌장 7항.

[73] 「폴리카르푸스의 편지」는 스미르나의 공동체에 과부직(2폴리 4,3)이 있었음을 알려준다. 과부들은 끊임없이 기도하는 하느님의 제단(θυσιαστήριον θεοῦ)으로 묘사되며(2폴리 4,3; 1디모 5,5; 1데살 5,17; 이냐.에페 10,1 참조), 주교의 감독 아래 자신들의 임무를 수행했다(사도규정 3,8,1). 이들은 가장 먼저 보살핌을 받아야 하는 사람들이면서도 공동체 직무를 돕는 역할을 하였다(K.S. Frank, *Lehrbuch*, 106쪽 참조).

[74] H.F.v. Campenhausen, *Kirchliches Amt*, 160쪽 참조.

[75] B. Poschmann, *Paenitentia*, 103-104쪽 참조.

을 선고하듯이 용서(ἀφιέναι)도 그들의 권한이다. 폴리카르푸스는 장로들의 특별 사죄권을 배제하지 않는 것 같다. 그러나 폴리카르푸스는 '하느님 앞에서' 용서의 효력에 관해 말하지 않는다. 왜냐하면 이 효력은 당시의 이해에 따라 '그리스도가' 용서한다는 사실을 전제하기 때문이다(2폴리 6.2 참조).[76]

우리는 여기서 당시 초대 그리스도교 공동체에서 장로단과 주교직이 맡은 위치와 역할에 주목할 필요가 있다. 「폴리카르푸스의 편지」는 필립비 공동체와 마찬가지로 스미르나의 공동체에도 장로단이 있었음을 전해 준다. 장로직은[77] 사도행전의 증언에 따르면 예루살렘 공동체뿐만 아니라 모든 그리스도교 공동체의 직무였다.[78] 그리스도교 공동체의 장로들은 유다교 공동체 장로와 그 형식과 구조가 비슷하면서도 다른 점들이 점점 분명히 나타나기 시작하였다.

1세기 말경에 쓰인 야고보서(5.14)는 그리스도교 공동체의 일상생활과 관련된 장로들의 직무에 관하여 이렇게 서술한다. "여러분 가운데 누가 앓고 있습니까? 그런 사람은 교회의 장로들을 부르시오. 그들은 주님의 이름으로 기름을 바르고 그를 위해 기도해야 합니다." 베드로 전서(5.2-3)에는 공동체의 규정에 대하여 이런 기록이 나온다. "함께 있는 양떼를 잘 돌보시오. 이 돌보는 일을 마지못해 하지 말고 자진하여 하느님 뜻을 따라 하시오. 더러운 이익을 탐내지 말고 성의로 하시오. 맡겨진 사람들을 지배하지 말고 양떼의 모범이 되시오." 이를 바탕으로 장로 제도는 초기 그리스도교 공동체의 사도직과 동일한 개념이라고 할 수 있다.

---

[76] J.A. Fischer, *Die Apostolischen Väter*, 241-242쪽.

[77] 장로란 예루살렘 산헤드린의 일원이며 각 회당에도 장로가 있었다. 장로에 대한 이러한 원시적 호칭은 지도하고 통솔하는 기능적 칭호로 변한다. 장로들은 회당(시나고게)에서 예배를 주재하고 토라를 해석하는 것 외에 사법권과 행정권도 가지고 있었다. 공동체의 일치와 질서는 특별한 방법으로 그들에게 위탁되었다.

[78] 유다인들의 지방 공동체는 대체로 7명의 장로로 구성된 장로단과 회당 위원회가 있었다. 이러한 유다 공동체의 장로직이 우선 예루살렘과 팔레스티나의 그리스도교 교회 직무에 도입되어 시리아와 소아시아를 거쳐 유럽에까지 파급되었다. 사도 21.17-26에는 예루살렘 초대 공동체의 확실한 모습이 나타나며, 야고보를 으뜸으로 하는 장로단이 있었다는 기록도 나온다(J. Feiner - L. Vischer, 이경우·정한교 옮김, 『하나인 믿음』, 346쪽 참조).

시간이 흐르면서 장로 제도와 주교ἐπίσκοπος의 칭호와 기능이 결합되는데, 사도행전 20장 17-28절은 이 두 제도가 어떻게 연결되는지를 알려준다. 사목서간에서는 이 두 가지 칭호가 서로 다른 직무이면서 연관되어 나타난다(1디모 3,1-7; 5,17-19). 주교직이 장로단에서 우위를 차지했는지는 신약성서에서 명확히 구별되지 않았다.[79] 그러나 2세기를 거치면서 장로단 중심의 합의 지도체제는 서서히 사라져 갔다. 이러한 변화는 갑작스럽게 일어난 것이 아니며 또한 모든 지역의 교회에서 동시에 일어난 현상도 아니었다. 헤르마스의 「목자」는 「클레멘스의 편지」에서와 같이 장로직과 주교직을 명확히 구별하지 않던 2세기 중반 로마 공동체의 모습을 전해준다.[80]

안티오키아의 이냐시우스의 증언에 따르면 안티오키아에는 이미 공동체를 다스리는 사랑과 일치의 표상인 단일 주교직이 발전하였다. 여기서 주교는 하느님을 대리하고 장로-봉사자(부제)는 그 하위 개념으로 나타난다. 그러나 「디다케」에서는 카리스마적 교직(사도, 예언자, 교사)이, 공동체에서 선출되어 성직이 수여된 주교나 부제 같은 교직보다 아직도 높은 위치에 있었다.[81] 바울로의 편지에 나타난 공동체의 합의 지도체제, 곧 두 등급의 교직(주교와 장로/봉사자)과 카리스마적 교직이 안티오키아에서 이미 시대에 뒤진 제도로 생각되었는지, 아니면 이냐시우스가 아직 발전 단계에 있는 교직에 관한 이상형을 제시한 것인지는 아직도 해결되지 않은 문제이다.[82] 그렇지만 치프리아누스(편지 16,8)가 "주교는 교회 안에 있고 교회는 주교 안에 있다"고 말하듯이, 2세기 말에 이르러 단일 주교는 모든 지역 공동체의 지도자가 되었다.

2세기 중엽까지도 스미르나 공동체의 주교직과 장로직은 밀접한 관계에 있었다(2폴리 머릿글). 폴리카르푸스의 편지는 스미르나의 교직이 사목서간에 나타나는

---

[79] J. Feiner - L. Vischer, 이경우·정한교 옮김, 『하나인 믿음』, 346쪽 참조.

[80] K.S. Frank, *Lehrbuch*, 101쪽 참조.

[81] 디다 15,1. 『열두 사도들의 가르침』(디다케), 정양모 역주, 분도출판사 1993, 96쪽, 주㉠ 참조.

[82] H.R. Drobner, *Lehrbuch*, 42쪽 참조.

주교직의 발전 단계와 동일한 단계에 있었음을 암시한다.[83] 폴리카르푸스는 필립비인들에게 보낸 편지에서 "폴리카르푸스와 그와 함께 있는 장로들"이라는 표현을 통해 자신을 장로들의 구심점으로 소개하고, 필립비 공동체의 봉사자(2폴리 5,1-2)와 장로(2폴리 6,1; 11,1)만을 언급한다. 그는 편지에서 필립비 신자들이 하느님과 그리스도께 순종하듯이 장로들과 봉사자들에게 순종할 것을 권유한다(2폴리 5,3).

학자들은 폴리카르푸스가 과연 스미르나의 주교였는지에 관해 많이 논의하였다. 그렇지만 폴리카르푸스가 주교였다는 사실은 다른 여러 문서를 통해 확인할 수 있다(이냐.마그 15; 폴리.순교 16,2; 이레.논박 3,3,4). 폴리카르푸스가 쓴 두 통의 편지는 이미 이냐시우스의 편지들(이냐.에페 21,1; 이냐.마그 15; 이냐.스미 8,1-9,1; 12,2)에서와 마찬가지로 그가 스미르나의 유일한 주교라는 사실을 확증한다. 그가 두 통의 편지에서 일인칭 형태를 사용한 것도 이때문이다(1폴리 1,1; 2폴리 3,1; 9,1; 11,1,3-4). 그가 자신의 편지 머릿글에서 왜 주교 칭호를 사용하지 않았는지는 지금으로서는 설명할 길이 없다. 다만 폴리카르푸스의 주교직이 그때까지는 아직 공동체에서 강조되지 않았다는 사실이 이냐시우스가 폴리카르푸스에게 보낸 편지의 머릿글에서 어렴풋이 드러난다. "이냐시우스가 스미르나 공동체의 주교에게, 그보다는 **오히려** 하느님 아버지와 주 예수 그리스도를 주교로 모시고 있는 폴리카르푸스에게 …"ἐπισκόπῳ ἐκκλησίας Σμυρναίων, **μᾶλλον** ἐπισκοπημένῳ ὑπὸ θεοῦ πατρὸς καὶ κυρίου Ἰ. Χ.. 여기서 '오히려' μᾶλλον는 폴리카르푸스가 본디 "스미르나의 주교이지만 하느님 아버지와 주 예수 그리스도를 주교로 모시고" 있음을 전제한다. 이 표현을 놓고 볼 때 아마도 폴리카르푸스는 자신을 주교라고 부르지 않은 것 같다. 이냐시우스도, 「에페소인들에게 보낸 편지」의 한 구절, "주님께 감사드리며, 여러분과 마찬가지로 폴리카르푸스에 대한 사랑으로 …"(21,1)에서 볼 수 있듯이 폴리카르푸스를 주교로 부르지 않는다.[84]

---

[83] H.F.v. Campenhausen, *Kirchliches Amt*, 129-30쪽 참조.

[84] 그러나 이냐시우스가 스미르나에 머물던 당시에 쓴 「마그네시아인들에게 보낸 편지」에서는 "스미르나에 와 있는 에페소인들이 스미르나의 주교, 폴리카르푸스와 함께 …"(15)라고 되어 있다.

또한 폴리카르푸스는 자신의 편지에서 필립비 공동체의 주교도 언급하지 않는다. 이는 폴리카르푸스가 필립비 공동체를 합의 지도체제로 이해하였기 때문인가? 아니면 첫째, 둘째 편지를 보낼 당시 필립비 공동체에 일시적으로 주교가 없었는가? 피셔는 역사적 · 교의적 이유에서 이러한 견해를 근거없는 것으로 여긴다. 필립비와 같이 널리 알려진 공동체가 감독(주교)이 없고 단지 장로들과 봉사자들로만 지도부를 형성하였다는 것은 의심스럽다. 그는 간접 증거가 없다는 이유로, 면직된 발렌스가 단일 주교였다고 생각하지 않았다. 오히려 피셔는 다음과 같이 주장한다. "추측하건대 필립비에서는 시리아와 소아시아처럼 합의 주교단에서 단일 주교직으로 아직 발전하지 않았을 것이다. 따라서 폴리카르푸스가 둘째 편지의 머릿글과 달리 5장 2절과 6장 1절에 언급하는 장로들은, 본질적으로 바울로의 편지에 나오는 합의 주교단과 「클레멘스의 편지」에 나오는 교직을 맡은 장로들과 동일하다고 할 수 있다."[85]

피셔와 달리 그랜트[86]는 11장에 나오는 발렌스가 필립비의 주교였기 때문에 폴리카르푸스가 주교에 관해 언급하지 않은 것이라고 주장한다. 폴리카르푸스가 발렌스에 대해 "이를 자제할 수 없는 사람이 어떻게 다른 사람에게 자제하라고 설교할 수 있겠습니까?"(2폴리 11.2) 하고 말한 것은 디모테오 전서 3장 5절의 주교에 관한 언급을 의역했다는 것이다. 리우스-캄프스도 발렌스가 단순한 장로가 아니라 마케도니아의 대주교라고 주장하였다. 그러나 리우스-캄프스의 견해를 인용하는[87] 칼보J.J.A. Calvo는 「폴리카르푸스의 편지」가 이 문제에 아무런 간접증거도 제시하지 않는다고 밝히면서 리우스-캄프스의 견해에 이의를 제기한다.

---

[85] J.A. Fischer, *Die Apostolischen Väter*, 241쪽; H.F.v. Campenhausen, *Kirchliches Amt*, 130쪽, 주1 참조. 사도 20,28에 유언 형식으로 기록된 바울로의 작별인사는 장로들에게 한 권고에서 절정에 달한다. "여러분 자신과 양떼를 보살피시오. 성령께서 여러분을 양떼의 감독으로 세우셔서, 당신 아드님의 피로 얻으신 하느님의 교회를 돌보게 하셨습니다." 이 대목에서 바울로가 장로들과 주교를 같은 직위로 보고 있음을 알 수 있다.

[86] R.M. Grant, *After the New Testament*, 535쪽 참조.

[87] J. Rius - Camps, *La Carta*, 225쪽, 주70 참조.

10. 종 말 론

종말론에 관한 폴리카르푸스의 진술(죽은 이들의 부활, 심판과 부활, 심판관인 그리스도)은 대부분 전통에 충실히 머무르면서 미래와 연관된다. 그리스도는 산 이들과 죽은 이들의 심판자로 오실 것이며(2폴리 2.1), 성도들은 죄인들의 심판에 참여하고(2폴리 11.2)[88] 그리스도와 함께 다스릴 것이다(2폴리 5.2).[89] 하느님께서는 당신께 순종하지 않는 죄인들에게 당신 아들의 피의 대가를 요구하실 것이다(2폴리 2.1). 또한 중죄를 지은 사람들은 하느님의 나라를 상속받지 못할 것이다(2폴리 5.3).

이와 같은 진술은 다가올 종말이 임박했다는 기대와 어떤 관련이 있는가? 임박한 종말의 기대는 폴리카르푸스의 관심사가 아니었다. 2세기 그리스도교 문헌에 재림의 지연이 점차 폭넓게 언급되듯이 「폴리카르푸스의 편지」어느 곳에도 종말이 가까이 왔다는 말이 없다. 오히려 종말을 준비하라는 그의 권고(2폴리 2.1; 4.1; 7.2)는 신약성서에 자주 나타나는 종말론적 내용과 관계없이 비유적 표현으로 사용된다. 복음서는 예수께서 선포하신 회개와 하느님 나라를 함께 강조하는 반면, 폴리카르푸스의 편지에 나타난 종말론적 선포는 올바른 행실을 위한 권고로 사용될 따름이다.

「폴리카르푸스의 편지」에서 주목할 것은 스미르나의 주교가 최후의 심판에 대하여 말하지 않는다는 점이다. 스미르나의 주교는 그리스도를 심판자로 말하고 있으나 그리스도가 주재主宰할 미래의 심판을 항상 현재의 다스림으로 이해한다. 하느님의 다스림에 대한 희망은 그리스도의 재림이나 종말에 대한 희망으로 이어지지 않는다. 곧, 폴리카르푸스는 그리스도가 심판하기 위하여 온다는 종말론적 표상들을 윤리적 권고(2폴리 2.1)의 근거로 이용한다.

---

[88] 이 심판은 일반적인 부활을 전제하는데, 이러한 사상은 이방인들뿐만 아니라 이단자들에게도 낯선 것이었다.

[89] 성도들이 그리스도와 함께 다스리거나 순교자들이 이미 주님과 함께 있다(2폴리 9.2)는 사상은 이냐시우스에게서도 나타난다(J.A. Fischer, *Die Apostolischen Väter*, 242쪽 참조).

「폴리카르푸스의 편지」에서 종말 사건은 그리스도를 통하여 이미 시작된 구원 사건으로만 간접적으로 언급될 뿐이다. 폴리카르푸스는 종말론적 약속들을 그리스도를 따르는 삶으로 생각하기 때문에 부활에 대한 희망도 윤리적 행위를 요구한다. 따라서 희망과 윤리적 행위의 관계가 폴리카르푸스 종말론의 핵심이 된다. 그의 편지에 나오는 권고는 주님의 가르침에 순종할 것을 요구한다. "우리가 하느님의 뜻을 행하고, 그분의 계명에 따라 … 그분께서 사랑하신 것을 사랑한다면 … 그분을 죽은 이들 가운데에서 일으키신 하느님께서 우리도 일으키실 것입니다"(2폴리 2,2). 둘째 편지 5장 2절에서도 부활에 대한 희망이 도덕적·윤리적 내용의 조건들과 연결되는 반면, 신약성서에서는 부활에 대한 약속이 도덕적인 조건문과 연결되지 않는다.[90] 곧, 폴리카르푸스는 사도로부터 전해져 내려오는 전통과 달리, 자신의 사상이 어떻게 윤리적 목적에 부합하는지를 분명히 밝힌다.

한편, 폴리카르푸스는 교회를 낯선 곳에서 사는 나그네로 묘사한다(2폴리 머릿글). 이는 교회의 참된 고향이 하늘에 있고 그리스도인은 그곳을 향해 나아가고 있다는 사실을 암시한다. 편지 1장에서 교회는 은총의 결과인 영광스럽고 이루 말할 수 없는 기쁨으로 가득 차 있음을 알 수 있다. 이 기쁨으로 교회는 주님의 영광에 대한 몫을 이미 갖게 되었다. 이로써 종말론적 언급들은 미래와 연결되며 현재와 미래가 교회 안에서 만나는 것이다.

11. 고대 라틴어 사본

「폴리카르푸스의 편지」의 라틴어 사본은 「이냐시우스의 편지」와 「가-이냐시우스의 편지」[91] 안에 전해 온다.

---

[90] 본디 신약성서에서는 종말론적 진술이 중요한 구실을 하며, 윤리적 권고는 종말론적 진술의 결과이다.

[91] 여기서 「가-이냐시우스의 편지」란 이냐시우스가 쓴 7통의 편지 외에 친저성이 의심되는 5통의 편지(카소볼라의 마리아에게 보낸 편지, 타르시아인들에게 보낸 편지, 필립비인들에게 보낸 편지, 안티오키아인들에게 보낸 편지, 헤로의 기도)를 말한다. 이냐시우스의 편지가 정확히 몇 통인지는 아직도 연구 대상이다.

「폴리카르푸스의 편지」의 고대 라틴어 역본의 초판은 야콥슨 파버Jacobson Faber가 옥스퍼드 사본 229호와 파리 사본 1639호를 참조하여「가이냐시우스의 편지」와 함께 1498년에 발행하였다. 그 뒤를 이어 1644년에 어셔J. Ussher가, 1672년에는 코틀리에J.B. Cotelier가 각각 자신들의 편집본에서「폴리카르푸스의 편지」의 사본을 다루고 있지만 새로운 이본들을 소개하지는 않았다. 그 뒤 19세기에 이르러 야콥슨W. Jacobson이 플로렌스 사본 xxiii. 20호를 수집했고(1838년), 그 다음에 드레젤A.R.M. Dressel이 팔라티누스 사본 150호와 레기우스 사본 81호를 수집하여 간행하였다(1857년). 잔[92]은 1876년 기존의 비판본들을 바탕으로 라틴어 역본을 발행했고, 라이트푸트는 여러 수사본을 바탕으로 10, 11, 12, 14장과 13장 2절을 편집하였다.[93] 이들이 이용한 사본들은 다음과 같다.

1) 파리 사본 1639호Parisinus 1639: 약어는 'f'. 이전에는 콜베르티누스 사본 1039호Colbertinus 1039로 불렀다. 12세기의 2절판 양피지 사본이다.
2) 옥스퍼드 사본 229호Oxoniensis Collegii Balliolensis 229: 약어는 'o'. 옥스퍼드 대학에 소장된 12세기의 2절판 양피지 사본이다.
3) 팔라티누스 사본 150호Palatinus Vaticanus 150: 약어는 'p'. 바티칸 도서관에 소장된 14세기의 8절판 양피지 사본이다.
4) 레기우스 사본 81호Regius 81: 약어는 'r'. 바티칸 도서관에 소장된 9세기의 사본으로 추정된다. 현존하는 가장 오래된 사본이다.
5) 트로이에 사본 412호Trecensis 412: 프랑스의 트로이에Troyes 시립 도서관에 소장되어 있다.
6) 브뤼셀 사본 5510, 703, 20132호Bruxellensis 5510, 703, 20132: 5510호는 12세기 초반, 703호는 15세기, 20132호는 16세기의 사본으로 추정된다. 703호는 5510호를 필사했고, 20132호는 703호를 필사하였다.

---

[92] O. de Gebhardt - A. Harnack - Th. Zahn, *Patrum*.

[93] J.B. Lightfoot, *ApF* II/3, 318-320쪽 참조.

7) 아트레바테스 사본 51호Atrebatensis 51: 프랑스의 아라스Arras 시립 도서관에 소장된 11세기의 양피지 사본이다.
8) 플로렌스 사본 xxiii. 20호Laurentianus Florentinus xxiii. 20: 플로렌스의 메디치안 도서관에 소장된 15세기의 양피지 사본이다.
9) 빈 사본 1068호Vindobonensis 1068: 빈의 왕립 도서관에 소장된 14세기의 사본이다. 아주 작은 글씨로 촘촘히 쓰여 있다. 다른 사본들은 「가이냐시우스의 편지」 다음에 폴리카르푸스의 편지를 소개하지만, 이 사본에는 「폴리카르푸스의 편지」가 가장 먼저 나온다.
10) 막달렌스 사본 76호Oxoniensis Collegii Magdalensis 76: 옥스퍼드 대학에 소장된 15세기의 2절판 양피지 사본이다.[94]

---

[94] J.B. Lightfoot, *ApF* II/1, 126-131쪽 참조.

나. 본문과 역주

ΤΟΥ ΑΓΙΟΥ ΠΟΛΥΚΑΡΠΟΥ ΕΠΙΣΚΟΠΟΥ ΣΜΥΡΝΗΣ ΚΑΙ ΙΕΡΟΜΑΡΤΥΡΟΣ ΠΡΟΣ ΦΙΛΙΠΠΗΣΙΟΥΣ ΕΠΙΣΤΟΛΗ.

Πολύκαρπος καὶ οἱ σὺν αὐτῷ πρεσβύτεροι τῇ ἐκ-
5 κλησίᾳ τοῦ θεοῦ τῇ παροικούσῃ Φιλίππους· ἔλεος
ὑμῖν καὶ εἰρήνη παρὰ θεοῦ παντοκράτορος καὶ
Ἰησοῦ Χριστοῦ τοῦ σωτῆρος ἡμῶν πληθυνθείη.

G = 11세기 바티칸 사본에 수록된 그리스어 본문(9장의 마지막 세 낱말과 10-14장이 없다) ; G² = 바티칸 사본의 수사본; L = 라틴어 역본(6/7세기?).
Hilgenf. = A. Hilgenfeld, Ignatii Antiocheni et Polycarpi Smyrnaei epistulae et martyria, Berolini 1902; Lightf. = J.B. Lightfoot, The Apostolic Fathers, III/ 2, London 1889² (재인쇄 Hildesheim-New York 1973, Massachusetts 1989); Zahn = O. de Gebhardt - A. Harnack - Th. Zahn, Patrum Apostolicorum Opera. Textum ad fidem codicum et graecorum et latinorum adhibitis praestantissimis editionibus, Leipzig 1920⁶; Funk = F.X. Funk, Die Echtheit der Ignatianischen Briefe aufs Neue vertheidigt, Tübingen 1883; Eus. = 에우세비우스의 「교회사」

    em (emendavit, emendaverunt)　교정　　con(coniecit, coniecerunt)　삽입
    cod(d) (codex, codices)　　　　　　사본(들) +　　　　　　　　　　첨가
    >　　　　　　　　　　　　　　　　　탈문

1-3 του αγιου ... επιστολη G: Incipit epistola beati Policarpi Smirnaeorum ecclesiae episcopi ad Philippenses confirmantis fidem eorum L

스미르나의 주교이며 거룩한 순교자인
성 폴리카르푸스가
필립비인들에게 보낸 편지

폴리카르푸스[1]와 그와 함께 있는 장로들이 필립비에 나그네로 사는[2] 하느님의 교회에게.[3]

전능하신[4] 하느님과 우리 구원자[5] 예수 그리스도로부터 여러분에게[6] 자비와 평화가 가득하기를 빕니다.

---

[1] 그리스어 인명인 폴리카르푸스는 πολύκαρπος(열매를 많이 맺는)에서 유래한다. 라틴어 fructuosus도 인명으로 사용되었다. 폴리카르푸스라는 인명은 대략 기원후 2세기 중엽부터 이냐시우스의 편지들과「폴리카르푸스의 편지」외의 문서에도 나오며, 라틴어 인명은 이미 폼페이의 베수비오 화산 폭발 이전에 사용되었다. 로마인들은 그리스어 인명을 출신의 구분 없이 모든 노예에게 부여하였다 (J.B. Bauer, *Die Polykarpbriefe*, 33쪽 참조).

[2] 그리스어권에서는 '살다'(κατοικεῖν)와 '나그네로 살다, 그 곁에 살다, 이웃하다'(παροικεῖν)를 뚜렷이 구분하여 사용한다(알렉산드리아의 치릴루스,「시편 주석서」4,1 참조).

[3] 1고린 1,2; 2고린 1,1 참조.

[4] '전능하신'(παντοκράτωρ)은「클레멘스의 첫째 편지」머릿글에서 영향받았다 (해제 6.「폴리카르푸스의 편지」에 사용된 문헌' 참조).「클레멘스의 편지」에서 이 낱말은 하느님께 다섯 번 사용된다. 이미 신약성서에서 열 번(2고린 6,12; 묵시 1,8; 4,8; 11,17; 15,3; 16,7.14; 19,6.15; 21,22) 나오며, 초기 유다교 문헌에서도 자주 나온다.

[5] 디도 1,4; 3,6 참조. '구원자'(σωτήρ)는 이냐시우스의 작품에서도 예수께 적용된다(이냐. 에페 1,1; 이냐. 마그 머릿글; 이냐. 필라 9,2 참조). 그러나 이 칭호는 시편 24,5; 27,1; 루가 1,47; 1디모 1,1; 2,3; 4,10; 디도 1,3; 2,10;

I. Συνεχάρην ὑμῖν μεγάλως ἐν τῷ κυρίῳ ἡμῶν Ἰησοῦ Χριστῷ, δεξαμένοις τὰ μιμήματα τῆς ἀληθοῦς ἀγάπης καὶ προπέμψασιν, ὡς ἐπέβαλεν ὑμῖν, τοὺς ἐνειλημένους τοῖς ἁγιοπρεπέσιν

---

2 δεξαμένοις G; δεξάμενος L | 4 ἐνειλημένους em Lightf.; ἐνειλημμένους G Hilgenf.; ἐνειλιγμένους con Zahn

1,1 나는 여러분이 참된 사랑을 실천하는 이들을[7] 맞이하고,[8] 여러분이 해야 할 본분으로, 거룩한 사슬에[9] 묶인 사람들에게 여행에 필요한 것을 제공하였다는 소식을 듣고, 우리 주 예수 그리스도 안에서 여러분과 함

3,4; 유다 1,25에서 하느님을 일컫는다. 한편 헬레니즘 세계에서는 제신(諸神) 영웅, 통치자들을 '구원자'로 표현한다. 또한 평화와 질서를 유지하는 신격화한 통치자와 죽음과 물질을 거슬러 나타나는 신성도 '구원자'라고 부른다. 예수께서는 살아 계실 때에 '구원자'로 불리지 않으셨으나 이 칭호는 백성을 죄와 죽음에서 구하시는 분인 예수께 적용된다(루가 2,11; 사도 5,31; 13,23 참조). "죽음을 없애신 우리 구원자 그리스도 예수의 나타남"(2디모 1,10)에서 사용된 '구원자'가 헬레니즘 세계의 '구원자'와 대립되는 것으로 증명되지는 않지만, 그리스도교의 '구원자' 개념은 종말론적 시점. '위대하신 우리 하느님의 영광과 구원자이신 예수 그리스도의 나타남'(디도 2,13)이라는 의미에서 헬레니즘 세계의 '구원자' 개념과 완전히 다르다. 이는 바울로의 이해와 일맥상통한다. "우리의 고향은 하늘에 있습니다. 우리는 주 예수 그리스도께서 하늘에서 구원자로 오실 것을 고대합니다"(필립 3,20). '구원자'가 성서에 나오는 말이라 할지라도 이 개념은 고대 교회에서 이교인들과 수많은 논쟁거리가 되었다. 이교인들은 페르가몬 신전에서 숭배하는 아스클레피오스를 '구원자'로 언급하는 반면, 그리스도인들은 그리스도를 '구원자'로 부른다. 이로써 오리게네스와 동시대에 활동한 이교인 철학자 첼수스가 구원자 아스클레피오스를 그리스도인들의 구원자 예수 그리스도와 대립시켰다는 사실을 이해할 수 있다. 첼수스와 같은 시대에 살았던 엘리우스 아리스티데스(120년경~189년)가 아스클레피오스를 다른 수식어 없이 '구원자'라고 부르고, 그리스도교에서 절대적 호칭 '구원자'가 그리스도에게 적용되고 확산되었다는 사실은 우연이 아니다. 왜냐하면 이교인들이 그들의 구원자 아스클레피오스를 그리스도와 대립시켰듯이 그리스도인들은 자신들의 구원자 그리스도를 아스클레피오스와 대립시켰기 때문이다(F.J. Dölger, *Antike*, 263쪽 참조).

[6] 1고린 1,3; 1베드 1,2 참조.

[7] 곧 이냐시우스와 그의 동행자들을 가리킨다(J.B. Lightfoot & J.R. Harmer, *The Apostolic Fathers*, 123쪽, 주1 참조). 라이트푸트(*ApF* II/3, 322쪽 참조)는 "참된 사랑을 실천하는 이들"에서 '참된 사랑'을 그리스도로 이해한다. 그러나 요한 14,6; 1요한 4,8-10에 나오는 '참된 사랑'은 그리스도를 의미하지 않는다. 오히려 "그분의 인내를 본받는 사람"(2폴리 8,2), "제 하느님의 수난을 본받는 사람이 될 수 있게 해 주십시오"(이냐.로마 6,3), "예수 그리스도를 본받는 사람들이 되십시오"(이냐.필라 7,2)에서 볼 수 있듯이 '참된 사랑'은 예수가 새로운 계명으로 준 사랑으로 이해해야 한다(요한 13,34; 15,12 참조).

[8] 이냐.로마 9,3; 이냐.필라 11,1 참조. [9] 이냐.스미 11,1 참조.

δεσμοῖς, ἅτινά ἐστιν διαδήματα τῶν ἀληθῶς ὑπὸ θεοῦ καὶ τοῦ κυρίου ἡμῶν ἐκλελεγμένων· 2. καὶ ὅτι ἡ βεβαία τῆς πίστεως ὑμῶν ῥίζα, ἐξ ἀρχαίων καταγγελλομένη χρόνων, μέχρι νῦν
5 διαμένει καὶ καρποφορεῖ εἰς τὸν κύριον ἡμῶν Ἰησοῦν Χριστόν, ὃς ὑπέμεινεν ὑπὲρ τῶν ἁμαρτιῶν ἡμῶν ἕως θανάτου καταντῆσαι, ὃν ἤγειρεν ὁ θεός, λύσας τὰς ὠδῖνας τοῦ ᾅδου· 3. εἰς ὃν οὐκ ἰδόντες πιστεύετε χαρᾷ ἀνεκλαλήτῳ
10 καὶ δεδοξασμένῃ, εἰς ἣν πολλοὶ ἐπιθυμοῦσιν εἰσελθεῖν, εἰδότες, ὅτι χάριτί ἐστε σεσωσμένοι, οὐκ ἐξ ἔργων, ἀλλὰ θελήματι θεοῦ διὰ Ἰησοῦ Χριστοῦ.

8 ὀδίνας G | 9 πιστεύετε G; (1베드 1,8에서) + credentes autem gaudebitis L | ἀνεκλαλείτω G

께 매우 기뻐하였습니다.[10] 참으로 그 사슬은[11] 하느님과 우리 주님께서 선택하신[12] 사람들에게 주어지는 월계관입니다.[13] 2 예부터 알려진[14] 여러분 믿음의 견고한 뿌리가[15] 지금까지 이어지고, 우리 주 예수 그리스도를 위하여 열매를 맺는다는 소식을 듣고 나는 기뻐하였습니다.[16] 그분은 우리 죄를 위하여[17] 죽음까지[18] 참아내셨습니다.[19] 하느님께서는 하데스의 진통을 풀어주시고[20] 그분을 일으키셨습니다.[21] 3 여러분은 그분을 보지 못했지만, 많은 사람이 이루 말할 수 없는 영광스러운 기쁨에[22] 들어가기를 갈망하고[23] (그 기쁨으로) 그분을 믿고 있습니다. 왜냐하면 여러분은 은총으로, 행업들 때문이 아닌[24] 하느님의 뜻에 따라[25] 예수 그리스도를 통하여 구원받았다는 것을 알고 있기[26] 때문입니다.

---

[10] 예수 그리스도 안에서의 기쁨에 관해서는 필립 2,17; 4,10 참조.

[11] 이냐.에페 11,2 참조.   [12] 1클레 50,7 참조.

[13] 죽은 이들과 순교자들의 화관을 암시하는 월계관은 부름받은 사람들과 신앙 안에 충실히 머무는 사람들에게 약속된 승리의 화관을 상징한다(지혜 5,16; 2디모 4,8 참조); K. Baus, *Der Kranz*, 113-142.170-190쪽; A.J. Brekelmans, *Märtyrerkranz* 참조.

[14] 2고린 8,1-2; 필립 1,5 참조. 필립비는 바울로가 유럽에 세운 첫 그리스도교 공동체이다(사도 16,12-40 참조).

[15] 루가 8,13 참조.   [16] 필립 4,10-18 참조.

[17] 1고린 15,3.

[18] 1클레 5,2; 6,2; 63,1. 직역은 "죽음에 이르기까지"이다.

[19] 히브 12,2 참조.   [20] 사도 2,24.

[21] 사도 3,15.   [22] 1베드 1,8. 참조; 마태 25,21.23.

[23] 마태 13,17 참조.

[24] 에페 2,8-9. 참조; 디도 3,5; 1클레 32,3.

[25] 히브 10,10 참조.

[26] εἰδότες ὅτι는 바울로의 어법이다(로마 5,3; 6,9; 13,11; 1고린 15,58; 2고린 1,7; 4,14; 5,11; 갈라 2,16; 에페 6,8; 필립 1,16; 골로 3,24).

II. Διὸ ἀναζωσάμενοι τὰς ὀσφύας ὑμῶν δουλεύσατε τῷ θεῷ ἐν φόβῳ καὶ ἀληθείᾳ, ἀπολιπόντες τὴν κενὴν ματαιολογίαν καὶ τὴν τῶν πολλῶν πλάνην, πιστεύσαντες εἰς τὸν 5 ἐγείραντα τὸν κύριον ἡμῶν Ἰησοῦν Χριστὸν ἐκ νεκρῶν καὶ δόντα αὐτῷ δόξαν καὶ θρόνον ἐκ δεξιῶν αὐτοῦ· ᾧ ὑπετάγη τὰ πάντα ἐπουράνια καὶ ἐπίγεια, ᾧ πᾶσα πνοὴ λατρεύει, ὃς ἔρχεται κριτὴς ζώντων καὶ νεκρῶν, οὗ τὸ αἷμα ἐκ- 10 ζητήσει ὁ θεὸς ἀπὸ τῶν ἀπειθούντων αὐτῷ. 2. ὁ

3 ἀπολειπόντες G

2.1 그러므로 허리에 띠를 매고[27] 경외하며[28] 진실하게[29] 하느님을 섬기고,[30] 쓸데없는 빈말과[31] 많은 사람의 그릇된 가르침을[32] 물리치십시오. 우리 주 예수 그리스도를 죽은 이들 가운데서 일으키시고, 하느님의 오른편에[33] 있는 옥좌와 영광을[34] 예수 그리스도께 주신[35] 분을 믿으십시오. 하느님께서는 하늘과 땅 위에 있는[36] 만물을 예수 그리스도께 굴복시키셨으며,[37] 모든 생물은 산 이들과 죽은 이들의 심판자로[38] 오실 예수 그리스도를 섬기고 있습니다. 하느님께서는 그분께 순종하지 않는[39] 사람들에게 예수 그리스도의 피의 대가를 요구하실 것입니다.[40] 2 그러나 우

---

[27] 허리에 띠를 맬 것을 요구하는 것은 신약성서에서 주님의 오심(1베드 1,13; 루가 12,35 참조), 또는 심판날(에페 6,14 참조)과 같이 종말론적 의미와 밀접히 연관된다. 반면 여기서는 종말론적 의미와 아무 관련 없이 단지 윤리적 경고를 위한 표현으로 사용된다(해제 10. '종말론' 참조).

[28] 시편 2,11; 1클레 19,1.

[29] '진리'($\dot{\alpha}\lambda\eta\theta\epsilon\iota\alpha$)는 히브리어 '에멧'(אֱמֶת)과 유사하게 여기서도 의향과 행동의 진실, 정직, 신뢰를 뜻한다(W. Bauer - K. Aland - B. Aland, *Griechisch-deutsches Wörterbuch*, 69-70쪽 참조).

[30] 시편 2,11 참조.

[31] 1클레 7,2; 9,1; 이냐.필라 1,1 참조. 신약성서에서 1디모 1,6(디도 1,10 참조)에만 나타나는 '쓸데없는 말'($\mu\alpha\tau\alpha\iota o\lambda o\gamma\acute{\iota}\alpha$)은 사도교부의 작품 가운데 이 구절에서만 나타난다(해제 8. '폴리카르푸스와 사목서간' 참조).

[32] 마태 24,4-5; 2요한 1,7 참조.   [33] 마태 22,44; 히브 8,1; 12,2 참조.

[34] 1베드 1,21.   [35] 1베드 1,21. 참조: 집회 47,11; 루가 1,32.

[36] 요한 3,12; 1고린 15,40.48-49; 에페 1,10; 필립 2,10; 이냐.에페 13,2 참조.

[37] 시편 8,7; 1고린 15,27-28; 필립 3,21; 골로 1,16; 히브 2,8 참조.

[38] 사도 10,42. 참조: 2디모 4,1; 1베드 4,5; 바르.편지 7,2.

[39] 로마 15,31; 1베드 4,17 참조.

[40] 창세 42,22; 2역대 4,11; 에제 3,18.20; 33,6.8; 루가 11,50-51; 이냐.스미 6,1 참조.

δὲ ἐγείρας αὐτὸν ἐκ νεκρῶν καὶ ἡμᾶς ἐγερεῖ, ἐὰν ποιῶμεν αὐτοῦ τὸ θέλημα καὶ πορευώμεθα ἐν ταῖς ἐντολαῖς αὐτοῦ καὶ ἀγαπῶμεν ἃ ἠγάπησεν, ἀπεχόμενοι πάσης ἀδικίας, πλεο-
5 νεξίας, φιλαργυρίας, καταλαλιᾶς, ψευδομαρτυρίας· μὴ ἀποδιδόντες κακὸν ἀντὶ κακοῦ ἢ λοιδορίαν ἀντὶ λοιδορίας ἢ γρόνθον ἀντὶ γρόνθου ἢ κατάραν ἀντὶ κατάρας· 3. μνημονεύοντες δὲ ὧν εἶπεν ὁ κύριος διδάσκων· Μὴ κρίνετε, ἵνα μὴ
10 κριθῆτε· ἀφίετε, καὶ ἀφεθήσεται ὑμῖν· ἐλεᾶτε, ἵνα ἐλεηθῆτε· ᾧ μέτρῳ μετρεῖτε, ἀντιμετρη- θήσεται ὑμῖν· καὶ ὅτι μακάριοι οἱ πτωχοὶ καὶ οἱ διωκόμενοι ἕνεκεν δικαιοσύνης, ὅτι αὐτῶν ἐστὶν ἡ βασιλεία τοῦ θεοῦ.

6-7 λοιδωρίαν ... λοιδωρίας· G | 11 ᾧ G; quo enim L | μετρῆτε G | 12 πτωχοί G; + spiritu L | 14 τοῦ θεοῦ G; caelorum L

리가 하느님의 뜻을 행하고 그분의 계명에 따라 살고 그분께서 사랑하신 것을 사랑한다면,[41] 또 모든 불의와 탐욕, 돈에 대한 욕심, 중상과 거짓증언을[42] 멀리하고 악을 악으로, 욕을 욕으로,[43] 주먹질을 주먹질로, 저주를 저주로 갚지 않는다면, 그분을 죽은 이들 가운데에서 일으키신 하느님께서 우리도 일으키실 것입니다.[44] 3 주님께서 가르치시며 말씀하신 것을 기억하십시오.[45] 여러분이 심판을 받지 않으려면 심판하지 마십시오.[46] 용서하십시오. 그러면 용서받을 것입니다.[47] 자비를 받으려면 자비를 베푸십시오.[48] 여러분이 판단하는 기준대로 다시 판단을 받을 것입니다.[49] 복되다, 가난한 사람들과 의로움 때문에 박해를 받는 사람들! 하느님 나라가 그들의 것이기 때문입니다.[50]

---

[41] "우리가 하느님의 뜻을 행하고 그분의 계명에 따라 살며 그분께서 사랑하신 것을 사랑한다면"과 같은 표현은 쿰란 문헌에서 내용이 조금 바뀌어 내 빈 나타난다. 공동체의 규칙(1QS 1,3-4)에는, 경건한 사람이 하느님께서 보시기에 좋고 올바른 것과 그분께서 모세와 예언자들을 통하여 명령하신 모든 것을 행해야 하며, "그분께서 선택하신 모든 것을 사랑하고 그분께서 거부하신 모든 것을 미워하며, 모든 악을 멀리해야 한다"는 말이 나온다. 「다마스커스 문헌」(CD 2,14-16)에는 "아들들아, 내 말을 들어라. 나는 너희가 하느님의 행위를 보고 깨닫고 그분의 마음에 드는 것을 택하며, 그분이 미워하시는 것을 거부하도록 너희의 눈을 밝혀 주겠다"라는 문구가 있다. 찬가(1QH 14,9-11)에는 종이 주님께서 지닌 형안(炯眼)을 찬미하고, "당신께서 사랑하신 것을 찬미하고 당신께서 미워하신 것을 혐오한다"는 말이 나온다. 또 하느님의 종은 "당신께서 사랑하신 모든 것 안에 살고, 당신께서 미워하신 모든 것을 거부해야 한다"는 표현도 있다(1QH 17,23-24). 직역 '그분의 계명 안에서 걷는다'라는 말은 '하느님의 계명에 따라 산다'를 뜻한다(루가 1,6; 2폴리 4,1 참조). 이 표현은 「다마스커스 문헌」(CD 7,7; 14,1; 19,4)에도 나온다.

[42] 로마 1,29-30; 1클레 35,5 참조. [43] 1베드 3,9. 참조: 루가 6,29.
[44] 로마 8,11; 1고린 6,14; 2고린 4,14; 이냐.트랄 9,2 참조.
[45] 1클레 13,1 참조. [46] 마태 7,1. 참조: 루가 6,37.
[47] 마태 6,12.14-15; 18,35 참조.
[48] 마태 5,7; 루가 6,36; 1클레 13,2 참조.
[49] 마태 7,1-2. [50] 마태 5,10; 루가 6,20.

III. Ταῦτα, ἀδελφοί, οὐκ ἐμαυτῷ ἐπιτρέψας γράφω ὑμῖν περὶ τῆς δικαιοσύνης, ἀλλ᾽ ἐπεὶ ὑμεῖς προεπεκαλέσασθέ με. 2. οὔτε γὰρ ἐγὼ οὔτε ἄλλος ὅμοιος ἐμοὶ δύναται κατακολουθῆσαι
5 τῇ σοφίᾳ τοῦ μακαρίου καὶ ἐνδόξου Παύλου, ὃς γενόμενος ἐν ὑμῖν κατὰ πρόσωπον τῶν τότε ἀνθρώπων ἐδίδαξεν ἀκριβῶς καὶ βεβαίως τὸν περὶ ἀληθείας λόγον, ὃς καὶ ἀπὼν ὑμῖν ἔγραψεν ἐπιστολάς, εἰς ἃς ἐὰν ἐγκύπτητε, δυνηθήσεσθε
10 οἰκοδομεῖσθαι εἰς τὴν δοθεῖσαν ὑμῖν πίστιν· 3. ἥτις ἐστὶν μήτηρ πάντων ἡμῶν, ἐπακολουθούσης τῆς ἐλπίδος, προαγούσης τῆς ἀγάπης τῆς εἰς θεὸν καὶ Χριστὸν καὶ εἰς τὸν πλησίον. ἐὰν γάρ τις τούτων ἐντός ᾖ, πεπλήρωκεν ἐντολὴν
15 δικαιοσύνης· ὁ γὰρ ἔχων ἀγάπην μακράν ἐστιν πάσης ἁμαρτίας.

---

3 προεπεκαλέσασθε (provocastis) L; πρὸ ἐπιλακίσασθε (= προεπιλ.) G, προεπελακτίσασθε Zahn | 10 δοθῆσαν G

3.1 형제들이여,[51] 나는 자발적으로 쓴 것이 아니라 여러분이 이전에 나에게 요청하였으므로 의로움에 관하여 이 편지를 씁니다. 2 나도, 나와 같은 처지에 있는 다른 사람들도 복되고[52] 영광스러운 바울로의 지혜에 이를 수 없기 때문입니다. 바울로는 여러분 (공동체를) 방문했을 때,[53] 그 시대의 사람들에게[54] 진리에[55] 관한 말씀을 정확하고 확실하게 가르쳤습니다. 그는 여러분과 떨어져 있을 때에도 편지를 썼습니다.[56] 여러분이 그의 편지를 올바로 이해한다면,[57] 저마다 가지고 있는 믿음으로 교화될 수 있을 것입니다. 3 믿음은 우리 모두의 어머니입니다.[58] 희망은 믿음을 뒤따르고, 하느님과 그리스도와 이웃에 대한 사랑은 믿음을 앞서 갑니다.[59] 어떤 사람이 이 덕들을 갖추고 있다면, 그는 의로움에 관한 계명을 완성한 것입니다.[60] 사실 사랑을 갖춘 사람은 모든 죄에서 멀리 떨어져 있습니다.

---

[51] "형제들"은 공동체의 구성원을 가리킨다. 이미 마르 3,31-35에서 예수께서는 그분의 말을 듣고 하느님의 뜻에 따라 행하는 사람들을 형제(와 자매)로 부르신다.

[52] '복된'(μακάριος)은 1클레 43,1에서 모세에게, 55,4에서 유딧에게, 47,1에서 바울로에게 적용된다. 그리스 교부들은 μακάριος를 구약의 예언자, 안나, 욥, 아브라함, 요셉, 신약의 마리아, 엘리사벳, 안드레아, 필립보, 스테파노, 다른 사도들에게 적용한다.

[53] 사도 16,12 참조.　　　　　　[54] 사도 16,12-40 참조.
[55] 에페 1,13 참조.　　　　　　[56] 2베드 3,15; 1클레 47,1-2 참조.
[57] 1클레 40,1; 45,2; 53,1; 62,3 참조.
[58] 갈라 4,26. 믿음은 유스.행전 4,8에서도 의인화된다. "우리의 참된 아버지는 그리스도이며, 우리의 어머니는 그분을 믿는 믿음입니다."
[59] 1고린 13,13; 골로 1,4-5; 1데살 1,3; 1디모 5,24 참조.
[60] 로마 13,8-10; 갈라 5,14; 6,2; 1클레 49,1 참조.

IV. Ἀρχὴ δὲ πάντων χαλεπῶν φιλαργυρία. εἰδότες οὖν, ὅτι οὐδὲν εἰσηνέγκαμεν εἰς τὸν κόσμον, ἀλλ' οὐδὲ ἐξενεγκεῖν τι ἔχομεν, ὁπλισώμεθα τοῖς ὅπλοις τῆς δικαιοσύνης καὶ
5 διδάξωμεν ἑαυτοὺς πρῶτον πορεύεσθαι ἐν τῇ ἐντολῇ τοῦ κυρίου· 2. ἔπειτα καὶ τὰς γυναῖκας ὑμῶν ἐν τῇ δοθείσῃ αὐταῖς πίστει καὶ ἀγάπῃ καὶ ἁγνείᾳ, στεργούσας τοὺς ἑαυτῶν ἄνδρας ἐν

---

1 χαλεπῶν G; κακῶν L | 3 ὁπλησώμεθα G | 7 ὑμῶν GL | δοθήσει G

4.1 돈에 대한 욕심은 모든 악의 시작입니다.[61] 우리는 세상에 아무것도 가지고 오지 않았으며 아무것도 가지고 갈 수 없다는[62] 것을 알고 있으니, 의로움의 무기들로[63] 무장합시다.[64] 먼저 주님의 계명에 따라 사는 것을 배웁시다. 2 그 다음에 여러분의 부인들은 그들이 지니고 있는 믿음과 사랑과 정결 안에[65] 살고, 모든 점에서 진실하게[66] 자기 남편들을 사랑하며,[67]

---

[61] 1디모 6,10에는 "모든 악의 '뿌리' ($\rho i \zeta \alpha$)는 돈에 대한 '욕심' ($\varphi \iota \lambda \alpha \rho \gamma \upsilon \rho i \alpha$) 입니다"라는 표현이 있다. 이 표현은 아마도 그리스 희곡작가의 글에서 유래하는 것 같다. 겔라의 아폴로도루스는 "모든 악의 주된 '근거' ($\kappa \epsilon \varphi \acute{\alpha} \lambda \alpha \iota o \nu$)는 전적으로 돈에 대한 '욕심' ($\varphi \iota \lambda \alpha \rho \gamma \upsilon \rho i \alpha$)에 있다"라고 서술한다(Stobaios Anthol. 3,16,12). 기원전 3세기 사람인 그리스 철학자 보리스테네스의 비온(Bion)도 "돈에 대한 욕심이 모든 악의 고향(출생지, $\mu \eta \tau \rho \acute{o} \pi o \lambda \iota \varsigma$)"이라고 말한다(Stobaios Anthol. 3,10,37). 이러한 사상은 플라톤에게까지 소급한다(「법률론」, 9,869e-870a). 이와 유사한 표상은 고대 문헌의 여러 곳에서 나타난다. 예를 들어 쿰란 문헌에서도 악덕목록 가운데 돈에 대한 욕심을 여러 곳에서 언급한다. "돈에 대한 욕심, 외로운 일을 꺼려함, 사악함, 거짓말, 자만, 오만은 … 악한 정신에 속한다"(1QS 4,9). 악인들은 "재산과 이윤에 관하여 냉혹하게 행동하였고, 그들의 눈에 드는 대로 모든 사람에게 해를 입혔다"(CD 8,7). 안식일에 "사람은 재산과 이윤에 관한 사건을 판가름해서는 안 된다"(CD 10,18). "아무도 안식일에 재산과 이윤 때문에 안식일을 더럽혀서는 안 된다"(CD 11,15). "사람은 재산과 이윤 때문에 이교인 가운데 어떤 사람의 피를 흘리도록 자신의 손을 내밀어서는 안 된다"(CD 12,6-7). 돈에 대한 욕심은 성직자에게도 해당하는 악이었다. 2폴리 11장에 나오는 발렌스에 관한 대목은 이러한 욕심을 다룬다.

[62] 1디모 6,7. 참조: 욥 1,21.   [63] 2고린 6,7. 참조: 로마 6,13.

[64] "의로움의 무기들로 무장합시다"는 종말론적 준비에 관한 표상이다. 신약에서 이 문구는 항상 종말론적 문맥과 연결된다(로마 13,12; 1데살 5,8; 에페 6,11 참조). 그러나 폴리카르푸스는 2,1에서와 같이 종말론적 표상을 다시 윤리적 권고로 사용한다.

[65] 1디모 4,12 참조.

[66] "모든 점에서 진실하게"의 직역은 "모든 진리 안에서"이다.

[67] 에페 5,22 이하; 골로 3,18; 1베드 3,1-2; 이냐.폴리 5,1 참조. '사랑하다' ($\sigma \tau \acute{\epsilon} \rho \gamma \epsilon \widehat{\iota} \nu$)가 부모, 자식, 성실한 아내, 조국에 대한 한결같은 사랑을 의미하는 반면, 뒤에 나오는 $\dot{\alpha} \gamma \alpha \pi \widehat{\alpha} \nu$은 올바른 이성적 판단에 따라 '사랑하고 존중하다'를 뜻한다(J.H.H. Schmidt, *Synonymik*, 488쪽 참조).

πάσῃ ἀληθείᾳ καὶ ἀγαπώσας πάντας ἐξ ἴσου ἐν πάσῃ ἐγκρατείᾳ, καὶ τὰ τέκνα παιδεύειν τὴν παιδείαν τοῦ φόβου τοῦ θεοῦ· 3. τὰς χήρας σωφρονούσας περὶ τὴν τοῦ κυρίου πίστιν,
5 ἐντυγχανούσας ἀδιαλείπτως περὶ πάντων, μακρὰν οὔσας πάσης διαβολῆς, καταλαλιᾶς, ψευδομαρτυρίας, φιλαργυρίας καὶ παντὸς κακοῦ· γινωσκούσας, ὅτι εἰσὶ θυσιαστήριον θεοῦ καὶ ὅτι πάντα μωμοσκοπεῖται, καὶ λέληθεν αὐτὸν οὐδὲν
10 οὔτε λογισμῶν οὔτε ἐννοιῶν οὔτε τι τῶν κρυπτῶν τῆς καρδίας.

---

6 διαβολῆς G; diabolicis (detrectationibus) L

모든 것을 절제하면서[68] 모든 사람을 동등하게 사랑하고,[69] 자녀들에게 하느님을 경외하는 마음을 키우도록[70] 부인들을 가르치십시오.[71] 3 과부들은[72] 주님께 대한 믿음에 관하여 판단력이 있고 모든 사람을 위하여 끊임없이 기도하며,[73] 온갖 험담과[74] 중상, 거짓 증언, 돈에 대한 욕심, 그리고 모든 악에서 멀리 떨어져 있어야 한다는 것을 그들에게 가르치십시오. 과부들은 그들이 하느님의 제단이며, 하느님께서 모든 것을 철저하게 시험하신다는[75] 것을 알아야 합니다. 의도도 생각도[76] 마음에 숨긴 어떤 것도 하느님을 피할 수 없다는 것을 알아야 합니다.[77]

---

[68] 1클레 21.7 참조. 외경 사도행전들에서 여러 번 반복하여 나타나듯이(바울/테클.행전 5; 베드.행전 2; 요한.행전 84), '절제'(ἐγκράτεια)는 초대 그리스도교 선포의 주된 주제였다.

[69] 1요한 3,18; 1클레 1,3; 21,6-7 참조.

[70] 자녀를 교육하는 네 중요한 요소는 하느님을 경외하는 마음을 '가르치는 것'(παιδεία)이다. 시라의 아들 예수는 이미 "지혜와 '교육'(παιδεία)은 주님을 두려워하는 것이다"라고 말하였다(집회 1,27. 참조: 잠언 15,33). 지혜문학에서는 이러한 교육적 과제를 되풀이하여 권고한다(잠언 19,18; 29,17; 집회 7,23; 30,2.13). 아기를 낳는 것뿐만 아니라 믿음과 사랑 안에서 자녀들을 분별있게 가르치는 것이 여자의 구원이라는 1디모 2,15의 말씀처럼 자녀의 종교 교육은 특히 여자들에게 요청되었다.

[71] 1클레 21.6-8. 참조: 잠언 15,33; 집회 1,27; 바르.편지 19,5; 디다 4,9.

[72] 1디모 5,3-16; 이냐.스미 13,1 참조.

[73] 1데살 5,17; 1디모 5,5; 이냐.에페 10,1 참조. 그리스도인은 죄지은 형제들을 청원기도로 구제할 수 있으며, 그리스도를 따르는 완전한 생명의 공동체로 그들을 이끌 수 있다(1요한 5,16). 마태 5,44에 따르면 그리스도인들은 스테파노가 기도한 것처럼(사도 7,60), 그들을 박해하는 사람들을 위해서도 기도해야 한다. "모든 사람을 위하여"는 명백히 이러한 의미에서 사용된 것이다.

[74] 1디모 3,11; 디도 2,3 참조.   [75] 1클레 41,2 참조.   [76] 1클레 21,3.

[77] 나쁜 생각은 마음에서 나온다(마태 12,34; 15,19; 마르 7,21; 루가 6,45 참조). 믿음과 의심도 마음에서 일어난다(마르 11,23; 루가 24,38; 1고린 14,25; 히브 3,12; 이냐.에페 15,3; 14,1 참조). 하느님께서 감추인 모든 것도 아신다고 다니엘서(13,42)와 히브리인들에게 보낸 편지(4,12-13)는 강조한다.

V. Εἰδότες οὖν, ὅτι θεὸς οὐ μυκτηρίζεται, ὀφείλομεν ἀξίως τῆς ἐντολῆς αὐτοῦ καὶ δόξης περιπατεῖν. 2. ὁμοίως διάκονοι ἄμεμπτοι κατε‑ νώπιον αὐτοῦ τῆς δικαιοσύνης ὡς θεοῦ καὶ Χριστοῦ διάκονοι καὶ οὐκ ἀνθρώπων· μὴ διάβολοι, μὴ δίλογοι, ἀφιλάργυροι, ἐγκρατεῖς περὶ πάντα, εὔσπλαγχνοι, ἐπιμελεῖς, πορευόμενοι κατὰ τὴν ἀλήθειαν τοῦ κυρίου, ὃς ἐγένετο διάκονος πάντων· ᾧ ἐὰν εὐαρεστήσωμεν ἐν τῷ νῦν αἰῶνι, ἀποληψόμεθα καὶ τὸν μέλλοντα, καθὼς ὑπέσχετο ἡμῖν ἐγεῖραι ἡμᾶς ἐκ νεκρῶν, καὶ ὅτι ἐὰν πολιτευσώμεθα ἀξίως αὐτοῦ, καὶ συμ‑ βασιλεύσομεν αὐτῷ, εἴγε πιστεύομεν. 3. ὁμοίως καὶ νεώτεροι ἄμεμπτοι ἐν πᾶσιν, πρὸ παντὸς προνοοῦντες ἁγνείας καὶ χαλιναγωγοῦντες ἑαυτοὺς ἀπὸ παντὸς κακοῦ. καλὸν γὰρ τὸ

---

1 μοικτειρίζεται G | 10 ἀπολειψόμεθα G | 12 συμβασιλεύσομεν L; -λεύσωμεν G

5.1 우리는 하느님이 우롱당하지 않으신다는[78] 것을 알았으므로, 그분의 계명과 영광에 합당하게 살아야 합니다.[79] 2 마찬가지로 봉사자들은[80] 사람의 봉사자가 아니라 하느님과 그리스도의 봉사자로서[81] 하느님 앞에서 흠잡을 데 없이 의로워야 합니다. 곧, 그들은 모든 이를 섬기는 사람이[82] 되신 주님의 진리에 따라 살면서, 험담하지 않고 일구이언하지 않으며,[83] 돈에 대한 욕심을 버리고[84] 모든 것을 자제하며, 자비를 베풀고 (남을) 돌보아야 합니다. 우리가 현세에서[85] 그분의 마음에 든다면 다가올 세상도 얻을 것입니다. 하느님께서 우리를 죽은 이들 가운데서 일으키실[86] 것을 우리에게 약속하셨고, 우리가 그분을 믿고 그분의 뜻에 합당하게 산다면[87] 우리도 그분과 함께 다스릴[88] 것을 약속하셨기 때문입니다. 3 마찬가지로 젊은이들도[89] 모든 점에서 흠잡을 데가 없어야 합니다. 그들은 무엇보다도 순결을 염두에 두어야 하며 모든 악을 삼가야

---

[78] 갈라 6,7. '우롱하다'(μυκτηρίζειν)는 그리스어 구약성서에서도 사용된다(1열왕 18,27; 잠언 15,5.20; 1마카 7,34 등). 이 동사는 본디 (경멸, 우롱의 표정으로) 코를 찌푸리다', 타동사로 '코로 조롱하는 표정을 지으면서 ~을 우롱하다'(subsannare)를 뜻하며, '비웃다'(χλευάζειν)와 비슷한 의미를 지닌다(이 두 낱말은 1클레 39,1에 함께 나온다).

[79] 1데살 2,12; 2요한 1,6 참조.   [80] 1디모 3,8-13 참조.

[81] 2고린 6,4; 11,23; 이냐.스미 10,1 참조.

[82] 마태 20,28; 마르 9,35; 10,45; 루가 22,27 참조.

[83] 1디모 3,8. 라이트푸트(*ApF* II/3, 331쪽 참조)는 "나쁜 소문을 퍼뜨리는 (자)"로 번역한다.

[84] 1디모 3,3.8 참조. 봉사자의 도덕적 특성은 무엇보다도 인간을 위하여 하느님께 봉사하는 것이지 인간에게 봉사하는 것이 아니다.

[85] 1디모 6,17; 2디모 4,10; 디도 2,12.   [86] 요한 5,21 참조.

[87] 필립 1,27; 1클레 21,1 참조.

[88] 2디모 2,12. 참조; 로마 8,17.   [89] 디도 2,6; 1베드 5,5 참조.

ἀνακόπτεσθαι ἀπὸ τῶν ἐπιθυμιῶν τῶν ἐν τῷ κόσμῳ, ὅτι πᾶσα ἐπιθυμία κατὰ τοῦ πνεύματος στρατεύεται καὶ οὔτε πόρνοι οὔτε μαλακοὶ οὔτε ἀρσενοκοῖται βασιλείαν θεοῦ κληρονομήσουσιν,
5 οὔτε οἱ ποιοῦντες τὰ ἄτοπα. διὸ δέον ἀπέχεσθαι ἀπὸ πάντων τούτων, ὑποτασσομένους τοῖς πρεσβυτέροις καὶ διακόνοις ὡς θεῷ καὶ Χριστῷ· τὰς παρθένους ἐν ἀμώμῳ καὶ ἁγνῇ συνειδήσει περιπατεῖν.

10 **VI.** Καὶ οἱ πρεσβύτεροι δὲ εὔσπλαγχνοι, εἰς πάντας ἐλεήμονες, ἐπιστρέφοντες τὰ ἀποπεπλανημένα, ἐπισκεπτόμενοι πάντας ἀσθενεῖς,

---

1-2 τῶν ἐν τῷ κ. G; mundi L
11-12 ἀποπλανημένα G

합니다. 세상의 욕정들을 자제하는 것이 좋습니다. 모든 욕정은[90] 영을 거슬러 싸우고,[91] 음행하는 자도 남색의 대상이 되는 자도 남색질하는 자도 변태행위를 하는 자들도 하느님 나라를 상속받지 못할 것이기[92] 때문입니다. 그러므로 이 모든 것을 멀리해야 하고, 하느님과 그리스도께 순종하듯이 장로들과 봉사자들에게 순종해야만 합니다.[93] 처녀들은 흠 없이 깨끗한 양심을 지니고 살아야 합니다.[94]

6,1 장로들은 모든 사람에게 자비를 베풀고 동정심을[95] 가져야 하며, 길 잃은 양들을 회개시켜야[96] 합니다. 그들은 모든 병자와 약한 사람을 돌

---

[90] 유다-그리스도교에서 '욕망'(ἐπιθυμία)은 나쁜 의미로 자주 사용된다. 「아담의 생애」(19)에서 욕망은 모든 죄의 근원이며, 헤르마스의 「목자」(비유 6,2,3; 6,3,3; 6,7,2; 8,11,3)에서도 "이 세상의 욕정들"은 이와 같은 의미로 사용된다. 한편 로마 7,14-25에서 바울로는 영을 거스르는 욕정을 묘사한다.

[91] 갈라 5,17; 1베드 2,11.   [92] 1고린 6,9-10.

[93] 1클레 1,3; 57,1; 이냐.마그 2; 13,2; 이냐.트랄 3,1; 이냐.폴리 6,1 참조. "하느님과 그리스도께 순종하듯이 장로들과 봉사자들에게 순종해야 한다"는 말에 특이하게도 '주교'가 빠져 있다. 「이냐시우스의 편지」에서는 이 말이 주교에게 순종할 것을 요구하는 대목(이냐.에페 2,2; 6,1; 20,2; 이냐.마그 2; 6,1; 13,2; 이냐.트랄 2; 13,2)과 주교와 관련이 있는 대목(이냐.마그 7,1; 이냐.필라 7,2; 이냐.스미 8,1; 이냐.트랄 2,2; 7,2)에 나온다(해제 9. '교회론' 참조).

[94] 1클레 1,3 참조.

[95] '동정심'(εὐσπλαγχνία)은 초대 그리스도인들이 지녀야 하는 여러 덕목 가운데 하나였다. 테르툴리아누스(호교 42,8)는 "동정심을 지닌 그리스도인들은 이교인이 신전에 내는 돈보다 더 많은 돈을 거리의 가난한 사람들에게 준다"(plus nostra misericordia insumit vicatim quam vestra religio templatim) 하고 말한다. 「토마 행전」(A 10)에서 그리스도는 '동정심'(εὐσπλαγχνία)의 아들로 언급되며, 「필립보 행전」(63)에서 그리스도는 "당신의 동정심 때문에 우리의 구원을 원하신다"고 되어 있다.

[96] 에제 34,1-31; 1베드 2,25; 1클레 59,4 참조.

μὴ ἀμελοῦντες χήρας ἢ ὀρφανοῦ ἢ πένητος·
ἀλλὰ προνοοῦντες ἀεὶ τοῦ καλοῦ ἐνώπιον θεοῦ
καὶ ἀνθρώπων, ἀπεχόμενοι πάσης ὀργῆς,
προσωποληψίας, κρίσεως ἀδίκου, μακρὰν ὄντες
5 πάσης φιλαργυρίας, μὴ ταχέως πιστεύοντες
κατά τινος, μὴ ἀπότομοι ἐν κρίσει, εἰδότες, ὅτι
πάντες ὀφειλέται ἐσμὲν ἁμαρτίας. 2. εἰ οὖν
δεόμεθα τοῦ κυρίου, ἵνα ἡμῖν ἀφῇ, ὀφείλομεν
καὶ ἡμεῖς ἀφιέναι· ἀπέναντι γὰρ τῶν τοῦ κυρίου
10 καὶ θεοῦ ἐσμὲν ὀφθαλμῶν, καὶ πάντας δεῖ
παραστῆναι τῷ βήματι τοῦ Χριστοῦ καὶ ἕκαστον
ὑπὲρ αὑτοῦ λόγον δοῦναι. 3. οὕτως οὖν
δουλεύσωμεν αὐτῷ μετὰ φόβου καὶ πάσης
εὐλαβείας, καθὼς αὐτὸς ἐνετείλατο καὶ οἱ
15 εὐαγγελισάμενοι ἡμᾶς ἀπόστολοι καὶ οἱ

---

4 προσοπωληψίας G | 10 δεῖ· δῆ G | 15 ἡμᾶς L; ὑμᾶς G | ἀπόστολοι G²; ἀπόστοι G

보고[97] 과부와 고아와 가난한 사람을 등한시하지 않으며,[98] 하느님과 사람들 앞에서 항상 좋은 일이 무엇일까를 염두에 두어야 합니다.[99] 모든 분노와 사람 차별과[100] 부당한 판단을 삼가고, 돈에 대한 모든 욕심을 멀리해야 합니다. 그들은 다른 사람에 대한 험담을 쉽게 믿지 말고, 우리 모두가 죄의 빚을 지고 있다는 것을 기억하면서 가혹하게 판결해서는 안 됩니다.[101] 2 그러므로 우리가 주님께 우리를 용서해 주시기를 청한다면, 우리도 용서해야 합니다.[102] 왜냐하면 우리 모두는 주님과 하느님 바로 앞에 있고 그리스도의 심판석 앞에 서야 하며,[103] 저마다 자신에 대하여 해명해야 하기 때문입니다.[104] 3 그러므로 우리에게 복음을 전한 사도들과 주님의 오심을 미리 전한 예언자들이[105] 명하고 주님께서 명하신 대로 경외하며 매우 경건하게 주님을 섬깁시다.[106] 선행을 하는 데 열심한

---

[97] 집회 7,35; 마태 25,36.43 참조. $ἀσθενεῖς$는 본디 "병자들과 약한 사람들"이라는 두 의미를 지니는데(W. Bauer - K. Aland - B. Aland, *Griechisch-deutsches Wörterbuch*, 231-232쪽 참조). 신앙심이 약한 사람들도 의미한다(1고린 8,9 이하; 9,22).

[98] 출애 22,21; 이사 1,17; 야고 1,27; 1클레 8,4; 이냐.스미 6,2; 이냐.폴리 4,1; 바르.편지 20,2 참조. 과부와 고아들에 대한 보살핌은 가난한 이들에 대한 배려와 더불어 구약 시대와 초기 유다교, 초기 그리스도교의 지속적인 관심사였다. 1클레 59,4의 공동체 기도와 동방 전례서의 청원기도에는 가난한 이들이 항상 고아와 과부와 함께 언급된다.

[99] 잠언 3,4; 로마 12,17; 2고린 8,21.

[100] 하느님께서는 '사람을 차별'($προσωποληψία$)하지 않으신다(로마 2,11; 에페 6,9; 골로 3,25). 야고보의 편지(2,1 이하)는 외모에 따라 사람을 차별하지 말라고 명한다.

[101] 지혜 6,5; 디도 1,7; 이냐.폴리 2,1 참조.

[102] 마태 6,12.14-15; 18,35 참조.   [103] 로마 14,10; 2고린 5,10.

[104] 로마 14,12.   [105] 사도 7,52; 1클레 17,1; 이냐.필라 5,1-2 참조.

[106] 히브 12,28 참조.

προφῆται, οἱ προκηρύξαντες τὴν ἔλευσιν τοῦ κυρίου ἡμῶν· ζηλωταὶ περὶ τὸ καλόν, ἀπεχόμενοι τῶν σκανδάλων καὶ τῶν ψευδαδέλφων καὶ τῶν ἐν ὑποκρίσει φερόντων τὸ ὄνομα τοῦ κυρίου, οἵτινες
5 ἀποπλανῶσι κενοὺς ἀνθρώπους.

VII. Πᾶς γάρ, ὃς ἂν μὴ ὁμολογῇ, Ἰησοῦν Χριστὸν ἐν σαρκὶ ἐληλυθέναι, ἀντίχριστός ἐστιν· καὶ ὃς ἂν μὴ ὁμολογῇ τὸ μαρτύριον τοῦ

---

6 ὁμολογεῖ G

사람이[107] 되십시오. 죄를 짓도록 부추기는 자들과[108] 거짓 형제들과 판단력이 없는 사람들을 그릇된 길로 이끌면서 주님의 이름을 위선적으로 이용하는 자들을[109] 멀리하십시오.

7.1 예수 그리스도께서 몸으로 오신 것을 고백하지 않는 모든 사람은 정녕 반그리스도입니다.[110] 또 십자가의 증언을 고백하지 않는 사람은[111]

---

[107] 신약성서에서 "열심한 사람"(ζηλωτής)은 율법을 열성으로 지키는 사람(사도 21,20), 조상들이 물려준 전통을 위해 헌신하는 사람(갈라 1,14), 특히 선업(디도 2,14) 또는 선(1베드 3,13)을 열심히 행하는 사람이다.

[108] 2디모 3,5-6 참조.

[109] 2고린 11,26; 갈라 2,4; 이냐.에페 7,1 참조. 거짓과 위선은 초대 그리스도교 이단 논쟁의 주된 주제였다.

[110] 1요한 4,2-3; 2요한 1,7. 참조: 1요한 2,18.22. 이 편지에서는 1요한 4,2-3의 '반그리스도의 영'과 달리 주님의 실제적인 육화를 부인하는 이단자를 '반그리스도'로 지칭한다. 이냐시우스(트랄 9)도 그리스도께서 '실제로' 태어났고, '실제로' 고난받았으며, '실제로' 십자가에 못박혔고, '실제로' 죽은 이들 가운데서 부활하신 것을 부인하는 가현설을 경고한다. 테르툴리아누스(육신 15)는 주님이 취한 육체의 특성에 관한 이단자들의 그릇된 견해들을 논박한다. 마리아의 모태에서 환영(幻影)이 나타났다는 가현설은 이냐시우스와 폴리카르푸스가 투쟁한 이단들, 곧 마르치온, 사토르닐, 파비온파와 바실리데스를 추종하는 일군의 종파를 포함한다. 그렇지만 폴리카르푸스는 여기서 가현설파에 관하여 상세히 언급하지 않는다.

[111] 이냐.에페 9,1; 이냐.트랄 11,2; 이냐.필라 8,2; 이냐.스미 1 참조. "십자가의 증언을 고백하다"라는 말은 무엇을 의미하는가? 라이트푸트는 이 문장의 속격을 목적 속격이 아니라 주어 속격으로 보았다(*ApF* II/3, 334쪽 참조). 주어 속격일 경우 예수의 옆구리를 찌르는 것과 물과 피가 흘러나오는 것(요한 19,34)은 십자가에 못박힌 육체의 실재에 대한 증거로 사용될 수 있다. 1요한 5,6-8은 바로 이러한 사건에 대한 증언이다. 그러나 이 속격을 목적 속격으로 생각할 경우, '부활에 대한 증언'(사도 4,33), '그리스도에 관한 증언'(1고린 1,6), '하느님에 관한 증언'(1고린 2,1)으로 이해할 수 있다. 따라서 이 경우에는 그리스도 십자가의 구원 활동을 의미할 수 있다. 한편, 세번째 해석의 가능성으로 종말론적 십자가를 염두에 둘 수 있다. 곧, 십자가를 마태 24,30의 '하늘에 나타날 인자의 표징'으로 해석하는 것이다. '하늘에 나타난 펼침의 표징'(디다 16,6)도 이러한 가능성에서 해석할 수 있다(J.B. Bauer, *Die Polykarpbriefe*, 58쪽 참조).

σταυροῦ, ἐκ τοῦ διαβόλου ἐστίν· καὶ ὃς ἂν μεθοδεύῃ τὰ λόγια τοῦ κυρίου πρὸς τὰς ἰδίας ἐπιθυμίας καὶ λέγῃ μήτε ἀνάστασιν μήτε κρίσιν, οὗτος πρωτότοκός ἐστι τοῦ σατανᾶ. 2. διὸ
5 ἀπολιπόντες τὴν ματαιότητα τῶν πολλῶν καὶ τὰς ψευδοδιδασκαλίας ἐπὶ τὸν ἐξ ἀρχῆς ἡμῖν παραδοθέντα λόγον ἐπιστρέψωμεν, νήφοντες πρὸς τὰς εὐχὰς καὶ προσκαρτεροῦντες νηστείαις, δεήσεσιν αἰτούμενοι τὸν παντεπόπτην θεὸν μὴ
10 εἰσενεγκεῖν ἡμᾶς εἰς πειρασμόν, καθὼς εἶπεν ὁ κύριος· Τὸ μὲν πνεῦμα πρόθυμον, ἡ δὲ σὰρξ ἀσθενής.

VIII. Ἀδιαλείπτως οὖν προσκαρτερῶμεν τῇ ἐλπίδι ἡμῶν καὶ τῷ ἀρραβῶνι τῆς δικαιοσύνης
15 ἡμῶν, ὅς ἐστι Χριστὸς Ἰησοῦς, ὃς ἀνήνεγκεν ἡμῶν τὰς ἁμαρτίας τῷ ἰδίῳ σώματι ἐπὶ τὸ

---

2 μεθοδεύει G | 3 λέγει G | 5 ἀπολειπόντες G | 8 προσκαρτεροῦντες G²; πρὸσ καρτες (다음 줄에서 τες로 시작함) G

악마의 편에 서 있는 것입니다.[112] 주님의 말씀을 자신의 욕망에 따라 왜곡하고,[113] 부활도 심판도 없다고 말하는 사람은[114] 사탄의 맏아들입니다.[115] 2 그러므로 많은 사람이 지닌 우둔함과 거짓 가르침을 버리고 처음부터 우리에게 전해진 말씀으로 돌아갑시다. 깨어 기도하며 끊임없이 단식합시다.[116] "영은 간절히 원하지만 육신은 약합니다"[117] 하고 주님께서 말씀하신 대로, 우리가 유혹에 빠지지 않도록[118] 모든 것을 보시는 하느님께[119] 기도하며 간청합시다.

8.1 그러므로 의로움의 보증이며 희망이신[120] 예수 그리스도를 끊임없이 힘껏 붙잡읍시다. 그분께서는 우리의 죄를 몸소 짊어지시고 나무에 오르셨습니다. 그렇지만 그분은 죄를 짓지 않았으며 그분 입에서는 어떤

---

[112] 1요한 3,8. 참조: 요한 8,44.

[113] 2디모 4,3; 1클레 3,4 참조. 주님의 말씀을 왜곡하는 것은 확실히 복음서에 나타난 예수님의 말씀을 다른 의미로 바꾸었다는 것을 의미한다. 교부들은 영지주의자들에게 성서의 변조에 대한 책임을 지웠다(클레.양탄 3,4,39,2; 이레.논박 1,3,6 참조).

[114] 이들은 영지주의의 한 분파인 가현설파이다. 부활과 심판과 같은 개념은 영지주의에서 부인되거나 그리스도교와 다르게 해석되었다. 예를 들어 영지주의자들이 말하는 심판은 구원하는 빛의 현존과 어두움을 없애는 것을 뜻한다. 영지주의자들은 부활 사상도 다른 의미로 사용하였다. 이미 바울로(1고린 15,12 이하)와 그의 제자(2디모 2,18)도 부활 희망에 관한 영지주의적 해석을 알고 있으며, 또 이를 논박하였다.

[115] 이레.논박 3,3,4은 폴리카르푸스가 마르치온을 사탄의 맏아들이라고 불렀다고 보고하고 있지만, 이는 이 구절과 직접적인 연관이 없다. 오히려 이 표현은 유다교에서 유래한 것이다.

[116] 1베드 4,7. '깨어 정신차리시오'라는 요구는 신약성서의 종말론적 문맥(1데살 5,6,8; 2디모 4,5; 1베드 4,7; 5,8)에 나타난다. 그러나 폴리카르푸스는 이 구절을 임박 기대와 연관시키지 않고, 오히려 기도와 단식을 권고한다.

[117] 마태 26,41; 마르 14,38.   [118] 마태 6,13; 루가 11,4.

[119] 1클레 55,6; 64 참조.   [120] 1디모 1,1. 참조: 골로 1,27.

ξύλον, ὃς ἁμαρτίαν οὐκ ἐποίησεν, οὐδὲ εὑρέθη δόλος ἐν τῷ στόματι αὐτοῦ· ἀλλὰ δι' ἡμᾶς, ἵνα ζήσωμεν ἐν αὐτῷ, πάντα ὑπέμεινεν. 2. μιμηταὶ οὖν γενώμεθα τῆς ὑπομονῆς <αὐτοῦ>, καὶ ἐὰν
5 πάσχομεν διὰ τὸ ὄνομα αὐτοῦ, δοξάζωμεν αὐτόν. τοῦτον γὰρ ἡμῖν τὸν ὑπογραμμὸν ἔθηκε δι' ἑαυτοῦ, καὶ ἡμεῖς τοῦτο ἐπιστεύσαμεν.

IX. Παρακαλῶ οὖν πάντας ὑμᾶς πειθαρχεῖν τῷ λόγῳ τῆς δικαιοσύνης καὶ ὑπομένειν πᾶσαν
10 ὑπομονήν, ἣν καὶ εἴδατε κατ' ὀφθαλμοὺς οὐ μόνον ἐν τοῖς μακαρίοις Ἰγνατίῳ καὶ Ζωσίμῳ καὶ Ῥούφῳ, ἀλλὰ καὶ ἐν ἄλλοις τοῖς ἐξ ὑμῶν

---

4 αὐτοῦ L; > G ǀ 5 πάσχομεν G (이냐.마그 5.2 참조): 풍크와 이전의 편집자들은 πάσχωμεν으로 고쳤다. ǀ δοξάζωμεν L; δοξάζομεν G

8-9 τῷ λόγῳ τῆς δικαιοσύνης GL; > Eus. 3, 36,13 ǀ 9-10 ὑπομένειν G; ἀσκεῖν Eus. ǀ ὑπομ. π. ὑπομονήν; ὑπομονῆς L ǀ 10 ἥν; ἣν G ǀ εἴδατε em Lightf.; ἴδατε G, εἴδετε Eus. Zahn

거짓도 발견되지 않았습니다.[121] 오히려 우리가 그분 안에 살도록, 그분께서는 우리를 위하여 모든 것을 참아내셨습니다.[122] 2 그러므로 <그분의> 인내를 본받는 사람이 됩시다.[123] 우리가 그분의 이름을 위하여 고난을 받아야 한다면, 그분께 영광을 돌립시다.[124] 그분께서 몸소 이러한 본보기를 보이셨으며[125] 우리가 이를 믿기 때문입니다.

9.1 그러므로 나는 여러분 모두가 올바른 말에[126] 순종하기를 권고합니다. 여러분이 복된 이냐시우스와[127] 조시무스와 루푸스[128]뿐만 아니라 여

---

[121] 이사 53,9; 1베드 2,22.

[122] 1베드 2,20.24. 참조; 이사 53,4.12; 1요한 4,9.

[123] 2데살 3,5; 이냐.에페 10,3 참조. 이냐시우스는 '본받는 사람'($μιμητής$)을 이상적인 순교자에 관한 특수용어로 사용한다(「폴리카르푸스 순교록」 해제 6. '순교록에 나타난 순교자($μάρτυς$) 개념의 발전' 참조).

[124] 1베드 4,15-16 참조.   [125] 1베드 2,21; 1클레 5,7; 33,8 참조.

[126] "올바른 말"의 직역, "의로움의 말"(히브 5,13 참조)은 오래 전부터 여러 가지로 해석된다. 여기서 '의로움'($δικαιοσύνη$)은 히브리인들에게 보낸 편지의 다른 구절들(1,9; 11,33; 12,11)과 같이 '올바름'이나 '옳음'을 나타낸다. '말'($λόγος$)은 무엇보다도 이를 위해 호소하는 말, 더 정확히 말하면 청중들이 따라야 하는 올바른 행동을 권고하는 가르침이다.

[127] 이 구절의 내용으로 미루어 이냐시우스는 조시무스와 루푸스와 함께 로마로 압송되었던 것 같다. 그러나 스미르나와 트로아스에서 쓰인 「이냐시우스의 편지」에는 이들에 관한 언급이 한마디도 없기 때문에, 이들은 이 도시에 이냐시우스와 함께 있지 않았다고 추론할 수 있다. 이때문에 뵐터(D. Völter, *Polykarp*, 22쪽 참조)는 그리스어 원문 Ἰγνατίῳ καί를 삭제하자고 제안한다. 뵐터는 이 기록이 「폴리카르푸스의 편지」의 현재 남아 있는 형태가 아니라 가필되지 않은 편지에 따른다고 추론하였다. 1,1과 9,1에서 조시무스와 루푸스는 필립비 출신의 순교자가 아니라 단지 이냐시우스와 함께 필립비 지역을 거쳐 압송된 그리스도교 죄수로 나오기 때문이다. 그렇다면 두 명의 동행자는 필립비 출신이 아닌가? 이 문제의 해결을 위한 단서를 로마의 순교자 축일표에서 찾을 수 있다. 12월 18일의 축일에 다음과 같은 설명이 나온다. "마케도니아의 필립비는 거룩한 순교자 루푸스와 조시무스의 고향이다. 그들은 유다와 그리스 지역에 초기의 공동체를 만들었다. 성 폴리카르푸스는 필립비인들에게 보낸 편지에서 이들의 용감한 투쟁에

καὶ ἐν αὐτῷ Παύλῳ καὶ τοῖς λοιποῖς ἀποστόλοις· 2. πεπεισμένους, ὅτι οὗτοι πάντες οὐκ εἰς κενὸν ἔδραμον, ἀλλ' ἐν πίστει καὶ δικαιοσύνῃ, καὶ ὅτι εἰς τὸν ὀφειλόμενον αὐτοῖς τόπον εἰσὶ παρὰ τῷ κυρίῳ, ᾧ καὶ συνέπαθον. οὐ γὰρ τὸν νῦν ἠγάπησαν αἰῶνα, ἀλλὰ τὸν ὑπὲρ ἡμῶν ἀποθανόντα καὶ δι' ἡμᾶς ὑπὸ τοῦ θεοῦ ἀναστάντα.

---

1 λοιποῖς L Eus.; ἄλλοις G | 7 ὑπο; 바티칸 사본에는 이 낱말 뒤에 바르나바 편지 5,7의 일부 구절인 τὸν λαὸν τὸν καινὸν이 이어진다. | ἀναστάντα Eus.; resuscitatus L

러분 가운데 다른 사람들, 그리고 바울로와 그밖의 사도들에게서도[129] 직접 본 모든 인내를 행할 것을 권고합니다. 2 이들 모두는 헛되이 달음질한 것이 아니라[130] 믿음과 의로움 안에서[131] 달음질했다는 것을 여러분은 확신해야 합니다. 주님의 고난에 참여한[132] 그들에게는 주님 곁에[133] 그들의 자리가 (마련되어) 있다는 것도[134] 확신해야 합니다. 그들이 현세를 사랑하지[135] 않고, 우리를 위하여 죽으시고 우리를 위하여 하느님께서 일으키신 분을[136] 사랑하였기 때문입니다.

관하여 기록한다."이를 바탕으로 조시무스와 루푸스는 필립비 출신의 순교자로서 필립비에서부터 이냐시우스와 함께 압송되었다고 말할 수 있다.

[128] 조시무스와 루푸스의 이름은 그리스 비문(碑文)에도 함께 나타난다(W. Bauer - K. Aland - B. Aland, *Griechisch-deutsches Wörterbuch*, 692쪽 참조). 루푸스는 키레네 사람 시몬(마르 15,21)의 아들이라고 하며, 로마 16,13에서 바울로의 문안 인사를 받는 사람이다.

[129] "그밖의 사도들"은 이냐시우스와 폴리카르푸스의 글에서 열두 제자를 가리킨다.

[130] 필립 2,16. 참조: 갈라 2,2.   [131] 1클레 5,7; 42,5 참조.

[132] 로마 8,17; 이냐.스미 4,2 참조.   [133] 2고린 5,8; 필립 1,23 참조.

[134] 위에 언급한 인물들은 모두 순교를 통하여 믿음과 의로움 안에서 그들의 삶을 마치고, 이때문에 주님께서 마련하신 자리를 차지하였다(사도 1,25; 1클레 5,4.7; 이냐.마그 5,1 참조). 이 표현으로 미루어 폴리카르푸스는 자신이 편지를 쓸 당시 이냐시우스와 그의 동행자들이 이미 순교했다는 사실을 알고 있었던 것으로 보인다. 그런데 13,2에서 폴리카르푸스는 이들의 생사를 아직 모른다. 따라서 두 본문은 하나의 편지로 볼 수 없다. 이로써 13장이 첫번째 편지이며, 두 번째 편지인 1-12장과 14장은 얼마 뒤에 쓰였다고 추론할 수 있다. 필립비에서 로마까지의 여행은 적어도 14일이 걸리므로, 로마에서 폴리카르푸스에게 순교 소식을 전하는 데에도 똑같은 시간이 걸렸을 것이다. 따라서 폴리카르푸스의 두 번째 편지가 저술된 시일은 위의 인물들이 필립비를 떠난 지 빨라야 28일 이후라고 할 수 있다(해제 2. '폴리카르푸스의 생애' 참조).

[135] 1디모 6,17; 2디모 4,10; 디도 2,12. 2디모 4,10에 따르면 데마스(Demas)라는 사람은 "현세에 대한 사랑" 때문에 바울로의 곁을 떠났지만, 이냐시우스와 조시무스와 루푸스는 죽고 부활한 그리스도에 대한 사랑으로 이 세상을 버렸다. 그들은 이 세상의 아들들(루가 16,8; 20,34)이 아니었다.

[136] 로마 4,25; 2고린 5,15; 이냐.로마 6,1 참조.

X. In his ergo state et domini exemplar sequimini, firmi in fide et immutabiles, fraternitatis amatores, diligentes invicem, in veritate sociati, mansuetudine domini alterutri praestolantes, nullum despicientes. 2. Cum possitis benefacere, nolite differre, quia eleemosyna de morte liberat. Omnes vobis invicem subiecti estote, conversationem vestram irreprehensibilem habentes in gentibus, ut ex bonis operibus vestris et vos laudem accipiatis et dominus in vobis non blasphemetur. 3. Vae autem, per quem nomen domini blasphematur. Sobrietatem ergo docete omnes, in qua et vos conversamini.

10-12장, 14장은 라틴어로 전해진다.
3 mansuetudine Hilgenf. Lightf. (레기우스 사본만); mansuetudinem Zahn, Funk | 5 possitis; potestis Lightf.

10.1 그러므로 여러분은 이런 일들에 굳건해야 합니다. 믿음 안에서[137] 견고하고 흔들림 없이 형제를 사랑하고,[138] 서로 다정하게 지내며[139] 진리 안에 하나가 되십시오. 주님의 온유함으로[140] 서로 도울 준비를 하고,[141] 어떤 사람도 경멸하지 않으면서[142] 주님을 본받아야 합니다. 2 선을 행할 수 있으면 망설이지 마십시오.[143] 자선이 (사람을) 죽음에서 구해내기 때문입니다.[144] 여러분 모두는 서로 순종하고[145] 이방인들 가운데에서 여러분의 행실이 흠잡히지 않도록 하십시오.[146] 그러면 여러분은 선행들 때문에 칭찬을 듣고, 주님은 여러분 때문에 모욕당하지 않습니다. 3 그러나 주님의 이름을 모욕하는 사람은 불행합니다.[147] 그러므로 여러분의 올바른 생각을 모든 사람에게 가르치십시오.[148]

---

[137] 1고린 15,58; 골로 1,23; 1베드 5,9; 이냐.에페 10,2; 이냐.스미 1,1 참조.

[138] 1베드 2,17; 3,8. 참조: 요한 13,34; 로마 13,8.

[139] 로마 12,10.   [140] 2고린 10,1; 이냐.필라 1,2 참조.

[141] 라틴어 원문 alterutri praestolantes를 로마 12,10의 προηγούμενοι와 불가타의 (honorem invicem) praevenientes와 연관시킬 수 있을지는 확실하지 않다. praestolari는 본디 '어떤 사람을 위하여 준비되어 있다', '~을 기다리다'라는 뜻이다. 의학용어에서 이 낱말은 "병을 고치다, 치료하다"라는 의미도 담고 있다(J. Svennung, *Untersuchungen*, 538쪽 참조).

[142] 1베드 3,8 참조.   [143] 잠언 3,27-28 참조.

[144] 토비 4,10. 참조: 토비 12,9.

[145] 에페 5,21; 1베드 5,5. 참조: 1클레 38,1; 이냐.마그 13,2.

[146] 1베드 2,12 참조.

[147] 이사 52,5; 에제 36,20; 로마 2,24. 참조: 1디모 6,1; 1클레 47,7; 2클레 13,1 이하; 이냐.트랄 8,2.

[148] 1데살 4,1 참조.

XI. Nimis contristatus sum pro Valente, qui presbyter factus est aliquando apud vos, quod sic ignoret is locum, qui datus est ei. Moneo itaque, ut abstineatis vos ab avaritia et sitis casti et veraces. Abstinete vos ab
5 omni malo. 2. Qui autem non potest se in his gubernare, quomodo alii pronuntiat hoc? Si quis non se abstinuerit ab avaritia, ab idololatria coinquinabitur et tamquam inter gentes iudicabitur, qui ignorant iudicium domini. Aut nescimus, quia sancti mundum iu-
10 dicabunt? sicut Paulus docet. 3. Ego autem nihil tale sensi in vobis vel audivi, in quibus laboravit beatus Paulus, qui estis in principio epistulae eius. De vobis

---

2 est factus Hilgenf. ǀ ignoret is ; ignoretis codd ǀ **3** itaque + vos Lightf. ǀ **4** et² Zahn, Funk; > Lightf. Hilgenf. ǀ **5** non potest se in his Lightf.; non potest in his se Funk, Hilgenf.; in his non potest se Zahn ǀ **6-7** abstinuerit se Zahn. ǀ **12** 스미스(Th. Smith, S. Ignatii Epistulae genuinae. Accedunt acta martyrii S. Ignatii, epistola S. Polycarpi ad Philippenses etc. cum veteribus Latinis versionibus et annotationibus, Oxford 1707)와 하르낙 등은 estis 다음에 laudati를 삽입한다. 잔은 epistulae 대신에 apostolatus를, 크뤼거(G. Krüger, in: E. Hennecke, Neutestamentliche Apokryphen in deutscher Übersetzung, Tübingen - Leipzig 1904; Tübingen 1924²)는 evangelii(1클레 47,2 참조)를, 힐겐펠트는 ecclesia (ecclesiae, 레기우스 사본)를 제안한다.

11.1 나는 여러분의 공동체에서 이전에 장로로 임명된 발렌스 탓에 매우 슬픕니다. 발렌스가 자신에게 맡겨진 직분을 이렇게 오해하였기 때문입니다.[149] 그러므로 나는 여러분에게 권고합니다. 탐욕을 멀리하고 순수하고 진실하게 사십시오. 모든 악을 멀리하십시오.[150] 2 이를 자제할 수 없는 사람이 어떻게 다른 사람에게 자제하라고 설교할 수 있겠습니까?[151] 탐욕을 멀리하지 않는 자는 우상숭배로 더럽혀질 것이고,[152] 주님의 심판을 알지 못하는[153] 이방인들처럼 심판을 받을 것입니다.[154] 더욱이 바울로가 가르쳤듯이 성도들이 세상을 심판하리라는 것을 우리는 알지 않습니까?[155] 3 나는 복된 바울로가 여러분 가운데에서 활동하였고, 그의 편지 첫 부분에서 여러분을 (칭찬한) 것을[156] 느끼지도 듣지도 못하였습

---

[149] 발렌스가 이 당시 면직되었는지 면직되지 않았는지, 또는 필립비의 주교였는지 여기의 몇 마디 말로는 추론할 수 없다(해제 9. '교회론' 참조).

[150] 1데살 5,22. 참조; 욥 1,1.8; 2,3.   [151] 1디모 3,5 참조.

[152] 에페 5,5; 골로 3,5 참조.

[153] "주님의 심판을 알지 못하는 사람들"은 예레 5,4(οὐκ ἐπέγνωσαν ὁδὸν κυρίου καὶ κρίσιν θεοῦ)를 상기시킨다. 그렇지만 예레 5,4은 쿰란 문헌이나 초대 유다교, 원시 그리스도교, 초대 그리스도교 문헌에서도 인용되지 않고, 오리게네스의 「예레미야 강해」에서 처음으로 사용되었다(J.B. Bauer, *Die Polykarpbriefe*, 65-66쪽 참조).

[154] 마태 18,17 참조.   [155] 1고린 6,2.

[156] 본디는 "그의 편지 첫 부분에서 여러분이 ~것을"(Qui estis in principio epistulae eius)인데, 그 뜻이 분명하지 않다. 이 문장에서는 분명히 어떤 낱말이 빠졌다. 따라서 일부 학자는 이 문장에서 laudati(칭찬한)가 탈락되었다고 추측한다. 바울로가 모든 교회 가운데 필립비인들을 자랑으로 삼고 있다는 폴리카르푸스의 진술이 그의 확신인지는 아직도 명백히 밝혀지지 않았다. 폴리카르푸스는 여기서 성서의 세 대목(필립 1,3-5; 1데살 1,2-10; 2데살 1,3-4)을 혼용(混用)하는 것 같다. 1데살 1,6 이하에서 바울로는 데살로니카인들을 자랑한다. 그들은 마케도니아와 아카이아 지방에 있는 모든 믿는 이의 본보기가 되었다. 주님의 말씀은 그들에게서 마케도니아와 아카이아 지방으로 퍼져 나갔을 뿐만 아니라,

etenim gloriatur in omnibus ecclesiis, quae deum solae tunc cognoverant; nos autem nondum cognoveramus. 4. Valde ergo, fratres, contristor pro illo et pro coniuge eius, quibus det dominus paenitentiam veram. Sobrii
5 ergo estote et vos in hoc; et non sicut inimicos tales existimetis, sed sicut passibilia membra et errantia eos revocate, ut omnium vestrum corpus salvetis. Hoc enim agentes vos ipsos aedificatis.

---

1 deum s.t.; solae tunc dominum Lightf. | 2 noveramus Funk, Zahn | 3 pro² > Hilgenf.

니다. 그는 당시에 하느님만을 알고 있던 모든 교회에서 여러분을 자랑하였습니다.[157] 그러나 우리는 아직도 그분을 알아보지 못하였습니다.[158]

4 형제들이여, 나는 발렌스와 그의 아내 탓에 매우 슬픕니다. 주님께서 그들에게 참된 회개의 기회를 주시기 바랍니다.[159] 여러분도 이 일을 이치에 맞게 해결해야 합니다. 또한 여러분은 그러한 사람들을 원수로 여기지 말고,[160] 병들고 길 잃은 지체인[161] 그들을 불러들여야 합니다.[162] 이는 여러분의 온 몸을 구원하기 위한 것입니다.[163] 여러분이 이것을 행하면 자신을 교화하는 것입니다.[164]

폴리카르푸스가 말하는 하느님에 대한 그들의 믿음도 널리 알려졌다. 이러한 성서의 내용으로 미루어, 이 대목은 폴리카르푸스가 기억만으로 성서를 인용하여 생긴 혼동인 것 같다.

[157] 2데살 1,4 참조.

[158] 필립비에 교회가 세워졌을 때 스미르나에는 아직 그리스도교 복음이 전해지지 않았음을 뜻한다.

[159] 2디모 2,25. 참조: 1클레 56,1; 57,1.   [160] 2데살 3,15.

[161] '병들고 길 잃은 지체'(passibilia membra et errantia)는 그리스도의 몸 안에 병든 지체(1고린 12,26)와 길 잃은 양들(1베드 2,25)에서 유래한다. 이 표상들은 1클레 37,5에도 나타난다. 1세기가 지난 뒤 카르타고의 주교 치프리아누스(편지 17,1)는 배교한 그리스도인들에 대한 자신의 고뇌를 이와 같은 방식으로 표현하며, 1고린 12,26을 예로 들어 형제들을 권고한다. 그리스도 몸 안에 병든 지체와 길 잃은 양과 같은 두 표상의 혼합은, passibilia membra가 그리스도의 몸 안에 "병든" 지체 이상을 뜻하는 것으로 추론하게 한다. 라틴어와 마찬가지로 그리스어 παθητός는 근본적으로 "고통받는"을 뜻하며, 이후 교부 시대의 그리스도론 본문에서도 이 의미로 사용되었다. 그렇지만 παθητός와 passibilis는 다른 의미를 나타내기도 한다. 곧, 테오도레투스(교회 28,1)는 '욕정에 예속된 육체 안에서 욕정에 사로잡히지 않은 생활로 나아가는' 수도자들에 관하여 말한다.

[162] 에제 34,4.16; 1고린 12,26; 1베드 2,25; 1클레 59,4 참조.

[163] 골로 2,19; 1클레 37,5; 38,1; 이냐.스미 11,2 참조.

[164] 2고린 12,19 참조.

XII. Confido enim vos bene exercitatos esse in sacris literis, et nihil vos latet; mihi autem non est concessum. Modo, ut his scripturis dictum est, irascimini et nolite peccare, et sol non occidat super iracundiam
5 vestram. Beatus, qui meminerit; quod ego credo esse in vobis. 2. Deus autem et pater domini nostri Iesu Christi, et ipse sempiternus pontifex, dei filius Iesus Christus, aedificet vos in fide et veritate et in omni mansuetudine et sine iracundia et in patientia et in
10 longanimitate et tolerantia et castitate; et det vobis sortem et partem inter sanctos suos et nobis vobiscum et omnibus, qui sunt sub caelo, qui credituri sunt in dominum nostrum Iesum Christum et in ipsius patrem,

---

3 modo uti (팔라티누스 사본, 막달렌스 사본 76, 플로렌스 사본) 힐겐펠트는 his scripturis가 앞에 나오는 것으로 본다. | 13 nostrum + et deum Lightf. (레기우스 사본, 팔라티누스 사본 76, 막달렌스 사본, 플로렌스 사본)

12.1 나는 여러분이 성서에 매우 조예가 깊으며,[165] 모르는 게 없다는 것을 확신합니다.[166] 나에게는 아무 권한도 없습니다.[167] 단지 성서에 기록된 바와같이, 화를 내더라도 죄를 짓지 마십시오. 그리고 화난 채 해가 저물지 않도록 하십시오.[168] 이 말을 기억하는 사람은 복됩니다. 나는 여러분이 이를 기억하는 것이 당연하다고 생각합니다.[169] 2 우리 주 예수 그리스도의 아버지이신 하느님과, 영원한 대사제이시며[170] 하느님의 아들이신 예수 그리스도께서[171] 믿음과 진리,[172] 모든 온유함, 성내지 않음, 인내, 참을성,[173] 관대함, 순결로[174] 여러분을 교화하시기를 빕니다. 그리고 그분께서 여러분에게 당신 성도들의 몫과 상속을 주시기를 빕니다.[175] 그리고 우리 주 예수 그리스도와 그분을 죽은 이들 가운데에서 일으키신[176] 아버지를 믿고자 하는,[177] 하늘 아래에 있는[178] 모든 사람

---

[165] 1클레 40,1; 53,1; 62,3; 이냐.에페 14,1; 15,3 참조.

[166] 이냐.에페 14,1; 15,3 참조.

[167] "나에게는 아무 권한도 없습니다"를 어떻게 해석하느냐에 따라 전혀 다른 의미가 나타난다. 담(D.van Damme, *Polykarp*, 27쪽 참조)과 라이트푸트(J.B. Lightfoot, *ApF* II/3, 344쪽 참조)는, 필립비인들이 성서(구약)를 잘 아는 반면 폴리카르푸스는 구약에 해박하지 못하여 그들을 가르칠 수 없다고 본다. 그러나 바우어(J.B. Bauer, *Die Polykarpbriefe*, 69-70쪽 참조)는 폴리카르푸스가 필립비 공동체의 주교가 아니어서 그들을 가르칠 권한이 없는 것으로 해석한다.

[168] 에페 4,26.   [169] 2디모 1,5 참조.

[170] "영원한 대사제"라는 표현은 히브 6,20; 7,3; 1클레 36,1; 폴리.순교 14,3 에서도 사용된다. 히브 5,10; 1클레 61,3; 64; 이냐.필라 9,1 참조.

[171] 로마 15,6; 2고린 1,3; 에페 1,3; 1베드 1,3 참조.

[172] 1디모 2,7; 1클레 60,4.   [173] 로마 2,4 참조.

[174] 1클레 62,2 참조.

[175] 신명 12,12; 14,27.29; 사도 8,21; 26,18; 골로 1,12 참조.

[176] 갈라 1,1; 골로 2,12; 1베드 1,21.   [177] 1디모 1,16 참조.

[178] 사도 2,5; 골로 1,23 참조.

qui resuscitavit eum a mortuis. 3. Pro omnibus sanctis orate. Orate etiam pro regibus et potestatibus et principibus atque pro persequentibus et odientibus vos et pro inimicis crucis, ut fructus vester manifestus sit in
5 omnibus, ut sitis in illo perfecti.

XIII. Ἐγράψατέ μοι καὶ ὑμεῖς καὶ Ἰγνάτιος, ἵν' ἐάν τις ἀπέρχηται εἰς Συρίαν, καὶ τὰ παρ' ὑμῶν ἀποκομίσῃ γράμματα· ὅπερ ποιήσω, ἐὰν λάβω καιρὸν εὔθετον, εἴτε ἐγώ, εἴτε ὃν πέμπω
10 πρεσβεύσοντα καὶ περὶ ὑμῶν. 2. τὰς ἐπιστολὰς Ἰγνατίου τὰς πεμφθείσας ἡμῖν ὑπ' αὐτοῦ καὶ ἄλλας, ὅσας εἴχομεν παρ' ἡμῖν, ἐπέμψαμεν ὑμῖν,

---

6 ἐγράψατε – ἀνήκουσαν Eus. 3, 36,14. 15. | 9 πέμπω Eus. (ed. Schwartz): misero 라틴어 사본들, 푼크와 이전의 편집자

과 여러분과 우리에게도 성도들의 몫과 상속을 주시기를 빕니다. 3 모든 성도를 위하여 기도하십시오.[179] 왕들과 권력자들, 높은 지위에 있는 사람들을[180] 위해서도 기도하십시오. 여러분을 박해하고 미워하는 사람들과[181] 십자가의 원수들을[182] 위해서도 기도하십시오. 이는 여러분이 맺은 열매가 모든 사람에게 드러나고,[183] 여러분이 그분 안에서 완전해지기 위한 것입니다.[184]

13.1 어떤 사람이 시리아로 여행하면 여러분의 편지도[185] 가지고 가야 한다고 여러분도 이냐시우스도 나에게 편지를 썼습니다. 내가 가든지 또는 여러분을 위하여 사자使者를 보내든지, 적절한 기회가 닿으면 편지를 보내겠습니다. 2 우리는 이냐시우스가 우리에게 보낸 편지들과 우리가 가지고 있는 다른 편지들을[186] 여러분이 요청한 대로 보냅니다. 여기

---

[179] 에페 6,18. 참조: 1디모 2,1; 1클레 59,4.

[180] 1디모 2,2. 참조: 폴리.순교 10,2.

[181] 마태 5,44. 참조: 루가 6,27-28; 디다 1,3.

[182] 필립 3,18. '십자가의 원수들'은 십자가의 구원 의미를 부정하거나 그들의 행동 방식으로 그리스도의 십자가를 경멸하는 자들이다. 이 표현은 교부 시대의 성서주석에서 유다인 유설가들과 이단자들을 가리키는 말로 사용되었다. 체사레아의 바실리우스(편지 264)는 이 표현을 아리우스파에게 적용하였다.

[183] 요한 15,16; 1디모 4,15; 디도 3,14 참조.

[184] 골로 2,10; 1디모 2,2; 야고 1,4 참조.

[185] 이 편지는 필립비 공동체가 이냐시우스의 부탁으로 써서 안티오키아 교회로 보낸 편지이다. 필립비인들은 이 편지를 폴리카르푸스에게 보내면서 안티오키아로 전해줄 것을 부탁하였다(해제 3. '첫째 편지와 둘째 편지' 참조).

[186] 편지의 수는 언급되지 않는다. 내용으로 미루어, 이 편지들에 이냐시우스가 스미르나인들에게 보낸 편지와 폴리카르푸스에게 보낸 편지도 포함되었음을 추론할 수 있다.

καθὼς ἐνετείλασθε· αἵτινες ὑποτεταγμέναι εἰσὶν τῇ ἐπιστολῇ ταύτῃ· ἐξ ὧν μεγάλα ὠφεληθῆναι δυνήσεσθε. περιέχουσι γὰρ πίστιν καὶ ὑπομονὴν καὶ πᾶσαν οἰκοδομὴν τὴν εἰς τὸν κύριον ἡμῶν
5 ἀνήκουσαν. Et de ipso Ignatio et de his, qui cum eo sunt, quod certius agnoveritis, significate.

XIV. Haec vobis scripsi per Crescentem, quem in praesenti commendavi vobis et nunc commendo. Conversatus est enim nobiscum inculpabiliter; credo
10 quia et vobiscum similiter. Sororem autem eius habebitis commendatam, cum venerit ad vos. Incolumes estote in domino Iesu Christo in gratia cum omnibus vestris, Amen.

---

5 his: ipsis Hilgenf. | 9 credo + autem Lightf.
12 in gratia Lightf.: gratia ipsius Funk, Hilgenf. (레기우스 사본만), et gr. ipsius Zahn | 13 vestris; vobis Hilgenf.(레기우스 사본만)

에 그 편지들을 동봉합니다. 그 편지들은 여러분에게 매우 유익할 것입니다. 그 편지들이 믿음과 인내와 우리 주님에 관한 갖가지 교화적인 내용으로 가득 차 있기 때문입니다. 이냐시우스와 그의 동행자들에 대하여 여러분이 더 정확한 소식을 알게 되면 우리에게 알려 주십시오.

14 내가 여러분을 방문했을 때[187] 추천하였고,[188] 지금 다시 추천하는[189] 크레센스를 통하여[190] 이 글을 쓰고 있습니다. 그는 우리와 함께 흠잡을 데 없이 살았습니다.[191] 나는 그가 여러분과 함께 있을 때에도 그렇게 살 것이라고 생각합니다. 그의 누이가 여러분에게 가면, 그 여자도 추천해 주십시오.[192] 주 예수 그리스도와 은총 안에 여러분 모두 안녕히 계십시오. 아멘.[193]

---

[187] '방문했을 때'(in praesenti)를 이해하는 데 어려움이 따른다. 우선 '이 편지에서'로 옮길 수도 있다. 그러나 이 해석은 뒤따라오는 nunc(지금)라는 상반된 낱말의 사용으로 배제된다. nunc 때문에 in praesenti는 "구두로, 개인적으로, 직접, 최근에, 일전에, 요사이" 같은 여러 의미로 옮길 수 있다.

[188] 이미 유다교에서도 '추천서'($\epsilon\pi\iota\sigma\tau o\lambda a\acute{\iota}$ $\sigma\upsilon\sigma\tau a\tau\iota\kappa a\acute{\iota}$)를 사용하였고, 후대 그리스도인들도 '추천서'(litterae commendatitiae)를 널리 사용하였다. 협력자와 편지 전달자에 대한 추천은 그리스도교의 오랜 관습이다(로마 16,1 이하; 1고린 16,15 이하; 필립 2,25-30; 골로 4,7 이하 참조).

[189] 로마 16,1; 2고린 3,1 참조.

[190] 크레센스(2디모 4,10)는 편지를 받아쓰는 비서라기보다는 편지를 전달하는 사람이다(사도 15,23; 1베드 5,12; 이냐.로마 10,1; 이냐.필라 11,2; 이냐.스미 12,1 참조).

[191] 1클레 63,3 참조.   [192] 로마 16,1 참조.

[193] 이냐.트랄 13,2; 이냐.필라 11,2; 이냐.스미 13,2; 이냐.폴리 8,3 참조.

다. 부록: 라틴어 역본

아래에 소개하는 고대 라틴어 역본은 푼크가[1] 잔Th. Zahn의 네 가지 필사본을 바탕으로 새로이 편집한 것이다. 잔의 편집본과는 아홉 구절(2.1.3; 3.2.3; 5.1.3[두 번]; 9.2; 14)에서 일부 내용이 다르며 네 구절에서는 어순만 다르다. 푼크와 피셔J.B. Fischer, 바르덴헤버O. Bardenhewer는 라틴어 역본에 그다지 신빙성을 두고 있지 않지만, 힐겐펠트A. Hilgenfeld는 라틴어 역본을 높이 평가할 뿐만 아니라 때때로 그리스어 본문의 수정을 위해 참고하였다.[2]

f	=	파리 사본 1639호
o	=	옥스포드 사본 229호
p	=	팔라티누스 사본 150호
v	=	레기우스 사본 81호
G	=	그리스어 본문
add (addit/-unt)	=	첨가
cod (d) (codex, codices)	=	사본(들)
corr (correxit, correxerunt)	=	수정
om (omit/-unt)	=	생략
post	=	뒤에
praem (praemittit/-unt)	=	앞에 나옴
Vulg. (Vulgata)	=	대중 라틴어 성서(불가타)

---

[1] F.X. Funk, *Die Echtheit*.

[2] J.A. Bauer, *Die Polykarpbriefe*, 16쪽 참조.

Epistola
B. Polycarpi episcopi Smyrnaeorum discipuli Iohannis evangelistae ad Philippenses confirmantis fidem eorum.

Policarpus et qui cum eo sunt presbyteri ecclesiae Dei, quae est 5
Philippis; misericordia vobis et pax a Deo omnipotente et Iesu
Christo salvatore nostro abundet.

I. Congratulatus sum vobis magnifice in Domino nostro Iesu
Christo, suscipiens imitabilia verba dilectionis, quam ostendistis
in illis qui praemissi sunt viris sanctis, decorosis vinculis con- 10
nexis, quae sunt coronae electae Deo, illius veri regni, per Dominum nostrum Iesum Christum; 2. et quia firmitas fidei vestrae a
principio usque nunc permanet et fructificat in Domino nostro
Iesu Christo, qui sustinuit pro peccatis nostris usque ad mortem,
quem resuscitavit Deus, dissolvens dolores inferni; 3. quem cum 15
non videritis, nunc diligitis, in quem nunc non aspicientes, creditis, credentes autem gaudebitis gaudio inenarrabili et glorificato;
in quod multi desiderant introire, scientes, quia gratia salvi facti
estis, non ex operibus, sed in voluntate Dei per Iesum Christum.

---

1 epistola: praem incipit p v | **2** beati p v: sancti o, om f | episc. Smyrnaeorum f p (hic praem martyris): Smyrnaeorum ecclesiae episc. v, episc. et martiris o | **3** disc.(add sancti o) Ioh. evang. f o p: om v | **4** conf. fidem eorum p v: om f o | **6** Philippis p v: Philippensis f o | **8** congratulatus: congratus p | **9** imitabilia: mirabilia o | ostendistis f o v: ostendis p | **10** connexis f o: connexi p v | **12** fidei vestrae p v: v. fid. f o | **13** nostro v. coll G: om f o p - 사도 2,24. | **18** quod f o: quem p v | salvi facti estis f o: salvi estis f. v, estis salvi f. p - 1베드 1,8.12; 에페 2,8.9.

II. Propter quod succincti lumbos vestros servite Deo cum timore et in veritate, dimisso inani vaniloquio et multo errore. Credite in illum, qui resuscitavit Dominum nostrum Iesum Christum ex mortuis, et dedit ei gloriam et sedem in dextera sua; cui subiecta sunt omnia caelestia et terrestria et subterranea, cui omnis spiritus servit, qui venturus est iudicare vivos et mortuos, cuius sanguinem requiret Deus ab eis, qui non crediderunt in eum; 2. qui et resuscitavit eum a mortuis, qui et nos resuscitaturus est in vita, si fecerimus voluntatem eius et ambulaverimus in mandatis ipsius et dilexerimus, quae ipse dilexit, abstinentes nos ab omni iniustitia, hoc est a concupiscentia, ab avaritia, a detractione, a falso testimonio; non reddentes malum pro malo, aut iniuriam pro iniuria, aut contumeliam pro contumelia, aut maledictum pro maledicto. 3. Mementote, quod Dominus docens dixit: Nolite iudicare, ne iudicemini; dimittite, et dimittetur vobis; miseremini, et Dominus miserebitur vestri; qua enim mensura mensi fueritis, eadem remetietur vobis; et quod dictum est: Beati pauperes spiritu, et qui persecutionem patiuntur propter iustitiam, quoniam ipsorum est regnum caelorum.

III. Haec autem, fratres mei, non a meipso imperans scribo vobis de iustitia, sed quoniam vos provocastis; 2. propter quod neque

---

20 Deo p v: Domino f o | **21** veritate f o v: vanitate p | inani f o: om p v | vaniloquo p | multo codd: fortasse interpres multorum (τῶν πολλῶν) scripsit et illa lectio inde explicanda est, quod librarius compendium (multor) neglexit | credite p v: add ergo f o | **23** ei f o p: om v | **24** cui p v: huic f o |
25 servit: deservit p | cuius p v: huius f o | **26** requiret p: requirit f o v - 1베드 1,13.21; 시편 2,11. |
28 ipsius: eius o | **29** quae f v: quae et o, quem p | **30** a detractione f o v: ac detr. p - 1베드 3,9. |
35 vestri f o v: vobis p | eadem remetietur o p v: rem. eadem f | **36** et quod p v: mementote et illud quod f o | spiritu f o v: praem in p - 마태 7,1.2; 루가 6,36-38; 6,2; 마태 5,3.10.
39 imperans codd: impetrans erat in v, sed t est erasum

ego, neque alius similis mei poterit sequi sapientiam beati et gloriosi Pauli, qui fuit apud vos et visus est secundum faciem illis qui tunc erant hominibus; qui docuit certissime atque firmissime verbum veritatis; qui et absens scripsit vobis epistolas, ad quas deflectamini, ut possitis aedificari in fide, quae data est vobis; 45 3. quae est mater omnium nostrum, subsequente spe, praecedente dilectione, quae est in Deo et in Christo et in proximo. Si enim quis horum intrinsecus repletus fuerit mandatis iustitiae et habuerit dielctionem, longe est ab omni peccato.

IV. Principium autem omnium malorum avaritia est. Scitote ergo, 50 quia nihil intulimus in hunc mundum neque auferre possumus. Armemur armis iustitiae et doceamus nosmet ipsos primum ambulare in mandatis Domini; 2. et post haec etiam mulieres vestras in fide, quae data est eis, et dilectione et castitate, amantes suos viros in omni veritate et caritate, diligentes omnes aequaliter in omni 55 continentia, et filios erudire in disciplina et timore Dei. 3. Viduae vero pudicae circa fidem Dei interpellent incessanter pro omnibus, elongantes se ab omnibus diabolicis detractionibus et falso testimonio et ab omni malo; cognoscentes se ipsas, quia sunt sacrarium Dei, quoniam omnia Deus prospicit et nihil eum latet, neque 60 cogitatio neque conscientia neque aliquod abditum cordis.

---

41 alius similis p v: sim. alius f o l mei: mihi p l **43** firmissime: om o l **44** scripsit: scribo p l **45** deflectamini p 5,2: 10,2 참조: deflectimini f o v l **46** nostrum f o: vestrum v, vestrorum p l **47** et in Christo: om o - 갈라 4,26.

50 avaritia est p: est av. f o v l ergo p: autem f o v l **52** nosmet: nos p - 1디모 6,10,7. l **53** etiam p: autem v, om f o l **57** circa fidem Dei: om v l **58** elongantes se f o v: se elong. p l **60** omnia: omnium v l **61** aliquod: aliud v

V. Scientes ergo, quia Deus non deridetur, debemus digne in mandatis eius et gloria ambulare. 2. Similiter diaconi inculpabiles sint in conspectu eius iustitiae, sicut Dei et Christi ministri et non
65 hominum, non criminatores, non detractores, neque avari, sed omnia tolerantes, in omnibus misericordes diligentes in omnibus, ambulantes in veritate Domini, qui factus est minister omnium, cui si complaceamus in hoc saeculo, percipiemus ea, quae futura sunt, secundum quod promisit resuscitare nos a mortuis; et si
70 digne eo conversati fuerimus, et si crediderimus, conregnabimus cum eo. 3. Iuvenes similiter inculpabiles sint in omnibus, omnem ignorantiam providentes refrenantes semet ipsos ab omni malo. Bonum est enim abscidi ab omnibus concupiscentiis mundi, quoniam omnis concupiscentia adversus spiritum militat, quia
75 neque fornicarii neque molles neque masculorum concubitores regnum Dei possidebunt, neque illicita facientes. Propter quod abstineri oportet ab omnibus his. Subiecti estote presbyteris et diaconis sicut Deo et Christo. Virgines autem in immaculata et casta conscientia ambulare.

80 **VI.** Et presbyteri simplices, in omnibus misericordes, omnes ab errore convertentes, omnes infirmos visitantes, viduas et pupillos et pauperes non negligentes, sed semper providentes bona coram

---

62 ergo p: autem f o v | deridetur p: irridetur f o v Vulg. - 갈라 6,7. | **64** eius iustitiae p: iust. eius f o v | **65** non detractores f o v: neque detr. p | **68** cui si complaceamus p v: huic si placemus f o | **69** quod p v: add et f o | promisit: repromisit o | resuscitare nos: nos res. v | **70** eo p v: in eo f o | **72** providentes f o v: praevidentes p | semet p v: se f o | **73** mundi p v: om f o | **74** spiritum f o p : Christum v | **76** propter quod f o v: propt p, propterea p^{vs} | abstinere f | **78** diaconis: diaconibus v | autem p v: om f o | immaculata c p: om f o v | et p v: om f o | **79** ambulare p v: ambulate f(?) o - 1베드 2,11; 1고린 6,9.10.
80 et p v: om f o | simplices p v: add sint f o | **81** viduas et p v: viduas f o

Deo et hominibus. Abstinete vos ab omni iracundia, a iudicio iniusto; longe estote ab omni avaritia. Non cito consentiatis adversus aliquem, ne praevaricemini in iudicio, scientes, quia debi- 85 tores sumus peccati. 2. Si ergo deprecamur Dominum, ut nobis dimittat, debemus etiam nos dimittere; ante conspectum enim oculorum Dei sumus, et omnes oportet astare ante tribunal Christi et unumquemque pro se rationem reddere. 3. Sic ergo serviamus ei cum timore et omni reverentia secundum quod evangelizaverunt 90 nobis apostoli Domini (et prophetae annuntiaverunt adventum Domini nostri Iesu Christi), zelantes bona, abstinentes vos ab scandalis et falsis fratribus et qui in hypocrisim portant nomen Domini, qui aberrare faciunt inanes homines.

VII. Omnis enim, qui non confitetur Iesum Christum in carne 95 venisse, hic antichristus est; et qui non confitetur martyrium crucis, ex diabolo est; et qui deviaverit eloquia Domini ad propria desideria, et dixerit neque resurrectionem neque iudicium esse, hic primogenitus est Satanae. 2. Propter quod relinquentes vanitatem multorum et falsas doctrinas, ad illud quod traditum est nobis a 100 principio verbum revertamur, sobrii in orationibus et ieiunia tolerantes, supplicationibus petentes omnium prospectorem Deum, ne

---

83 vos f o v: om p | a iudicio: ab iudicio p | **84** estote p v: post avaritia f o - 잠언 3,4. | **87** ante conspectum - rationem reddere f o v: post Iesu Christi v. 3 p | **88** Dei f o v: Domini p (v. 3) | omnes p v: add nos f o - 로마 14,10.12. | **89** sic em coll G: si p v, om f o | ergo serviamus p v: serv. ergo f o | **90** omni p v: om f o | **91** nobis: vobis o | annuntiaverunt f o v: add nobis p | **92** abstinentes p v: abstinete f o | ab f v: a o p | **93** et qui p v: qui f o | in hypocrisim (ipocresin) portant p: in vanum p. f o, important v | **94** aberrare p: oberrare f o v

96 martyrium p: mysterium f o, mist. v | **97** Domini f o p: Dei v | **99** est Satanae f o p: Sat. est v - 1요한 4,2.3; 2요한 1,7. | vanitatem p v: vanitates f o | **100** nobis f p: vobis o v | **101** verbum: verborum p | sobrii p v: add simus f o | et ieiunia p: ieiunia f o v | **102** supplicationibus: praem et f o | prospectorem p (prossp.) v (in hoc corr. ex prospectatem): prosperatorem f o | Deum p v: Dominum f o

nos inducat in temptationem, secundum quod dixit Dominus: Spiritus quidem promptus est, caro autem infirma.

105 **VIII.** Indeficienter ergo toleremus propter spem nostram et pignus iustitiae, quod est Iesus Christus, qui sustulit peccata nostra in corpore suo super lignum, qui peccatum non fecit, nec inventus est dolus in ore eius; sed propter nos omnia sustinuit ut vivamus in ipso. 2. Imitatores ergo efficiamur tolerantiae eius, et
110 si passi fuerimus pro nomine eius, glorificemus eum. Hoc enim nobis indicium posuit de se ipso, et nos hoc credidimus.

IX. Rogo igitur omnes vos, insistere verbo iustitiae et patientiae, quam et oculata fide vidistis, non solum in his beatissimis, Ignatio scilicet et Zosimo et Rufo, sed et in aliis, qui ex vobis sunt, et in
115 ipso Paulo et ceteris apostolis; 2. confidentes, quia hi omnes non in vacuo cucurrerunt, sed in fide et iustitia; et ad debitum sibi locum a Domino, cui et compassi sunt, abierunt, quia non hoc praesens saeculum dilexerunt, sed eum, qui pro ipsis et pro nobis mortuus est et a Deo resuscitatus.

120 **X.** In his ergo state et Domini exemplar sequimini, firmi in fide et

---

103 nos: vos p - 1베드 4,7; 마태 6,13; 26,41.
105 ergo p: autem f o v | toleremus f o p: toleramus v | **106** Iesus p: om f o v | substulit p | **107** suo: est etiam in v | **108** inventus est dolus f o p: dol. inv. est v - 1베드 2,22,24. | **111** indicium o: iudicium f p v | credidimus f v (in hoc a prima manu corr. ex credimus): credimus o p
112 igitur: ergo o | iustitiae f o p: eius v | **113** quam: om p | oculata: in v corr ex oculta | his beat. p 12,1 참조: beat. illis f o v | **114** scilicet: om o | **115** ipso p v: om f o | ceteris: praem f o | hi omnes non p v: non hi omnes f o | **116** vacuo o v coll p: vacuum f Vulg., vano p | **117** a a. Domino p: cum f o, om v | hoc praesens saeculum p: hoc saeculum f o, in hoc saeculo v | **118** eum qui: cum v - 필립 2,16; 2디모 4,10.

immutabiles, fraternitatis amatores, diligentes invicem, in veritate sociati, mansuetudinem Domini alterutri praestolantes, nullum despicientes. 2. Cum possitis benefacere, nolite differre, quia eleemosyna de morte liberat. Omnes vobis invicem subiecti estote, conversationem vestram irreprehensibilem habentes in gentibus, ut 125 ex bonis operibus vestris et vos laudem accipiatis, et Dominus in vobis non blasphemetur. 3. Vae autem, per quem nomen Domini blasphematur. Sobrietatem ergo docete omnes, in qua et vos conversamini.

XI. Nimis contristatus sum pro Valente, qui presbyter factus est 130 aliquando apud vos, quod sic ignoret is locum, qui datus est ei. Moneo itaque, ut abstineatis vos ab avaritia et sitis casti et veraces. Abstinete vos ab omni malo. 2. Qui autem non potest in his se gubernare, quomodo alii pronuntiat hoc? Si quis non se abstinuerit ab avaritia, ab idololatria coinquinabitur et tanquam inter gentes 135 iudicabitur, qui ignorant iudicium Domini. Aut nescimus, quia sancti mundum iudicabunt, sicut Paulus docet? 3. Ego autem nihil tale sensi in vobis vel audivi, in quibus laboravit beatus Paulus, qui estis in principio epistolae eius. De vobis etenim gloriatur in omnibus ecclesiis, quae Deum solae tunc cognoverant; nos autem 140

---

121 invicem: iteravit p | **122** mansuetudinem f o p: mansuetudine v, qui mans. Domini construxit cum sociati | Domini codd: om Usher aliique | **123** possitis p v: potestis f o | **125** irrepr. (inrepr. p) habentes p v: considerantes irreprehensibilem f o - 토비 4,10; 1베드 2,12. | **127** autem p v: add illi f o - 이사 52,5.

130 factus est f o p (hic ante presbyter): est factus v | **131** ignoret is em Usher: ignoretis codd | **132** itaque p v: add vos f o | vos a. ab avaritia: om f | et a. veraces o: om f p v | **133** in his v: p. se p, a. non f, om o | **134** alii (alio o) pron. hoc f o v: hoc aliud pronuntiatur p | se abstinuerit p v: abst. se f o | **135** idolatria p v | **136** qui f p v: add autem o | aut p v: an f o - 1데살 4,5; 1고린 6,2. | **139** epistolae f o p: ecclesiae v | etenim f o v: enim p | **140** Deum solae tunc f o v: s. t. Dominum p

nondum noveramus. 4. Valde ergo, fratres, contristor pro illo et pro coniuge eius, quibus det Dominus poenitentiam veram. Sobrii ergo estote et vos in hoc; et non sicut inimicos tales existimetis, sed sicut passibilia membra et errantia eos revocate, ut omnium
145 vestrum corpus salvetis. Hoc enim agentes, vos ipsos aedificatis.

XII. Confido enim, vos bene exercitatos esse in sacris literis, et nihil vos latet; mihi autem non est concessum. Modo, ut his scripturis dictum est, irascimini et nolite peccare, et sol non occidat super iracundiam vestram. Beatus, qui meminerit; quod ego credo
150 esse in vobis. 2. Deus autem et pater Domini nostri Iesu Christi, et ipse sempiternus pontifex, Dei filius Iesus Christus, aedificet vos in fide et veritate et in omni mansuetudine et sine iracundia et in patientia et in longanimitate et tolerantia et castitate; et det vobis sortem et partem inter sanctos suos, et nobis vobiscum et omnibus,
155 qui sunt sub caelo, qui credituri sunt in Dominum nostrum Iesum Christum et in ipsius patrem, qui resuscitavit eum a mortuis. 3. Pro omnibus sanctis orate. Orate etiam pro regibus et potestatibus et principibus atque pro persequentibus et odientibus vos et pro inimicis crucis, ut fructus vester manifestus sit in omnibus, ut
160 sitis in illo perfecti.

---

141 noveramus f o: cognoveramus p v | pro a. coniuge f o p: om v | **142** veram p: vestram f o v - 2데살 3,15.
147 modo: cum antecedentibus hanc vocem construunt f o | **147-148** ut his scr. dictum est f o v: uti his scripturis. Dictum est enim p | **149** quod: iteravit p - 시편 4,5: 에페 4,26. | **150-151** et ipse p: ipse f o v | **151** pontifex: om v | filius Iesus f o: filius eius v, fil. eius Iesus p | aedificet: deificet p | **152** in omni f o v: omni p | **152-153** et in patientia f v: in pat. p, om o | **154** nobis p v: in nobis f o | omnibus: praem in o | **155** sunt: om v | nostrum: om f | Iesum f o: praem et Deum p, et Dominum v | **158** et principibus atque f o v: atque pr. et p - 1디모 2,1.2.

XIII. Scripsistis mihi et vos et Ignatius, ut, si quis vadit ad Syriam, deferat literas meas, quas fecero ad vos, si habuerimus tempus opportunum, sive ego, seu legatus, quem misero pro vobis. 2. Epistolas sane Ignatii, quae transmissae sunt vobis ab eo, et alias, quantascunque apud nos habuimus, transmisimus vobis, secundum 165 quod mandastis; quae sunt subiectae huic epistolae, ex quibus magnus vobis erit profectus. Continent enim fidem, patientiam et omnem aedificationem ad Dominum nostrum pertinentem. Et de ipso Ignatio et de his, qui cum eo sunt, quod certius agnoveritis, significate.

XIV. Haec vobis scripsi per Crescentem, quem in praesenti com- 170 mendavi vobis et nunc commendo. Conversatus est enim nobiscum inculpabiliter; credo, quia et vobiscum similiter. Sororem autem eius habebitis commendatam, cum venerit ad vos. Incolumes estote in Domino Iesu Christo. Gratia ipsius cum omnibus vestris. Amen.

---

161 et vos et Ign. f o p: Ignathius et vos v | quis f o v: qui p | **162** litteras v | **163** oportunum p v | **164** ab eo f (corr. ut videtur ex habeo) p (abeo); habeo o v | **166** subiectae f o v: subiunctae p | **167** vobis erit f o p: erat vobis v | **169** his p: ipsis f o v

171 enim o p v: om f | **172** vobiscum f o p: vobis v | **174** gratia v (non et gratia): in gratia f o p | ipsius f o v: om p | vestris f o p: vobis v | amen: add explicit epistola sancti Polycarpi martyris Smyrnaeorum episcopi discipuli sancti Iohannis evangelistae o

폴리카르푸스 순교록

가. 해 제

1. 「폴리카르푸스 순교록」의 문학 유형과 삶의 자리

「폴리카르푸스 순교록」은 스미르나의 주교 폴리카르푸스가 사망한 뒤 그곳의 공동체가 프리기아 지방의 필로멜리움 공동체에 보낸 편지이다. 아직도 논란거리인 폴리카르푸스의 순교 연도는[1] 이 작품의 저술 연도와 밀접한 관계가 있다. 최근의 연구는 폴리카르푸스가 순교한 뒤 1년 이내에 이 작품이 저술된 것으로 본다. 왜냐하면 「폴리카르푸스 순교록」 18장 3절에서 폴리카르푸스의 순교일을 아직 축일로 기념하고 있지 않기 때문이다.[2]

「폴리카르푸스 순교록」은 당시 공동체의 상황을 알려주는 중요한 자료이며, 순교자 보고에 관한 새로운 문학 유형의 시작이 되었다. 이 기록은 그리스도교 문헌 가운데에서 첫 '순교록'이라 할 수 있다. 그렇지만 문학 유형으로 볼 때 이 기록은 순교록의 범주에 속하는 것이 아니라, 초기 그리스도교의 서간 양식에 속한다.[3] 따라서 맺는말을 제외한 작품 전체에 두루 편지의 특성들이 나타난다.

「폴리카르푸스 순교록」의 내용은 서간 양식을 띤 순교 보고와 독자들을 교화하기 위한 논증으로 크게 나눌 수 있다. 이 경우 순교 사화의 서술은 독자들에게 권고하기 위한 논증으로 사용되었다. 양식비평의 관점에서 「폴리카르푸스 순교록」은 후대에 이르러 호교론적 내용을 지니며 독자적으로 문학 유형을 형

---

[1] 폴리카르푸스의 순교 연도에 관해서는 「폴리카르푸스의 편지」 해제 2. '폴리카르푸스의 생애' 참조.

[2] G. Buschmann, *Das Martyrium*, 39쪽; J.B. Lightfoot, *ApF* II/3, 353쪽 참조.

[3] J. Quasten, *Patrology*, vol.1, 77쪽 참조.

성한 순교 행전[4]이 아니다. 다시 말하면 「폴리카르푸스 순교록」은 역사적 사실을 기록한 것이 아니다. 오히려 이 작품은 폴리카르푸스가 순교한 뒤 공동체를 교화하기 위해 저술되고, 순교자를 본받도록 권고하기 위한 일종의 회람 서간이다(폴리.순교 머릿글: 20,1 참조). 이 점에서 순교록 본문은 역사서가 아니라 성인 공경의 산물이며, 따라서 순교자 축일에 낭독되는 교화서라 할 수 있다.

저자는 이 작품에서 폴리카르푸스가 순교한 날을 기념하고자 한다(18.3). 예를 들어 14장에 나오는 기도는 전례적 특성으로 미루어 미사 때 낭독되었던 것으로 보인다.[5] 1~2세기의 성찬 용어에서는 희생제물이 특별한 의미를 지니는데, 희생제물을 언급한 14장의 내용도 성찬기도의 한 요소이다. 또한 순교자를, 하느님께 바치는 제물의 표상인 유향으로 이해한 것도 순교록이 미사 때 낭독되었음을 암시한다. 곧, 미사 때 사용하는 유향이 그리스도의 동참자 κοινωνός Χριστοῦ인 폴리카르푸스의 순교를 나타내는 본보기라는 것이다. "그리고 우리는 향내나는 유향이나 다른 값진 향료들과 같은 그러한 향기를 맡았습니다"(15.2). 이러한 진술로 이 작품의 '삶의 자리'가 미사임을 알 수 있다.

한편 「폴리카르푸스 순교록」의 부록인 21-22장에서 볼 수 있듯이 이 작품은 초대 그리스도교의 다양한 문헌을 통하여 끊임없이 전승되어 왔다. 교회사가敎會史家 에우세비우스는 '복음에 따른κατὰ τὸ εὐαγγέλιον 의도'에서 기술된 순교록의 본문 내용을 생략하고 처음부터 역사적·호교론적 문맥으로 순교록을 요약

---

[4] 2세기 중엽부터 저술하기 시작한 순교자들에 관한 작품은 '행전'과 '순교록/수난기'로 구분할 수 있다. '행전'에서는 보통 전집정관 앞에서 이루어진 재판 절차에 관한 기록이 중요하다. 따라서 행전은 법원 서기의 기록에 의존하며, 신문(訊問) 내용을 글자 그대로 베낀다. 이 기록은 교회의 전승에만 남아 있기 때문에 후대의 그리스도교 편집자가 기록을 보완하거나 수정하였다는 가능성을 배제할 수 없다. 이와 달리 '순교록/수난기'에서는 사건 전체를 서술한다. 곧, 체포 상황, 감옥의 상황, 인물들의 특징, 고문과 그때 일어난 기적들에 관한 묘사, 그 뒤의 순교자들의 생애와 죽음 등이다. 저자는 여기에 종종 신학적·영적인 고찰을 덧붙이고 성서를 인용하며 무엇보다도 이러한 전승을 통하여 나중에 순교할 신자들을 교화하고 그들의 신심을 깊게 하려는 의도를 제시하였다(H.R. Drobner, *Lehrbuch*, 72쪽 참조).

[5] C. Andersen, *Geschichte*, 13쪽.

하였다(에우.교회 4,15,1-45). 에우세비우스는 순교 사건을 새로운 의도로, 곧 순교록의 본문을 호교론의 시각에서 바라본 역사적 사건으로 기술하여 본문의 유형을 변화시켰다. 따라서 "나는 그리스도인입니다"Χριστιανός εἰμι(폴리.순교 10,1)라는 고백과 순교자의 항구함에 근거하여 순교자의 본보기를 따를 것을 권고하는 논증적 요소는 점차 호교론적 어법으로 발전하여 후대의 여러 순교록과 행전에 영향을 미쳤다.[6]

2. 순교록의 편집본과 본문

2.1. 순교록의 편집본

모스크바 사본과 예루살렘 사본이 발견되기까지 근대의 많은 편집인은 에우세비우스의 「폴리카르푸스 순교록」 본문이 본문 전승에서 중요한 역할을 한다고 확신하였다. 라이트푸트는 에우세비우스가 전하는 순교록을 확실한 본문으로 여겼다.[7] 이후 모스크바 사본의 가치에 관해서 학자들은 다양한 논의를 펼쳤는데, 슈바르츠는 이 수사본을 높게 평가하였다.[8] 슈바르츠의 이러한 평가는 빌마이어의[9] 편집본에 상당한 영향을 주었고, 빌마이어의 편집본은 카멜로,[10] 루바흐,[11] 라자티,[12] 바우마이스터,[13] 린데만/파울젠과[14] 사도교부들 문헌의 최신판 또는 많은 순교기록 문헌집의 기초가 되었다. 최근에 무수릴로와[15] 데한트슈터는[16] 「폴리카르푸스 순교록」의 편집본을 개정하였다.

---

[6] G. Buschmann, *Das Martyrium*, 47-49쪽 참조.

[7] J.B. Lightfoot, *ApF* II/3, 358쪽 참조.

[8] E. Schwartz, *De Pionio*, 4쪽 참조.

[9] K. Bihlmeyer, *Die Apostolischen Väter*, XLIII 이하.

[10] P.Th. Camelot, *Ignace*.

[11] G. Ruhbach, *Ausgewählte Märtyrerakten*.

[12] G. Lazzati, *Gli sviluppi*.

[13] Th. Baumeister, *Genese*.

[14] A. Lindemann / H. Paulsen, *Die Apostolischen Väter*.

[15] H.A. Musurillo, *The Acts*.

[16] B. Dehandschutter, *Martyrium*.

2.2. 그리스어 수사본[17]

「폴리카르푸스 순교록」의 편집본은 라이트푸트 이후에 다섯 편의 그리스어 수사본을, 빌마이어 이후에는 여섯 편의 수사본을 기초로 한다.

1) 모스크바 사본 390호Mosquensis 390: 약어는 'm'. 13세기경의 사본으로 가장 중요한 그리스어 사본이다. 모스크바의 역사 박물관에 소장되어 있다. 겝하르트O.v. Gebhard는 1875년에 *Zeitschrift für historische Theologie* (XLV [NS. 39], 355쪽 이하)에 본문 전체와 대조표를 소개하였고, 잔Th. Zahn은 1896년 이 사본을 바탕으로 최초의 편집본을 만들었다. 모스크바 사본은 에우세비우스의 「교회사」(4,15)와 유사하며, 폴리카르푸스와 이레네우스의 관계에 관한 글을 싣고 있지만, 「폴리카르푸스 순교록」 22장 1절이 빠져 있다.

2) 바로치 사본 238호Baroccianus 238: 약어는 'b'. 옥스퍼드의 보들리언Bodleian 대학 도서관에 소장되어 있다. 54장의 양피지로 이루어진 2절판의 11세기경 사본이다. 어셔[18]는 그리스어 본문의 초판에 이 수사본을 사용하였다.

3) 파리 사본 1452호Parisinus graecus 1452: 약어는 'p'. 파리 국립도서관에 소장된 10세기경의 사본이다. 이 사본에는 2월에 기념하는 성인들의 생애, 순교, 찬가가 실려 있다. 「폴리카르푸스 순교록」은 가假-피오니우스의 「폴리카르푸스의 생애」 다음에 나온다.

4) 빈 사본 3호Vindobonensis historicus graecus 3: 약어는 'v'. 빈의 국립박물관에 소장된 390장의 양피지에 필기체로 쓴 11~12세기경의 사본이다. 이 사본의 제목은 「성도들의 생애와 증언」Βίοι καὶ μαρτύρια τῶν ἁγίων이다. 「폴리카르푸스 순교록」 10장과 17장의 많은 부분이 빠져 있으며, 20-23장은 떨어져 나갔다.

5) 예루살렘 사본 1호Hierosolymitanus S. Sepulchri 1: 약어는 'h'. 예루살렘의 그리

---

[17] J.B. Lightfoot, *ApF* II/3, 355쪽 이하; B. Dehandschutter, *Martyrium,* 27-34쪽; Dehandschutter, *Research,* 486-487쪽 참조.

[18] J. Ussher, *Ignatii,* 13-30쪽.

스 정교회 총대주교 도서관에 소장된 10~12세기경의 사본이다.

6) Chalcensis 사본 95호Chalcensis 95: 약어는 'c'. 이스탄불의 만국총대주교 도서관에 소장된 10~11세기경의 사본으로 1919년에야 세상에 알려졌다. 그밖에 단편으로 전해지는 세 편의 수사본이 더 있다.[19] 이 모든 사본 가운데 모스크바 수사본을 원문에 가장 가까운 사본으로, 파리 사본과 빈 사본을 그 다음 중요한 사본으로 여긴다. 모스크바 사본은 에우세비우스의「교회사」 (4,15,3-45)와 일치하고, 특히 파리 사본과 빈 사본으로 보충할 경우 거의 완벽한 사본이라고 할 수 있다.[20]

2.3. 에우세비우스의「교회사」4, 15, 3-45[21]

에우세비우스는「교회사」(4,15,3-45)에 폴리카르푸스의 순교에 관한 기록을 실었다. 그는「폴리카르푸스 순교록」1장 1절의 '하느님의 교회' Ή ἐκκλησία τοῦ θεοῦ부터 같은 절의 '박해' διωγμῶν까지를 거의 글자 그대로 인용하며, 2장 2절에서 7장 3절까지는 내용을 요약하고, 8장 1절의 '그리고 그때에' Ἐπεὶ δέ ποτε부터 19장 1절의 '이야기합니다' λαλεῖσται까지는 다시 거의 글자 그대로 인용한다. 그리스어 수사본들과 에우세비우스의 본문을 비교해 보면 다음과 같은 사실을 알 수 있다. 에우세비우스는 그리스어 본문을 인용하였을 뿐만 아니라 문장을 명료하게 하려고 부분적으로 고쳐 쓰기도 하였다. 예를 들어 8장 2절의 '마차' καροῦκα를 같은 뜻을 지닌 ὄχημα(4,15,15)로 대체하였다. 이는 에우세비우스의 본문이 부분적으로「폴리카르푸스 순교록」과 다르다는 사실을 의미한다. 한편 역사적 사실을 중요시한 에우세비우스가「폴리카르푸스 순교록」의 저술시기와 전승사를 알려 주는 21-23장의 내용을 알면서도 의도적으로 기록하지 않았는지, 아니면 이 기록이 후대에 전해지면서 삭제되었는지는 알 길이 없다.

---

[19] B. Dehandschutter, *Martyrium*, 33-34쪽: Dehandschutter, *Research*, 487쪽 참조.

[20] W.R. Schödel, *The Apostolic Fathers*, 49쪽 참조.

[21] 에우세비우스「교회사」4, 15, 3-45의 본문은 부록을 보라.

2.4. 간접 증언

「폴리카르푸스 순교록」을 간접적으로 전하는 증언들에는 가假-크리소스토무스의 「폴리카르푸스 찬가」, 가假-피오니우스가 쓴 폴리카르푸스에 관한 작품들[22] 가운데 「폴리카르푸스의 생애」가 있고, 그밖에 (저자를 모르는) 「부활절 연대기」, 「사바의 순교록과 올비아누스의 순교록」 등이 있다. 이를 바탕으로 「폴리카르푸스 순교록」의 본문은 이미 알려진 그리스어 수사본들보다 더 다양하게 전승되었음을 알 수 있다.

2.5. 초기 번역본

중세 초기에 라틴어로 쓴 「폴리카르푸스 순교록」Passio Polycarpi은 매우 널리 보급된 작품이었다. 그렇지만 많은 부분이 의역되었기 때문에 본문비평 자료로서는 그다지 중요하지 않다. 데한트슈터의 연구에 따르면 아르메니아어, 시리아어, 콥트어, 고대 슬라브어 번역본들은 에우세비우스가 전하는 본문을 개작한 것이다.[23]

3. 순교록의 구조

「폴리카르푸스 순교록」은 함축성 있고 짜임새 있는 구조를[24] 보인다. 이 작품의 수사학적 구성과 내용적 구성은 다음과 같다.

---

[22] 「폴리카르푸스의 편지」, 「폴리카르푸스 순교록」, 「폴리카르푸스의 생애」 세 권을 말한다.

[23] B. Dehandschutter, *Research*, 490쪽 참조.

[24] 헨텐(J.W.v. Henten)에 따르면 「폴리카르푸스 순교록」은 유다교의 순교 사화와 구조도 유사하고 주제도 많은 점에서 비슷하다. 유다교 순교 사화의 다섯 가지 구성 도식은 다음과 같다. ① 관청의 결정, ② 유다교의 관습과 생활방식을 지키기 위해 관청의 결정을 따를 수 없음, ③ 관청의 결정을 따를 것을 거부하여 행해지는 신문 장면(때때로 신문과 고문이 동시에 이루어짐), ④ 구금된 유다인들이 이러한 상황에서 죽음을 택함, ⑤ 사형 집행(Henten, *Zum Einfluß*, 700-723쪽, 특히 714-715쪽 참조). 「폴리카르푸스 순교록」에서 이 도식은 유다교적 요소에서 그리스도교적 요소로 바뀐다. 「폴리카르푸스 순교록」의 5-16장은 유다교

3.1. 수사학적 구성[25]

편지 형식	「폴리카르푸스 순교록」
	머릿글
1) 서언 (proömium / προοίμιον)	–
2) 보고 내용 (narratio / διήγησις)	1,1a
3) 작품의 의도 (propositio / πρόθεσις)	1,1b - 2,4
4) 논증적 주요부 (probatio / πίστις)	3-4; 5-18
5) 결론 (conclusio / peroratio)	19
편지 형식	맺는말(20)

3.2. 내용적 구성

머릿글		편지의 머릿글
1장		편지의 주제: 복음에 따른 순교의 본보기인 폴리카르푸스
2-4장		그리스도를 따르는 순교자들의 본보기
	2장	그리스도를 따르는 순교자들에 대한 찬미
	3장	게르마니쿠스가 보여 준, 항구한 태도의 긍정적 본보기
	4장	프리기아 출신 퀸투스가 보여 준 부정적 본보기: 순교를 강요
5-18장		**복음에 따른 훌륭한 본보기인 폴리카르푸스의 순교에 대한 찬미**
	5장	폴리카르푸스의 도피와 자신의 순교에 대한 예언
	6-7장	추적과 체포
	8장	배교의 유혹과 순교하러 가는 길에서 보여 준 항구함
	9-11장	폴리카르푸스에 대한 신문

순교 사화에 나오는 요소들로 구성되었지만 이러한 구조적 유사성이 「폴리카르푸스 순교록」의 고유한 문학 유형과 특유의 내용적 가치를 감소시키는 것은 아니다.

[25] G. Buschmann, *Das Martyrium*, 45쪽 참조.

9,1	하늘에서 울리는 놀라운 소리를 듣고 용감해진 폴리카르푸스
9,2-3	신문의 시작: 신분 확인, 폴리카르푸스를 회유하려고 시도 (황제의 수호신에 대한) 맹세 거부와 폴리카르푸스의 항구함
10장	중간 신문: 폴리카르푸스가 자신이 그리스도인임을 고백
11장	신문의 종결: 전집정관의 위협과 폴리카르푸스의 항구함
12-14장	처형 준비
12장	신문을 지켜본 이방인과 유다인의 반응과 그들의 선동
13장	장작더미 앞에서의 폴리카르푸스의 태도
14장	장작더미 위에서 바치는 폴리카르푸스의 기도
15-16장	폴리카르푸스의 처형: 화형, 폴리카르푸스의 죽음과 기적
15장	화형: 장작더미에서 타오르는 불의 놀라운 모습
16장	화형 때 일어난 기적과 사람들의 경탄
17-18장	폴리카르푸스의 유해
17장	폴리카르푸스의 유해, 그리스도와 순교자 공경에 관한 문제
18장	폴리카르푸스의 순교일 기념을 위한 유해의 수집과 매장
19-20장	**맺는말**
19장	편지의 주제: 복음에 따른 순교의 본보기인 폴리카르푸스
20장	맺는말
21-22장	**부록**
21장	폴리카르푸스의 사망일에 대한 연대기적 기술
22,1	폴리카르푸스가 보여 준 본보기를 따를 것을 권고하는 추신
22,2	필사본의 저자들과 필사본의 전승사
22,3	순교록 전승의 확실성

모스크바 필사본의 맺는말:

폴리카르푸스와 그가 보여 준 반마르치온적인 태도에 관한 전승의 보증인 이레네우스

4. 몬타누스주의

몬타누스주의[26]는 2세기 중엽 이후[27] 몬타누스가 소아시아의 프리기아 지방에서 종말에 관한 희망과 임박 기대를 바탕으로 교회의 생활 규범(특히 순교, 절제, 단식, 회개의 관점에서)을 극단적으로 쇄신하려고 한 예언 운동이다. 그러나 이 운동은 2~3세기에 소아시아에서 열린 여러 교회회의에서 이단으로 단죄받았다. 이 운동은 창시자의 이름에 따라 '몬타누스주의', 발생지에 따라 '프리기아 사람들의 이단', 운동의 성격에 따라 '새 예언'으로 불린다.[28]

2세기의 프리기아 지방은 예언과 신탁이 성행하던 곳이었다. 몬타누스주의를 논박한 밀티아데스는(180년경) 암미아와 쾨드라투스 같은 예언자들의 고향이 이 지방에 있는 필라델피아이며, 또한 몬타누스파의 여예언자 프리쉴라와 막시밀라가 바로 이들의 후계자라고 말한다(에우.교회 5,17,4). 몬타누스주의는 이러한 예언 전통이 유다인 공동체의 존속, 극단적인 회개와 단식, 조상에게 물려받은 이 지역의 전통과 결합하여 생겨난 새 예언 운동이었다.

---

[26] 몬타누스주의에 관해서는 E. Dassmann, *Kirchengeschichte*, I, 126-130쪽; H.R. Drobner, *Lehrbuch*, 52-53쪽; W.H.C. Frend, *Montanismus*, 271-279쪽; 이형우, 「몬타누스주의」, 『한국가톨릭대사전』 제4권(서울: 한국교회사연구소, 1997), 2732-2733쪽 참조.

[27] 이 운동이 일어난 시기는 아직도 논란의 대상이다. 이 운동의 발생 연도를 에피파니우스(약상 48,10)는 156/157년으로, 에우세비우스(「연대기」)는 172년으로 잡는다.

[28] 몬타누스주의의 첫 50년에 관한 기록들은 에우세비우스의 「교회사」에서 인용된 네 사람의 작품에 바탕을 둔다. 이들은 밀티아데스, 180년경 저술 활동을 한 히에라폴리스의 주교 클라우디우스 아폴리나리스, 190년경 활동한 익명의 저자, 몬타누스와 최초의 후계자들이 사망한 뒤 195~215년경 저술 활동을 한 아폴로니우스이다. 마찬가지로 사르데스의 멜리토는 「올바른 생활 방식과 예언자들」(에우.교회 4,26,2)에서 몬타누스주의와 관련된 작품을 저술하였다. 그밖에 에피파니우스(약상 48)가 몬타누스주의에 관해 설명하면서 인용한 저자 미상의 문헌도 있다. 또한 에우.교회 5,19에 인용된 안티오키아의 주교 세라피온(190년경)의 진술과 몬타누스파를 '프리기아 사람들'이라고 묘사하는 알렉산드리아의 클레멘스의 짧은 두 언급(양탄 4,13,93,1; 7,17,108)도 이에 덧붙일 수 있다 (W.H.C. Frend, *Montanismus*, 272쪽 참조).

이 운동의 창시자인 몬타누스는 프리기아 지방의 미시아 근처에 있는 아르다바우 출신이다.[29] 히에로니무스(편지 41.4)에 따르면 몬타누스는 개종하기 전에 프리기아의 여신 키빌레 신전의 사제였다. 그는 자신이 특별한 예언 소명을 받았다고 주장하며, 자신을 주님께서 교회에 보내시기로 약속한(요한 14.26; 16.7) 진리의 영, 협조자 παράκλητος(요한 14.16-18)의 도구로 여겼다.

몬타누스파 예언의 특징은 황홀경이다. 몬타누스와 그와 함께 활동한 여예언자 프리쉴라와[30] 막시밀라는 황홀경을 통한 신탁으로 자신들의 계시를 선포하였다.[31] 특히 이 세 사람은 예언의 은사를 받았으며 이 은사는 더 이상 계승되는 것이 아니라 그들과 함께 종결되는 것이라고 주장하였다. 막시밀라는 "내 뒤에는 더 이상 어떤 예언자도 오지 않을 것이며, 종말의 완성이 올 것이다"(에피. 약상 48.2.4) 하고 말하였다. 따라서 그들이 전파한 내용은 전적으로 종말론적이다. 그들은 예언적 영의 선물을 임박한 종말에 대한 기대로 여기는 사도행전 2장 17.20절을 바탕으로 임박 기대 Naherwartung를 화두의 실마리로 삼았다. 이러한 임박 기대의 관점에서 몬타누스는 교회의 생활 규범을 철저하게 실천하라고 요구하였다. 그들은 동정 생활을 강조하여 결혼을 금하고[32] 부부에게도 별거를 권

---

[29] 190/200년경 저술 활동을 한 익명의 저자는 "프리기아 지방의 미시아 근처 아르다바우라는 마을에 몬타누스라는 이름의 새로운 신앙을 가진 사람이 … 지도적인 역할을 하고자 하는 열망을 지니고 … 영에 사로잡혀 갑자기 무아지경과 황홀경에 빠졌다"(에우. 교회 5.16.6)고 기술한다.

[30] 프리쉴라는 때때로 프리스카로 기록되어 있다.

[31] 에피. 약상(몬타누스: 48.4.1; 48.11.9; 48.10.3; 48.11.1; 막시밀라: 48.12.4; 48.13.1; 48.2.4; 프리스카 [또는 퀸틸라]; 49.1.3).

[32] 반몬타누스주의 저술가인 아폴로니우스는 프리쉴라와 막시밀라가 성령으로 가득 차 그들의 남편을 떠났다고 주장한다(에우. 교회 5.18.3). 이들은 자신들과 비슷하게 가르치고 욕정의 절제를 종말론적으로 논증한 바울로를 자신들의 주장을 뒷받침하는 증인으로 내세웠다. 종말을 향한 시간이 얼마 남아 있지 않았기 때문에, 결혼을 열망하거나 자식을 갖고자 하는 바람은 그들에게 가치가 없는 것으로 생각되었다. "왜냐하면 이 세상의 모습은 지나가 버리기 때문이다"(1고린 7.31). 결혼을 포기하라는 몬타누스주의의 가르침은 후대에 엄격한 재혼 금지로 변하였지만 많은 지지를 얻지는 못하였다.

장하였다. 또한 그들은 여예언자 안나가 예루살렘의 해방을 바라는 기대로 가득 차 밤낮으로 단식하였듯이(루가 2,37-38), 생식生食과 회사를 실천하는 지속적인 단식이 천년왕국의 도래를 앞당길 수 있다고 믿었다.

몬타누스파는 자기들이 가르침의 실마리로 삼은 임박 기대를 어떤 장소에 제한하여, 묵시록 21장에 나오는 새 예루살렘과 천년왕국이 프리기아의 페푸자(또는 근처의 티미온)라는 마을에서 실현될 것이라고 선포하였다(에우.교회 5,18,3). 그리고 이를 위하여 엄격한 절제와 윤리적 생활을 사람들에게 권장하였다. 그러나 이러한 주장을 펼친 막시밀라가 179년 사망한 뒤에도 세상의 종말이 일어나지 않자, 새 예루살렘에 대한 임박 기대를 주장한 몬타누스주의는 큰 타격을 받았다. 그런데도 몬타누스주의는 사라지지 않고 지속되었다.

이런 의미에서 몬타누스주의는 열광적인 종말론을 전개한 원시 그리스도교의 각성운동이었다. 그들은 세속화되어 가는 당시의 교회에 반대하여 엄격한 극기를 행하였고, 당시 교계의 사제직에 상응한 신자들의 보편 사제직을 강조하여 여성의 성직 수행도 허용하였다. 예언자들과 여예언자들의 카리스마적 권위는 원시 그리스도교의 예언과 연계되었으며, 예언적 교회가 제도적 교회에 맞섰다.

몬타누스주의는 초기의 형태인 프리기아 지방의 종교·지리적 특성을 뛰어넘어 널리 전파되었다. 그 가운데 몬타누스주의가 갈리아 지방에 미친 영향은 에우세비우스의 「교회사」(5,3,3-4)에 보존된 비엔과 리용 공동체의 편지에서 확인할 수 있다. 아시아와 프리기아 출신의 상인들이 주류를 이룬 리용의 그리스도인들은 몬타누스파 전도자의 카리스마적 태도에 큰 영향을 받아 그들에게 닥쳐온 박해가 시대의 종말을 알리는 것이라고 믿었다. 그러나 그들은 새 예언이 공동체의 분열을 초래한다는 것을 깨닫고 나중에는 이를 거부하였다(에우.교회 5,3,4).

이와 달리 그리스어권 그리스도인은 새 예언을 그다지 멀리하지 않았다. 몬타누스주의는 갈라디아 지방의 수도인 안치라(에우.교회 5,16,5), 프리기아 지방의 오트루스(5,16,5), 트라키아 지방의 흑해 연안에 있는 데벨툼과 안킬라우스까지 전파되었다. 늦어도 190년 이전에 몬타누스주의는 시리아 지방의 안티오키아까지 영향을 미쳤다(에우.교회 5,19). 프로클루스는 200년경 로마에서[33] 몬타누스파를 대변하였으며(테르.프락 1), 로마의 주교 빅토르(189~199년경)는 몬타누스파에게 호감을 가진 듯하다. 그렇지만 몬타누스파는 여기서 장로 가이우스의 강력한 저항에 부딪친 것으로 전해진다(에우.교회 2,25,5-7).

몬타누스파의 초기 가르침은 교회의 신앙 규범과 관련하여 특별한 모순이 없었으며, 윤리적인 가르침 역시 교의적으로 잘못된 것은 아니었다. 몬타누스는 이미 조직을 관리하고 구성하는 데에 뛰어난 재능을 보였다. 몬타누스파 공동체들은 기부금을 호소했으며, 재정을 담당하는 관리자를 따로 임명하였다. 그리하여 몬타누스파의 설교가들은 그들이 방문한 공동체에 의존하지 않고, 자기네 공동체의 자금으로 활동하였으며, 모교회 공동체와 마찬가지로 주교, 장로, 봉사자를 임명하였다. 늦어도 200년경에 프리기아 지방은 신자들의 풍부한 기부금을 바탕으로 몬타누스파의 고유한 교회로 발전할 수 있었다(에우.교회 5,18,2).

한편 교회의 많은 주교들은 몬타누스파의 예언이 어떤 위험을 안고 있는지 감지하였기 때문에 몬타누스파의 확산을 막으려고 노력하였다. 주교들은 몬타누스파의 극단적인 순교 열망에 영향받은 사람들을 진정시키려고 노력하였으며, 몬타누스파 예언자들의 권위가 성서의 권위보다 더 높게 평가되고,[34] 그 당시 형성되던 신약성서 경전이 몬타누스파 예언자들의 신탁과 동등하게 취급되는 현실을 방관할 수 없었다. 그러나 그들은 몬타누스파의 핵심적인 유설을 논박할 수 없었기 때문에 어떻게 대응해야 좋을지 몰랐다. 주교들은 몬타누스파 예언자들의 생활 방식과 도덕적 자질을 문제삼으면서(에우.교회 5,18,3-4,11) 그들의 계시 내용에 의구심을 품고, 예언이 황홀경에서 이루어져서는 안 된다고 주장

---

[33] 이 운동이 로마로 확산되었다는 사실은 히폴리투스의 「다니엘 주석서」(4,20)와 「모든 이단에 대한 논박」(8,19; 10,25-26), 짧지만 에우.교회(2,25,5-7; 6,10,3)에 남아 있는 로마의 장로 가이우스의 「대화」의 발췌, 그리고 무라토리 경전에서 입증된다. 소테르 교황(166~175년)과 엘레우테리우스 교황(175~189년)은 몬타누스주의가 발생한 지 얼마 안 되어 이 운동을 단죄하였다.

[34] 신약성서 경전에 묵시록을 하나만 받아들인 사실은 몬타누스파에서 폭발적으로 생겨난 계시에 대해서 교회가 의구심을 품고 있음을 말해준다.

하였다(에우.교회 5.17.1). 성직자들은 무엇보다 여예언자들을 내쫓으려고 하였으나 (에우.교회 5.17), 몬타누스파 추종자들의 거센 반발에 부딪쳐 실패하였다.

그러나 몬타누스파가 주장했던 세상의 종말은 일어나지 않고, 당시의 뛰어난 저술가들인 밀티아데스, 아폴로니우스가 정통 신앙을 변증함으로써 교회의 정통신앙은 점차 그 입지를 굳힐 수 있었다. 더구나 소아시아의 주교들은 2-3세기에 몬타누스주의에 대응하기 위한 교회회의를 소집하여 몬타누스파의 여예언자와 추종자들을 단죄하고 공동체에서 쫓아냈다(에우.교회 5.16.10). 그 결과 티아테이라를 제외한 프리기아 지방의 중부와 남부 도시들은 정통신앙으로 돌아서게 되었다(에피.약상 51.33). 그 뒤 이 운동은 급속도로 쇠퇴의 길을 걸어가게 되었다. 그럼에도 몬타누스주의는 프리기아의 일부 내륙지역과 특히 북아프리카의 그리스도인에게서 지속적인 지지를 받았다.

테르툴리아누스는 자신의 저서에서 북아프리카 지방에 전해진 몬타누스주의를 소개하였다. 이 사실은 익명의 저자가 쓴 「페르페투아와 펠리치타스 순교록」에서도 확증된다. 테르툴리아누스는, 임박한 종말에 직면하여 순교의 관점에서 그리스도인의 의무를 고취시킨 몬타누스주의가 영의 활동을 북돋운다는 사실에 근본적 매력을 느꼈다. 「마르치온 논박」을 저술한 207년부터 그는 새 예언의 가르침에 더욱 큰 확신을 가지게 되었고, 마침내 '타락한 영혼의 교회'인 모교회에 신랄한 비판을 가하는 적대자로 변하였다. 그가 211-217년경에 저술한 마지막 작품들, 곧 「프락세아스 논박」, 「단식」, 「일부일처제」, 「수치론」에서는 이 운동의 사상과 일치하는 이론을 정립하였다. 새 예언의 발전된 계시와 관련하여 테르툴리아누스는 특히 윤리 문제에 엄격한 태도를 취하였다. 몬타누스주의에 심취하기 이전의 작품인 「회개론」(203년)에서는 헤르마스의 「목자」와 같이 세례를 받은 뒤 지은 죄에 대해 회개의 가능성이 한 번 있음을 인정한 반면(7.10), 개종 이후의 작품 「수치론」(1-2)에서는 이를 더 이상 인정하지 않았다. 그는 과부의 재혼은 간통이라고 말하면서 이를 성령의 의지에 거스르는 것으로 여겼다. 또한 박해받는 동안 결코 도피하지 말고 오히려 자발적으로 고백하고 순교하러 나설 것을 권고하였다(테르.박해 9.4).

몬타누스주의는 테르툴리아누스가 사망한 뒤 아프리카에서 자취를 감추었으나 그 뒤 북아프리카 교회의 도나투스 사조에 영향을 미쳤다. 또한 서방의 그리스도교 공동체에서도 '프리기아 사람들의 이단'으로 존속하였다. 380년경 바르셀로나의 파치아누스는 자신이 가는 곳마다 몬타누스파 교회가 있다고 과장하였으며, 자기와 편지를 주고받은 심프로니아누스가 '프리기아 사람들과 일치하는'(편지 1.1: PL 13.1053-4) 회개관을 지니고 있다고 주장하였다. 4세기 후반에 콘스탄티아의 에피파니우스(310/20~402년)가 전하는 정보들은 몬타누스파의 존재를 증언하고 있으며, 몬타누스파의 가르침과 양태론적 가르침, 협조자 παράκλητος의 신탁에 대한 논박은 알렉산드리아의 디디무스(313~398년)의 저서에서도 나타난다. 교회사가敎會史家 소조메우스는 자신의 저서 「교회사」에서 몬타누스파가 소아시아 지방에 '오늘날에도'(5세기 중반) 부분적으로 존속하는 종파라고 서술한다.

4세기 이후의 몬타누스주의에는 두 가지 특징이 있다. 첫째, 새 예루살렘이 페푸자에서 실현될 것이라는 예언이 이루어지지 않았음에도 몬타누스파는 여러 계급으로 이루어진 교계제도를 만들었다(소조.교회 7.19.2). 곧, 이들은 주교, 장로, 봉사자 외에 코이노노이 κοινωνοί(주님의 동반자)와 총대주교(히에.편지 41.3; 에피.약상 49.2-3)가 있는 교계제도를 만들었다. 에피파니우스(약상 49.2-3)는 그들의 미사가 활기에 넘쳤으며 종종 열광적으로 거행되었다고 전한다. 둘째, 이들은 부활절 축일을 그들의 고유한 방식으로 정하였다. 그들의 부활축일 산정은 태양력에 바탕을 두었다(소조.교회 7.18.12). 이러한 산정은 아마도 천년왕국의 도래 이전에 있게 될 '마지막 시대'의 의미(1요한 2.13 참조)와 묵시 12장의 해석에 따른 재림 시기를 염두에 둔 것 같다.

교황 인노첸시우스 1세(401~417년)는 몬타누스주의를 매우 적대시하였고, 호노리우스 황제(395~423년)가 선포한 이단에 대한 법령(407년 2월 22일)은 서방의 몬타누스주의가 쇠퇴하는 데 결정적 구실을 하였다. 이로부터 150년 뒤 황제 유스티니아누스 1세(527~565년)가 몬타누스주의를 금지하는 법을 공포한 이후에, 이 종파는 동방에서도 마침내 어둠 속으로 사라졌다.

5. 순교록과 신약성서: '복음에 따라' κατὰ τὸ εὐαγγέλιον

신약성서가 「폴리카르푸스 순교록」에 미친 영향은 14일파 문제와 관련된 요한계 전승의 관점에서 19세기에 처음 거론되었다. 그러나 오늘날에는 신약성서와 관련있는 모든 내용이 고려된다. 「폴리카르푸스 순교록」은 네 복음서를 포함한 신약성서 전체뿐 아니라[35] 신약성서 외의 전승도 이용한 것 같다. 복음서와 매우 유사한 내용에는 폴리카르푸스가 주님과 같이 체포되기를 기다렸다는 점(1.2), 폴리카르푸스와 주님을 배반한 사람들이 저마다 자기 스승들과 함께 살았던 인물들이라는 점(6.2), 나귀를 타고 도시로 끌려갔다는 점(8.1), 폴리카르푸스를 경기장으로 데리고 간 치안관이 헤로데이고 예수를 신문한 사람이 헤로데 안티파스(8.2: 루가 23.6-12)라는 점 등이다. 그밖에도 용어나 내용에서 일치를 암시하는 구절들이 있다. 그러나 「폴리카르푸스 순교록」에서는 주님이 겪은 수난과의 차이점, 곧 폴리카르푸스가 죽은 날짜와 시간(대안식일 오후 2시경: 21장), 폴리카르푸스가 못박히는 것을 거부함(13.3), 단도로 폴리카르푸스를 찔러 죽임(16.1) 등도 강조된다. 이러한 일치와 차이는 저자의 의도적인 구성으로 볼 수 있다.

20세기 초 학자들은 복음서를 암시하는 구절들에 대하여 상반된 주장을 펼쳤다. 라이트푸트[36]가 이 구절들을 사실에 맞는 것으로 여긴 반면, 뮐러[37]와 캄펜하우젠[38]은 이 구절들이 부차적이기 때문에 순교록의 역사적·사실적 원형을 되찾아야 한다고 주장하였다. 따라서 그 이후 학자들은 순교록의 역사성을 살리

---

[35] 폴리.순교 6.2에는 부활에 관한 암시가 없지만 필립 3.10과 일맥상통한다. 그리고 폴리.순교 1.2의 '본받는 사람' (μιμητής)은 필립 3.17(1고린 4.16; 11.1 참조)을, "자신만 구원받기를 원하는" (ἑαυτὸν θέλειν σῴζεσθαι)은 필립 2.4(1고린 10.24.33 참조)을, 폴리.순교 2.3은 1고린 2.9을 암시한다. 이로써 「폴리카르푸스 순교록」은 복음서뿐만 아니라 사도 전승도 따른다.

[36] J.B. Lightfoot, *ApF* II/1, 610-614쪽 참조.

[37] H. Müller, *Das Martyrium*, 1-16쪽 참조.

[38] H.F.v. Campenhausen, *Bearbeitungen*, 253-301쪽 참조.

기 위하여 복음서의 내용을 암시하는 구절들과의 연관성을 줄이려고 하였다.[39] 이러한 주장들은 결국 「폴리카르푸스 순교록」의 역사성과 사실성에만 관심을 기울이는 오류를 범하였다.

따라서 연구의 방향은 역사적·문헌적 관점에서 신학적·양식비평적 관점으로 바뀌었다. 에글리[40]는 다른 순교록과 비교하여 「폴리카르푸스 순교록」에서 복음서의 내용을 암시하는 구절들을 신학적으로 해석하였다. 폴리카르푸스의 순교를 완전하고 복음에 따른 본보기로 여겼으며, 순교자를 순교 신학의 관점에서 그리스도를 본받는 사람으로[41] 이해하였다. 곧, '본받음'에 관한 주제는 「폴리카르푸스 순교록」 신학의 이차적인 내용이 아니라 중심 내용이다.

부쉬만[42]의 양식비평적 연구도 복음서를 암시하는 구절들에 관한 신학적인 이해를 이러한 전통 안에서 전개하며, 순교록의 중심적인 증언을 '복음에 따른' 실천으로 보고 있다. 이미 순교록 1장은 이 작품의 긍정적인 목표를 설정한다. 그리스도인들은 폴리카르푸스가 그리스도를 본받은 것처럼 폴리카르푸스를 본받아야 한다는 것이다.[43] 이와 관련하여 「폴리카르푸스 순교록」은 새로

---

[39] W. Reuning, *Zur Erklärung*, 5-14쪽 참조.

[40] E. Egli, *Altchristliche Studien*, 72-74쪽 참조.

[41] '그리스도를 본받음'의 신학은 신약성서보다 사도교부들의 작품에 더 자주 나타난다. '본받음'($\mu\mu\eta\sigma\iota\varsigma$)은 이미 안티오키아의 이냐시우스가 순교자에 관한 특수 용어로 사용하였다(N. Brox, *Zeuge*, 204-207쪽 참조). 이냐시우스는 로마인들에게 보낸 편지에서 다음과 같이 썼다. "제 하느님의 수난을 본받는 사람이 될 수 있게 해 주십시오"(6,3). 그리고 에페소인들에게 보낸 편지에서는 이렇게 썼다. "주님을 본받는 사람이 되도록 노력합시다"(10,3). 그분의 이름 때문에 고난받고 순교하는 사람은 그분께 영광을 돌린다(1베드 4,16. 참조: 1베드 3,14). 헤르마스의 「목자」에서는 이렇게 말한다. "이름 때문에 고난받는 모든 사람은 하느님 앞에서 영광스럽습니다"(비유 9,28,3).

[42] G. Buschmann, *Das Martyrium*, 51쪽.

[43] 그리스어 숙어 '주님처럼'($\dot{\omega}\varsigma$ $\kappa\alpha\grave{\iota}$ $\dot{o}$ $\kappa\acute{u}\rho\iota o\varsigma$)과 '복음에 따른'($\kappa\alpha\tau\grave{\alpha}$ $\tau\grave{o}$ $\epsilon\dot{u}\alpha\gamma\gamma\acute{\epsilon}\lambda\iota o\nu$)의 본받음 사상은 원시 그리스도교의 일반적 표상이었으며, 헤게시푸스와 에페소의 폴리크라테스의 작품(에우.교회 4,22,4; 5,24,6)에서 교회의 규범으로 사용되었다.

운 신앙 규범을 보여 주려는 것이 아니라 그리스도와 순교자가 공통으로 겪은 수난을 '복음에 따른' 전통으로 계속 강조하고자 한다. 여기서 폴리카르푸스는 '복음에 따라' κατὰ τὸ εὐαγγέλιον 순교하고 정통 신앙을 지킨 사람으로 표현된다.

복음에 따라 작품을 저술하려는 의도는 「폴리카르푸스 순교록」의 핵심 요소이다. 이와 상반되는 요소는 하느님의 뜻(2.1; 7.1)을 거스르는 자발적인 순교 열망(4장), '자신만 구원받기를 원하는 것'(1.2), 순교에 직면하여 배교함('맹수들을 보고 두려워하였다' : 4장) 등이다. 순교록 4장에서 구체적으로 나타나듯이 '복음에 따른 의도'는 순교 개념을 완전히 다르게 이해하는 사람들과 논쟁이 있었음을 추론하게 한다. 「폴리카르푸스 순교록」에 나타난 순교 정신은 몬타누스파 예언자의 새 예언이 아니라 복음에 바탕을 두어야 한다는 것이다. 이러한 순교는 주님께서 취하신 태도나 행동을 넘어서거나 광신적이어서는 안 된다. "복음이 이와 같이 가르치지 않기 때문이다"(폴리.순교 4).

'복음에 따른 의도'는 새 예언을 통해 진보적인 계시를 주창하는 몬타누스파와의 논쟁에서 중요한 역할을 하였다. 「폴리카르푸스 순교록」은 주님을 순교자들이 순교할 때 그들과 이야기하시는 분(2.2)으로, 순교자는 주님의 제자이며 주님을 본받는 사람(17.3)으로 묘사하는 반면, 몬타누스는 자신을 '주'라고 부른다.[44] 후대에 비난받은 몬타누스의 이러한 주장은 「폴리카르푸스 순교록」 4장의 프리기아 사람 퀸투스의 자만과 부합하며, 자신을 버리고 이웃을 생각하며 주님의 뜻에 따르는(폴리.순교 1.2; 2.1) '복음에 따른 의도'와 두드러진 차이를 나타낸다.

후대에 몬타누스주의를 논박하는 로마의 히폴리투스의 「다니엘 주석서」(4.20)에서도 '복음에 따른 의도'는 계속 나타난다. "그러한 것은 성서를 주의깊게

---

[44] 몬타누스는 다음과 같이 말하였다. "나는 인간 안에 사는 전능하신 주 하느님이다"(에피.약상 48.11. 참조: 48.2.4; 48.12.4; 48.7.1; 49.1). "나는 아버지이며, 아들이고 협조자이다"(디디.삼위 3.41.1). "나는 하느님 또는 하느님의 종 또는 신령한 영이다"(오리.첼수 7.9).

보지 않는 미개하고 단순한 사람들에게 일어난다. … 따라서 그들은 그리스도의 복음을 존중하지 않는다." 히폴리투스가 성서의 권위를 높게 평가하는 반면, 몬타누스파는 성서의 권위보다 예언자의 권위를 더 높게 평가하였다. 그들은 "복음보다 몬타누스, 프리쉴라, 막시밀라의 말에 더 주의를 기울임으로써 방황한다"(히폴.논박 10,25).

콘스탄티아의 에피파니우스가 밝히듯이 몬타누스주의를 둘러싼 최초의 논쟁에서 중심 주제는 성서였다. 성서에 관한 몬타누스파의 평가에 대하여 어떤 익명의 저자는 성서에 어떤 내용을 덧붙이거나 없애서는 안 된다고 말한다.[45] 나아가 참된 예언과 거짓 예언, 예언의 성취, 예언자의 생활 태도 등을 두고 논쟁이 일어났을 당시, 저자는 폴리카르푸스를 복음에 따른 순교자이며 몬타누스주의를 반대하여 정통신앙을 옹호한 인물로 제시하기 위하여 '복음에 따른 의도'에 따라 이 작품을 저술하였다.

6. 순교록에 나타난 '순교자' μάρτυς 개념의 발전

「폴리카르푸스 순교록」에는 어간 μαρτ-가 자주 사용되며,[46] 특히 2장 2절에서는 μάρτυς가 그리스도교 문헌들 가운데 최초로 '피의 증인'(= 순교자)을 뜻하는 낱말로 사용되었다. 이와 달리 신약성서에 나오는 μάρτυς 개념은 아직 사법적 司法的 또는 전의적 轉義的 의미를 지닌 '증인'을 뜻한다.[47] 베드로 전서 5장 1절의 μάρτυς는 그리스도의 수난과 관련되고 베드로의 순교를 암시하는 행위-증인인데도 '피의 증인', 곧 '순교자'라는 전문 용어로 쓰이지 않는다.

헤르마스의 「목자」에서도 순교자라는 낱말 대신에 분사적 칭호인 '고난받는

---

[45] 에우.교회 5,16,3 참조.

[46] μαρτυρέω: 1,1; 19,1; 21 - μαρτυρία: 1,1; 13,2; 17,1 - μαρτύριον: 1,1; 2,1; 18,3; 19,1 - μάρτυς: 2,2; 14,2; 15,2; 17,3; 19,1.

[47] 순교의 의미로 '피의 증인' = '순교자'를 암시하는 몇 구절은 제외된다('말-증인': 사도 22,20; 묵시 2,13; 17,6; '행위-증인': 1베드 5,1).

자들' παθόντες을 사용한 것으로 보아, 순교자 칭호는 140년경 로마에서도 사용되지 않았다. 한편 클레멘스의 첫째 편지 5장 4절과 7절은 μάρτυς를 '말-증인'을 의미하는 용어로서 죽음과 연결하여 사용하였으나, 이냐시우스와 폴리카르푸스의 편지는 이 낱말을 아직 순교의 의미로 이해하지 않았다. 따라서 순교자 칭호는 이냐시우스의 작품과「폴리카르푸스 순교록」이 저술된 수십년 사이에 소아시아 지방에서 사용되어 발전했다고 추론할 수 있다.[48]

그러면「폴리카르푸스 순교록」에서 μάρτυς가 어떻게 '순교자' 의미로 발전하게 되었는가?「폴리카르푸스 순교록」에서 μαρτ-에 관한 낱말이 사용되는 구절을 눈여겨보면, μαρτυρεῖν은 '복음에 따라, 그리스도의 수난, 하느님의 뜻에 따라' 라는 표현과 매우 밀접하게 연결되어 나타난다(1.1: 2.1.2: 14.2: 17.3: 19.1 참조). μάρτυς 칭호와 관련된 이러한 표현이「폴리카르푸스 순교록」에만 나오는가? 이냐시우스의 편지(이냐.스미 4.2: 5.1: 이냐.트랄 10)에도 가현설파를 논박하는 곳에 이와 같은 표현이 나오다. 이는 이냐시우스가 순교의 의미로 사용한 표현이 당시의 이단과 밀접한 관계가 있음을 뜻하는 것인가? "브록스는 반가현설에 대한 증거로[49] 이냐시우스의 저서에 나타나는 순교의 의미로 순교자 칭호의 기원을 설명한다. 마찬가지로 순교자 칭호는 가현설파에 맞서 신앙을 위하여 죽은 그리스도인들을, 고난받는 그리스도를 위한 증인으로 묘사하기 위하여 사용한 것 같다" 하고 바우마이스터는 자신의 견해를 밝힌다.[50]

---

[48] 스트라트만(H. Strathmann, μάρτυς, 511쪽 참조)은 이냐시우스가 순교에 대한 사상으로 가득 차 있었는데도 그의 작품에서는 순교자에 관한 용어가 전혀 사용되지 않는다는 사실을 밝혀내었으며, 바우마이스터(Th. Baumeister, Die Anfänge, 259쪽)는 "순교자 칭호가 폴리카르푸스 순교록이 저술되기 수십년 전 소아시아에서 발전하였을 가능성이 매우 높다"라고 주장하였다.

[49] 가현설파와의 논쟁에서 그리스도의 죽음은 '증언'으로 묘사된다. 곧, 폴리카르푸스가 필립비인들에게 보낸 편지(7.1)는 '십자가의 증언'(τὸ μαρτύριον τοῦ σταυροῦ)과 가현설을 주장하는 이단자들을 대립시킨다. '십자가의 증언'을 주어 속격으로 해석할 경우, 십자가 위에서의 예수의 죽음은 그가 실제로 육체를 지니고 있다는 사실에 대한 실증이다.

[50] Th. Baumeister, Die Anfänge, 260쪽. 참조: N. Brox, Zeuge, 211-215쪽.

또한 할킹은 「야고보의 원복음서」 23장 3절을 인용하면서 순교자-칭호의 기원은 반몬타누스주의 논쟁과 관계가 있다고 주장한다.[51] 「폴리카르푸스 순교록」에서는 자발적으로 순교하러 나설 것을 강요하는 몬타누스파의 광신적 경향이 명백히 드러난다. 그러나 이들은 순교 이전의 고문이나 고통을 견디어 내지 못하였다(폴리.순교 4). 광신적인 종파의 사람들은 말과 행위가 일치하지 않았기 때문에, μάρτυς는 '말-증인'에서 '행위-증인'과 '피의 증인'(순교론의 의미에서 순교자 μάρτυς)의 의미로 변화한 것이다. 곧, μάρτυς 개념은 몬타누스파의 광신적 경향을 논박하는 문맥에서 말과 행위의 일치에 그 근원을 둔다. 이냐시우스가 에페소인들에게 보낸 편지 15장 1절에는 다음과 같이 쓰여 있다. "침묵하는 것과 존재하는 것이 말하는 것과 존재하지 않는 것보다 더 낫습니다. 가르치는 것은 좋은 일입니다. 말한 것을 행한다면 말입니다. 스승은 한 분이십니다. 그분이 말씀하시니 이루어졌습니다. 그분이 침묵하시면서 행하신 것들은 아버지께서 보시기에 합당합니다." 따라서 신앙을 위하여 죽음으로써 보여 준 고백은 행위로 입증된다. 이 경우 행위 자체는 고백의 특성을 지니게 된다. 순교자의 죽음은 그리스도인으로 불리는 것뿐만 아니라 그리스도인이 되는 뛰어난 행위이다(이냐.로마 2.1 참조).

말과 행위의 일치를 요구하는 순교자 개념은 이냐시우스의 저서에서처럼 「폴리카르푸스 순교록」에서도 '제자' μαθητής 개념과 '본받음' μίμησις[52] 개념을 결합하여 나타난다. "우리는 … 주님의 제자들이며 주님을 본받는 사람들인 순교자들을 … 사랑합니다"(폴리.순교 17.3). 19장 1절도 스승과 순교자를 동일시하며 가르침과 행동의 일치를 강조한다. "이것이 복된 폴리카르푸스에 관한 이야기입니다. … 그는 훌륭한 스승일 뿐만 아니라 탁월한 순교자였습니다." 이와같이 「폴리카르푸스 순교록」에서도 말과 행동을 강조하는데, 이는 μάρτυς의 기원을 행위와 피의 증인으로 간접적으로 나타내는 「이냐시우스의 편지」의 순교자 표

---

[51] F. Halkin, *Une nouvelle Passion*, 150-154쪽 참조.

[52] 가스(F.W. Gass, *Das christliche Märtyrerthum*, 337쪽 참조)는 「폴리카르푸스 순교록」을 주님의 제자와 본받음에 관한 전형적인 본보기로 생각한다.

상을 이어받은 것이다.

'순교자' 개념의 발전 과정에서 '피의 증인'(= μάρτυς)을 순교론의 의미로 처음 사용하는 「폴리카르푸스 순교록」은 '피의 증인'을 그리스도인이라는 '말-증인'이 아니라 그리스도의 수난에 동참하는 행위의 증인과 피의 증인으로 정의한다.[53] 곧, 순교자는 그리스도의 제자와 그리스도를 본받는 사람으로서 신앙을 고백하고 믿음에 관한 말씀들을 실천하여 목숨을 바친 사람들에 대한 명칭이다.

초대 교회의 그리스도인들은 박해 동안에 고문과 형벌을 받고 풀려난 사람들인 고백자들ὁμολόγοι을 존경하였으며, 이 가운데 실제로 목숨을 바친 사람들만 증인들μάρτυρες, 곧 순교자들이라고 불렀다.[54] 그러나 몬타누스주의의 경향을 나타내는 리용 공동체의 편지는 이러한 순교자 칭호 자체에 이의를 제기한다(5,1,10; 5,2,2-3 등). 편지의 저자는 박해받은 모든 사람이 죽었든 죽지 않았든 단지 '말-증인'만으로 그들이 순교자의 지위에 오른다고 여겼다. 이 점에서 리용 공동체의 편지는 '고백자'와 '순교자'를 명백히 구분하는 초대 교회와 「폴리카르푸스 순교록」의 μάρτυς 개념과는 다른 문제점을 띠고 있다. 이 문제는 초대 교회의 여러 문헌에도 나타난다(에우.교회 5,19,13; 클레.양탄 4,17,1). 몬타누스주의를 논박하는 아폴로니우스는, 고문 때문에 그리스도교 신앙을 지키지 못했으면서도 스스로를 순교자라고 자랑한 몬타누스파의 테미손과 알렉산더에 관하여 증언한다(에우.교회 5,18,5).

「폴리카르푸스 순교록」 4장에 따르면 교회의 지도자들은 자발적으로 나서는 순교를 금하였으며, 이를 따르지 않은 광신적인 사람들에게 순교자 명칭을 부여하지 않았다. 이와 관련하여 「폴리카르푸스 순교록」은 논쟁적 의도에서 '순교자' 개념을 다음 세 가지 관점으로 정확히 규정한다.

---

[53] 이로써 순교자 개념에는 이교인과 유다인들 앞에서 행하는 예수에 대한 고백보다 순교(= 피의 증인)가 더 중심에 놓인다.

[54] 리용 공동체 사람들은 감옥에 갇힌 사람들이 살아 있을 때 그들을 '순교자'라 부르지 않고 단지 '고백자'로 불렀다(리용.편지 5,2,2-3).

1. 단지 '말-증인'이 아니라, 자신들의 증언으로 고통을 감수한 '행위-증인'만이 진정한 순교자이다.
2. 순교는 하느님의 뜻에 부합해야 한다. 곧, 하느님의 뜻이 순교를 정당화해야 하며, 하느님의 뜻과 자신의 뜻은 구분되어야 한다. 진정한 순교자는 주님의 뜻에 따라 모든 것을 주님께 맡긴다.
3. 순교를 피하는 것은 원칙적으로 가능하며 허용된다(폴리.순교 5.1 참조). 그러나 진정한 순교자는 자발적으로 순교하러 나서지도 않으며(4장), 그렇다고 순교를 적극적으로 피하지도 않는다.

나. 본문과 역주

ΜΑΡΤΥΡΙΟΝ ΤΟΥ ΑΓΙΟΥ ΠΟΛΥΚΑΡΠΟΥ ΕΠΙΣΚΟΠΟΥ ΣΜΥΡΝΗΣ.

Ἡ ἐκκλησία τοῦ θεοῦ ἡ παροικοῦσα Σμύρναν τῇ ἐκκλησίᾳ τοῦ θεοῦ τῇ παροικούσῃ ἐν Φιλομηλίῳ καὶ
5 πάσαις ταῖς κατὰ πάντα τόπον τῆς ἁγίας καὶ καθολικῆς ἐκκλησίας παροικίαις· ἔλεος, εἰρήνη καὶ

b = 바로치 사본, 11세기; c = Chalcensis 사본, 11세기; h = 예루살렘 사본, 10~11세기; m = 모스크바 사본, 13세기; p = 파리 사본, 10세기; v = 빈 사본, 11~12세기; g = 모스크바 사본이 없는 그리스어 수사본; G = 완전한 그리스어 수사본; E = 에우세비우스, 「교회사」 4,15,3-45 (1,1은 축어적으로 수록, 2,2 - 7,3은 내용을 간추림, 8 - 19,1은 축어적으로 수록); Ps. Chrys. = 가크리소스토무스; L = 고대 라틴어 번역본; Funk. = F.X. Funk; Lightf. = J.B. Lightfoot; Hilgenf. = A. Hilgenfeld; Reun. = W. Reuning, Zur Erklärung des Polykarpmartyriums, Dissert. Giessen 1917; Schw. = Ed. Schwartz, De Pionio et Polycarpo, Progr. Universitatis Gottingae 1905; Zahn. = Th. Zahn

add (addit/-unt)	첨가	con (coniecit/-cerunt)	삽입
corr (correxit/-runt)	수정	cod(d) (codex, codices)	사본(들)
em (emendavit/-verunt)	교정	om (omittit/-unt)	생략
post	뒤에	praem (praemittit/-unt)	앞에 나옴
+	첨가	>	탈문
∞	자리 바꿈		

1 Μαρτύριον - Πολυκ. bhm; μαρτ. (ἄθλησις c) τοῦ ἁγίου καὶ ἐνδόξου ἱερομάρτυρος Π. cv, ἄθλησις τοῦ ἁγίου πατρὸς ἡμῶν Π. p ǀ 2 ἐπισκόπου Σμ. bchv (+ τῆς ἀσίας πρὸ ἑπτὰ καλανδῶν φευρουαρίων b, + τῆς ἀσίας cv + γεναμένου (!) ἐν σμύρνῃ τῆς ἀσίας τῇ πρὸ ἑπτα (!) καλάνδων h); τοῦ ἐπισκόπου μαρτυρήσαντος ἐν σμύρνει πρὸ ζ καλανδῶν μαρτίων m, γενομένου σμύρνης νης (!) τῆς κατὰ τὴν ἀσίαν κειμένης p ǀ 3-4 τῇ ἐκκλ. τ. θ. bmpE; ecclesiis L, > chv ǀ 4 Φιλομ.: φιλαδελφία bp ǀ 5 καὶ > v E ǀ 6 ἔλεος + καὶ mL

스미르나의 주교
폴리카르푸스 순교록

스미르나에 나그네로 사는[1] 하느님의 교회가, 필로멜리움에[2] 나그네로 사는 하느님의 교회와[3] 모든 곳에서 나그네로 사는 거룩하고 보편된 교회의 모든[4] 공동체에게.[5]

---

[1] 박해받는 스미르나 교회는 이 세상의 삶을 하늘에서 멀리 떨어져 있는 낯선 것으로 여기기 때문에, 부당하고 불법적인 이 세상에서(폴리.순교 3,1) 고향을 찾지 않는다. 따라서 교회가 이 세상의 나그네라는 종말론적 표현은 순교를 위한 권고로 쓰인다.

[2] 필로멜리움은 프리기아 지방의 남동쪽 변두리에 있는 도시로, 피시디아 지방의 안티오키아에서 그리 멀지 않으며 몬타누스주의의 중심지이다(폴리.순교 4 참조). 따라서 신약성서나 다른 교부들의 편지에 공통적으로 나타나는 공동체에 대한 축복과 감사, 칭찬의 글이 이 편지의 머릿글에는 빠져 있고, 편지의 끝맺는 말에서도 구원이나 축복의 글이 나타나지 않는다. 이 경우 수신자와「폴리카르푸스 순교록」사이에는 리용 공동체의 편지와는 달리 수신자를 칭찬하는 내용이 없는 것으로 보아 서로 긴장관계에 있음을 알 수 있다.

[3] 보편 교회와 지역 교회도 '하느님의 교회'(ἐκκλησία τοῦ θεοῦ)이다. 여기서 지역의 이름을 언급하지 않는 '교회'(ἐκκλησία, 5,1; 8,1; 19,2)는 교회 전체를 가리키는 용어로, 지명을 수식하는 παροικία는 지역 공동체를 가리키는 전문용어로 쓰인다. '나그네'(παροικία)는 집회서 머릿글 34에서와 같이 본디 디아스포라, '나그네로 사는 교회'(ἐκκλησία παροικοῦσα), 곧 팔레스티나 밖에 사는 그리스도인들을 가리킨다(E. Peterson, *Das Praescriptum*, 129쪽 참조).

[4] '모든'(πᾶς)을 두 번 사용하여(καὶ πάσῑς ταῖς κατὰ πάντα τόπον) 교회 일치의 특성이 드러나고, καθολικός의 사용은 이를 확증한다.「폴리카르푸스 순교록」에서 καθολικός(8,1; 16,2; 19,2)는 '보편적'이라는 의미 외에 '정통 신앙의'라는 의미로 쓰이기 시작한다. '가톨릭 교회'(ἡ καθολικὴ ἐκκλησία) 개념은

ἀγάπη θεοῦ πατρὸς καὶ τοῦ κυρίου ἡμῶν Ἰησοῦ Χριστοῦ πληθυνθείη.

I. Ἐγράψαμεν ὑμῖν, ἀδελφοί, τὰ κατὰ τοὺς μαρτυρήσαντας καὶ τὸν μακάριον Πολύκαρπον, 5 ὅστις ὥσπερ ἐπισφραγίσας διὰ τῆς μαρτυρίας αὐτοῦ κατέπαυσεν τὸν διωγμόν. σχεδὸν γὰρ πάντα τὰ προάγοντα ἐγένετο, ἵνα ἡμῖν ὁ κύριος ἄνωθεν ἐπιδείξῃ τὸ κατὰ τὸ εὐαγγέλιον μαρτύριον. 2. περιέμενεν γάρ, ἵνα παραδοθῇ, ὡς καὶ ὁ κύριος, 10 ἵνα μιμηταὶ καὶ ἡμεῖς αὐτοῦ γενώμεθα, μὴ μόνον σκοποῦντες τὸ καθ' ἑαυτούς, ἀλλὰ καὶ τὸ κατὰ

---

1 ἀγάπη m EL; + ἀπὸ g Ι τοῦ > chE
3 ἔγραψεν h Ι ἀδελφοὶ + ἀγαπητοί m Ι τὰ > bm Ι 5 ὥσπερ: ὡς m Ι διὰ τ. μαρτ. mE; τῇ μαρτυρίᾳ g Ι 6 ἅπαντα m Ι 8 τοῦ εὐαγγελίου m Ι 9 ἵνα παραδ.: παραδοθῆναι cv Ι καθὼς cv Ι καὶ ὁ κύριος: ὁ κύριος καὶ m Ι 11 τὸ¹: τὰ m Ι καὶ > p Ι τὸ² > hm

하느님 아버지와 우리 주 예수 그리스도로부터 자비와 평화와 사랑이 가득하기를 빕니다.[6]

1.1 형제들이여, 우리는 순교자들과 복된 폴리카르푸스에 관한 글을 여러분에게 씁니다. 폴리카르푸스는 자신의 증언으로 봉인하였듯이[7] 박해를[8] 끝냈습니다. 사실 앞서 일어난 일은 거의 모두 주님께서 우리에게 복음에 따른 순교를 위로부터 보여 주시기 위하여 일어났습니다. 2 폴리카르푸스는 주님처럼 넘겨지기를 기다렸습니다. 이는 우리가 자신의 일뿐만 아니라 이웃에 관련된 일도 돌보면서[9] 폴리카르푸스를 본받는 사람이[10]

이냐.스미 8,2에서 처음으로 나타난다. 이냐시우스에게 보편 교회는 지역 교회의 원형을 나타내고 그리스도가 내표사인 '초월직 실새'를 뜻한다(P. Stockmeier, *Zum Begriff*, 70-71쪽 참조). 교회가 그리스도와 밀접한 관계를 맺고 있으므로(이냐.필라 머릿글; 이냐.스미 1,2; 8,2; 2클레 14,2-4 참조) 그리스도가 없는 곳에는 가톨릭(보편된) 교회도 없다(이냐.스미 8,2 참조).

[5] '나그네로 살다'(παροικεῖν)를 포함하여 머릿글에 나타나는 모든 용어는 양식사적 관점에서 볼 때 후기 유다 디아스포라 서간 인사말의 전형을 따른다.

[6] 유다 1,2 참조.

[7] '봉인'은 묵시적 맥락에서(묵시 5,1; 7,3-4; 10,4; 20,3 참조) 종말론적 봉인(에제 9,4 이하; 이사 44,5; 4에즈 6,5 이하; 8,51 이하 참조)과 최후의 심판 때 하느님의 봉사자들을 보호하는 인장(묵시 6,7; 9,4 참조)을 뜻한다.

[8] '박해'(διωγμός)는 종말론적 문맥에서 '환난'(θλίψις, 로마 8,35), '궁핍'(στενοχωρία, 로마 8,35; 2고린 12,10), '고난'(παθήματα, 2디모 3,11), '무질서'(ἀκαταστασία, 1클레 3,2)와 함께 사용된다.

[9] 필립 2,4 참조.

[10] 예수 그리스도의 수난을 본받는 것은 「폴리카르푸스 순교록」의 중심 주제인 동시에, 원시 그리스도교가 박해받던 시기에 가장 많이 사용한 교훈적 주제였다. 「폴리카르푸스 순교록」에서 '본받음'은 순교자들이 그리스도를 본받는 것(17,3)과 신자들이 순교자를 본받는 것(1,2; 19,1)으로 구별되지만 항상 순교와 관련되어 사용된다. '본받는 사람'(μιμητής)은 이냐시우스 편지의 핵심 낱말이며 폴리카르푸스는 이냐시우스의 '본받음' 사상을 확산시켰다.

τοὺς πέλας. ἀγάπης γὰρ ἀληθοῦς καὶ βεβαίας ἐστίν, μὴ μόνον ἑαυτὸν θέλειν σώζεσθαι, ἀλλὰ καὶ πάντας τοὺς ἀδελφούς.

II. Μακάρια μὲν οὖν καὶ γενναῖα τὰ μαρτύρια
5 πάντα τὰ κατὰ τὸ θέλημα τοῦ θεοῦ γεγονότα. δεῖ γὰρ εὐλαβεστέρους ἡμᾶς ὑπάρχοντας τῷ θεῷ τὴν κατὰ πάντων ἐξουσίαν ἀνατιθέναι. 2. τὸ γὰρ γενναῖον αὐτῶν καὶ ὑπομονητικὸν καὶ φιλοδέσποτον τίς οὐκ ἂν θαυμάσειεν; οἵ μάστιξιν μὲν κατα-
10 ξανθέντες, ὥστε μέχρι τῶν ἔσω φλεβῶν καὶ ἀρτηριῶν τὴν τῆς σαρκὸς οἰκονομίαν θεωρεῖσθαι, ὑπέμειναν, ὡς καὶ τοὺς περιεστῶτας ἐλεεῖν καὶ ὀδύρεσθαι· τοὺς δὲ καὶ εἰς τοσοῦτον γενναιότητος ἐλθεῖν, ὥστε μήτε γρύξαι μήτε στενάξαι τινὰ
15 αὐτῶν, ἐπιδεικνυμένους ἅπασιν ἡμῖν, ὅτι ἐκείνῃ τῇ ὥρᾳ βασανιζόμενοι τῆς σαρκὸς ἀπεδήμουν οἱ

---

1 τοὺς πέλας; τοῦ πέλας bm, τοὺς παῖδας chv; τοὺς πλείονας p
4 τὰ > m | 5 δεῖ cmv; εἰ h, καὶ bp | 6 ὑμᾶς mp | 7 ἀνατιθέναι chpv; ἀνατεθῆναι b; ἀνατεθηκέναι m | 8 αὐτῶν bm; αὐτοῦ p > chv | 10 ὥστε· τοσοῦτον ὥστε cv | 11 θεωρεῖσθαι: τηρεῖσθαι m | 13 ὀδύρ. + αὐτοὺς cv | καὶ > m | 14 μήτε¹: μὴ δὲ m | γρύξαι: βρύξαι b | μήτε στενάξαι > m Schw. | 15 αὐτῶν chpv; ἑαυτῶν b, > m l ὅτι + ἐν cv

되기 위한 것입니다. 자신뿐만 아니라 모든 형제도 구원받기를 원하는 것이 참되고 변함없는 사랑의 본질이기[11] 때문입니다.

2.1 하느님의 뜻에 따라[12] 일어난 모든 순교는 복되고 고결합니다. 그러므로 우리는 더 경건해야 하고 모든 것에 대한 권능을 하느님께 돌려야 합니다. 2 누가 순교자들의 고결함과 인내,[13] 주님께 대한 사랑에 경탄하지 않을 수 있겠습니까? 그들 가운데 몇 명은 육체의 조직이 채찍질로[14] 갈기갈기 찢겨 몸 속의 정맥과 동맥까지 드러나 보이는 고통을 견디어 냈고, 구경꾼들마저 그들을 불쌍히 여겨 탄식하였습니다. 또 다른 몇 명은 매우 고결한 태도를 취하여 아무도 큰소리로 울거나 신음하지 않았습니다. 그리스도의 가장 고결한 순교자들은 고문을 당하는 그 시간에 육체를 떠나 있다는 것과, 더구나 주님께서 그들 옆에 서서 그들

---

[11] 사도 시대 이후 '사랑'(ἀγάπη)은 여기에서와 같이 일반적으로 '형제애'를 뜻한다. 「폴리카르푸스 순교록」에서 ἀγάπη는 모든 이기적·광신적 순교 개념을 거부하는 핵심 낱말이다.

[12] '하느님의 뜻(에 따라)'[κατὰ τὸ θέλημα τοῦ θεοῦ, 마태 6,10; 26,39. 42; 루가 22,43; 사도 21,14; 골로 4,12; 히브 10,7.9 이하; 13,21; 1베드 3,17; 4,19; 1요한 5,14; 디다 8,2 참조)라는 표현은 "제 뜻대로 하지 마시고 당신 뜻대로 하소서"(마태 6,10; 26,39.42)라는 예수의 의도와 부합한다.

[13] 순교론적 문맥의 '인내'(ὑπομονή)에 관해서는 히브 10,32; 12,2-3; 묵시 1,9; 2,2.3.19; 3,10; 13,10; 14,12 참조. 인내는 「폴리카르푸스 순교록」에서 자주 언급되는 낱말이다(2,2.3.4; 3,1; 13,3; 19,2). 이 낱말은 환난(θλίψις), 유혹(πειρασμός)과 함께(마태 10,22; 24,13; 마르 13,3; 사도 1,9; 로마 12,12; 1베드 2,20 이하 참조), 묵시적 문맥에서 사용될 뿐만 아니라 영웅이 갖추어야 하는 덕의 특성을 나타낸다(4마카 6,9; 2베드 1,6 참조). 이 개념은 스토아 학파와 유다교의 영향을 받은 것이다. 순교자는 하느님의 뜻을 실천하는 데에 인내를 필요로 한다(히브 10,36).

[14] '채찍질'(μάστιξ)에 관해서는 4마카 6,4-5; 사도 22,24; 히브 11,36; 바르.편지 5,14; 목자.환시 3,2,1 참조.

γενναιότατοι μάρτυρες τοῦ Χριστοῦ, μᾶλλον δέ, ὅτι παρεστὼς ὁ κύριος ὡμίλει αὐτοῖς. 3. καὶ προσέχοντες τῇ τοῦ Χριστοῦ χάριτι τῶν κοσμικῶν κατεφρόνουν βασάνων, διὰ μιᾶς ὥρας τὴν αἰώνιον
5 ζωὴν ἐξαγοραζόμενοι. καὶ τὸ πῦρ ἦν αὐτοῖς ψυχρὸν τὸ τῶν ἀπανθρώπων βασανιστῶν· πρὸ ὀφθαλμῶν γὰρ εἶχον φυγεῖν τὸ αἰώνιον καὶ μηδέποτε σβεννύμενον, καὶ τοῖς τῆς καρδίας ὀφθαλμοῖς ἐνέβλεπον τὰ τηρούμενα τοῖς ὑπομείνασιν ἀγαθά, ἃ οὔτε οὖς
10 ἤκουσεν οὔτε ὀφθαλμὸς εἶδεν οὔτε ἐπὶ καρδίαν ἀνθρώπου ἀνέβη, ἐκείνοις δὲ ὑπεδείκνυτο ὑπὸ τοῦ κυρίου, οἵπερ μηκέτι ἄνθρωποι, ἀλλ' ἤδη ἄγγελοι ἦσαν. 4. ὁμοίως δὲ καὶ οἱ εἰς τὰ θηρία κατακριθέντες ὑπέμειναν δεινὰς κολάσεις, κήρυκας μὲν
15 ὑποστρωννύμενοι καὶ ἄλλαις ποικίλων βασάνων ἰδέαις κολαζόμενοι, ἵνα, εἰ δυνηθείη, διὰ τῆς ἐπιμόνου κολάσεως εἰς ἄρνησιν αὐτοὺς τρέψῃ.

---

1 γενναιότατοι hmp; > bcv | τοῦ > hm | 5 ζωὴν m Schw.: κόλασιν g | 6 ἀπανθρώπων (ἀπανων) m Zahn Lightf.: ἀπηνῶν (ἀπεινῶν hp) g Funk Hilgenf. | 7 σβεννύμενον bhp; + πῦρ cmv Zahn Hilgenf. | 8 ἐνέβλεπον m Schw.: ἀνέβλεπον g | 10 εἶδεν cm; ἴδεν bhpv | 11 δὲ + καὶ cv | 12 οἵπερ b; εἴπερ chpv; οἵτινες m | μηκέτι bchv; μὴ p, λοιπὸν οὐκέτι m | 13 οἱ m: > g | κατακριθ. m; κριθέντες g | 14 κήρυκας bm (E); ξίφη cpv, ξίφει h | μὲν bp; τε chv, > m | 15 ὑπεστρωμένοι m | ποικίλων βασ. ἰδέαις m(E); ποικίλαις βασάνοις g | 16 κολαζόμενοι m; κολαφιζόμενοι g | δυνηθείη m Lightf. Schw.: + ὁ τύραννος g Zahn Funk Hilgenf.

과 이야기하신다는 것을[15] 우리 모두에게 보여 주었습니다. 3 그들은 그리스도의 은총에 의지하였으며 이 세상의 고문들을 두려워하지 않았습니다. 따라서 그들은 한 시간의 대가로 영원한 생명을 얻었습니다.[16] 그들은 잔인한 고문자들의 불을 차갑게 느꼈습니다. 그들이 영원하고 결코 꺼지지 않는 불을[17] 피하는 것을 염두에 두었고, 참고 견디는 이들을 위하여 마련된 좋은 것들과, 들은 적도 없고 눈으로 본 적도 없으며 사람의 마음속에 떠오른 적도 없는[18] 것들을 마음의 눈으로 알아 보았기 때문입니다. 주님께서는 더 이상 사람이 아니라 이미 천사가 된 그들에게 이 좋은 것들을 보여 주셨습니다. 4 마찬가지로 야수형을 선고받은 사람들도 혹독한 고문들을 견디어 냈습니다. 고문자들은 지속적인 고문으로 가능한 한 순교자들이 (믿음을) 부인하도록 그들을 날카로운 조개 껍데기 위에 뒹굴게 하였으며, 다른 형태의 갖가지 고문으로 괴롭혔습니다.

---

[15] 주님께서 고문받는 사람을 돕는다는 표현은 다른 순교록에도 나타난다(이사.순교 5,7.14: "이사야의 몸이 여러 부분으로 잘리었을 때 그는 비명을 지르지도 울지도 않았습니다. 오히려 그는 성령과 이야기하였습니다." 리용.편지 5,1,29.34.51; 페르.순교 1,2 이하; 3,3; 4,1.7; 10,4; 15,3 참조).

[16] '한 시간의 고문으로 영원한 생명을 얻을 수 있다'는 표현은 순교자의 죽음이 죄를 용서한다는 사상으로 발전하였다(그러나 이 사상은 3세기에 주교의 권위로 부인된다). 이 표현은 부활을 보증하는 순교를 제물로 보는 이냐시우스의 전통에서 유래한다. 부활에 관한 종말론적 관점은 순교록에 나타나지만 그리 강조되지 않는다. 순교록은 순교자들이 그리스도와 함께 부활에 동참하기보다 고난에 동참하는 것을 더 강조하는데, 마카베오서에서는 부활 신앙이 순교의 토대를 이루고 있다. 한편 부활의 희망은 복음에 따른 순교에서 주님의 고난에 동참하는 것과 관련되어 나타난다.

[17] "영원하고 결코 꺼지지 않는 불"은 인내를 권고하기 위해 사용된 표상이다.

[18] 1고린 2,9; 이사 64,3; 65,16 참조.

III. Πολλὰ γὰρ ἐμηχανᾶτο κατ' αὐτῶν ὁ διάβολος. ἀλλὰ χάρις τῷ θεῷ· κατὰ πάντων γὰρ οὐκ ἴσχυσεν. ὁ γὰρ γενναιότατος Γερμανικὸς ἐπερρώννυεν αὐτῶν τὴν δειλίαν διὰ τῆς ἐν αὐτῷ ὑπομονῆς· ὅς καὶ
5 ἐπισήμως ἐθηριομάχησεν. βουλομένου γὰρ τοῦ ἀνθυπάτου πείθειν αὐτὸν καὶ λέγοντος, τὴν ἡλικίαν αὐτοῦ κατοικτεῖραι, ἑαυτῷ ἐπεσπάσατο τὸ θηρίον προσβιασάμενος, τάχιον τοῦ ἀδίκου καὶ ἀνόμου βίου αὐτῶν ἀπαλλαγῆναι βουλόμενος. 2. ἐκ τούτου οὖν
10 πᾶν τὸ πλῆθος, θαυμάσαν τὴν γενναιότητα τοῦ θεοφιλοῦς καὶ θεοσεβοῦς γένους τῶν Χριστιανῶν, ἐπεβόησεν· Αἶρε τοὺς ἀθέους· ζητείσθω Πολύκαρπος.

---

2 κατὰ π. γὰρ bchv; κατὰ π. μὲν m Schw., ὅτι κ. π. p | οὐκ G; οὖν Lightf., > L |
3 ἐπερρώννυεν - δειλίαν > m | 4 ὑπομονῆς: γενναίας ὑπ. m | 6 λέγοντος p; λέγειν bchmv |
8 τάχιον bchv; καὶ τάχ. mp | 9 αὐτῶν bhE; αὐτὸν cmv, > p

3.1 악마는[19] 그들을 상대로 많은 것을 획책하였습니다. 그러나 하느님께 감사하십시오. 악마는 순교자들을 마음대로 다루지 못하였습니다. 매우 고결한 게르마니쿠스가[20] (고통을) 참아냄으로써 순교자들이 두려워하지 않도록 격려하였기 때문입니다. 그는 맹수들과 매우 잘 싸웠습니다. 전집정관이 그를 설득하고자 젊은 나이를 생각해 보라고 말하였을 때, 그는 부당하고 불법적인 생활에서 더 빨리 벗어나기를 원하였으므로 맹수를 자신에게 억지로 끌어당겼습니다. 2 그때문에 모든 무리가 하느님으로부터 사랑받는 경건한 그리스도인들의 고결한 태도에 놀라 아우성쳤습니다.[21] "무신론자들을 없애라! 폴리카르푸스를 찾아라."

---

[19] 순교는 「폴리카르푸스 순교록」뿐만 아니라 다른 글에서도 악마와 맞서는 투쟁으로 이해한다. 폴리.순교 17,1에서는 부정한 전집정관을 "의인들을 거슬러 싸우는 적대자이며 중상가인 악인"으로 표현한다. 복음서도 악마를 예수 수난의 원흉으로 본다(루가 22,3; 요한 13,2 참조). 악마와 맞서는 투쟁은 초대 그리스도교의 일반적 표상이다. 이 경우 악마와 투쟁하는 순교자의 상에 관한 이원론은 '두 가지 길의 가르침'에 관한 이원론과 부합한다(생명〔삶〕-죽음; 그리스도-악마; 앞으로의 영광-현재의 고난 등). 이런 이원론적 요소는 후대의 글(오리.순교 36 참조)에도 나타난다.

[20] 게르마니쿠스는 '두 가지 길의 윤리'에 상응하여 4장에 나오는 퀸투스와 모든 면에서 상반된 사람으로 소개된다. 3,1은 「폴리카르푸스 순교록」의 모든 본질적인 내용, 곧 순교에 대한 격려, 위로와 권고, 비겁함과 유혹의 극복, 복음에 따른 순교 태도, 자발적인 순교의 거부에 관한 내용을 담고 있는 서막에 해당한다. 게르마니쿠스는 '탁월한'($\epsilon\pi\iota\sigma\eta\mu\omega\varsigma$, 19,1), '인내'($\upsilon\pi o\mu o\nu\eta$, 2,2-4; 13,3; 19,2), '맹수와 싸우다'($\epsilon\theta\eta\rho\iota o\mu\alpha\chi\eta\sigma\epsilon\nu$, 2,4; 4; 11,1-2; 12,2)와 같은 표현과 함께 소개되며 이는 폴리카르푸스에게도 연결된다.

[21] 순교자의 당당한 태도에 대한 군중의 부정적 반응은 순교록의 전형적 요소이며, 순교자들에 대한 경탄도 순교록의 전통적 주제이다(2,2; 12,1.2; 16,1 참조).

IV. Εἷς δέ, ὀνόματι Κόϊντος, Φρύξ, προσφάτως ἐληλυθὼς ἀπὸ τῆς Φρυγίας, ἰδὼν τὰ θηρία ἐδειλίασεν. οὗτος δὲ ἦν ὁ παραβιασάμενος ἑαυτόν τε καὶ τινας προσελθεῖν ἑκόντας. τοῦτον ὁ
5 ἀνθύπατος πολλὰ ἐκλιπαρήσας ἔπεισεν ὀμόσαι καὶ ἐπιθῦσαι. διὰ τοῦτο οὖν, ἀδελφοί, οὐκ ἐπαινοῦμεν τοὺς προσιόντας ἑαυτοῖς, ἐπειδὴ οὐχ οὕτως διδάσκει τὸ εὐαγγέλιον.

V. Ὁ δὲ θαυμασιώτατος Πολύκαρπος τὸ μὲν
10 πρῶτον ἀκούσας οὐκ ἐταράχθη, ἀλλ' ἐβούλετο κατὰ

---

1 δέ g; οὖν m; tunc L Ι Κόϊντος bmpEL; κυστὺς c; κυπτὸς h; κυστὸς v Ι Φρὺξ: + τῷ γένει cv, + τὸ γένος E Ι 4 τινας + ἄλλους cv cf. E Ι 5 ἐκλιπ. ἔπεισεν g; ἐξελειπάρησεν m Ι 7 προσιόντας bmp Zahn Schw.: προδιδόντας hv Lightf. Funk Hilgenf., διδόντας c, (se) offerunt L Ι ἑαυτοῖς bcpvL (ultro) Schw. (p.8); ἑαυτούς hm Lightf. Funk Hilgenf., em ἑκουσίους Zahn
10 κατὰ + τὴν cv

4 최근에 프리기아 지방에서 온[22] 프리기아 출신의[23] 퀸투스라는 사람이 맹수들을 보고 무서워하였습니다. 그는 자신과 다른 사람도 자발적으로 순교하도록 부추긴 사람이었습니다.[24] 전집정관은 (황제의 수호신에게) 맹세하고 기원제물을 바치도록 온갖 회유의 말로 그를 설득하였습니다. 그러므로 형제들이여, 우리는 스스로 (순교하겠다고) 나선 사람들을 칭찬하지 않습니다.[25] 복음이[26] 이와같이 가르치지 않기 때문입니다.

5.1 매우 존경스러운 폴리카르푸스는 이 소식을 처음 들었을 때,[27] 놀라

---

[22] 퀸투스가 '최근에' 프리기아 지방에서 왔다는 언급은 그가 교회의 분열과 관련되어 있음을 암시한다. 초대 그리스도교의 작품은 이단자들과 교회 분열자들이 '옛' 교회에 속하지 않고 최근에야 나타나기 시작했다고 기술한다.

[23] 여기서 '프리기아 출신'은 '새 예언'의 추종자인 몬타누스파를 가리킨다. 순교록 4장은 오늘날 남아 있는 문헌 가운데 몬타누스주의에 관한 가장 오래된 증언이다. 이러한 맥락에서 프리기아 사람 퀸투스가 몬타누스파라는 사실을 추론할 수 있다.

[24] 몬타누스주의를 다루는 문헌에서 주님을 본받는 것은 순교에 대한 열망으로 이해된다(테르.박해 9,4; 에우.교회 5,18,15; 에피.약상 48,12,3-4 참조). 몬타누스파의 신탁에서 순교에 대한 열망은 퀸투스의 순교 열망과 부합한다.

[25] 이 구절은 폴리.순교 1-4장의 결론에 해당한다. 이를 뒷받침하는 낱말이 호칭 '형제들'(ἀδελφοί 1,1; 4 참조)과 '복음'(εὐαγγέλιον 1,1; 4; 19,1)이다. 「폴리카르푸스 순교록」은 폴리카르푸스가 순교하기 위해 자발적으로 나서지 않은 점을 강조한다(3,2; 6,1; 마태 10,23; 요한 7,1; 8,59; 10,39; 18,4.7-8 참조). 이 점에서 극단적 몬타누스주의와 영지주의 사이에서 순교에 관한 입장을 분명히 밝히고 있다. 신자들은 그리스도인임을 부인해서도 안 되고 스스로 순교하러 나서서도 안 되었다. 박해의 위험에서 도피하는 것이 당시 교회의 일반적 견해였다.

[26] 여기서 εὐαγγέλιον은 예수의 수난에 관한 보고를 가리킨다. 「폴리카르푸스 순교록」(1,1; 4; 19,1)에서 예수의 수난은 복음에 따라 겪은 순교의 본보기와 규범으로 평가되며, 복음은 올바른 가르침으로 간주된다(διδάσκει τὸ εὐαγγέλιον, 폴리.순교 4; 10,2; 12,2; 16,2; 17,3; 19,1 참조).

[27] 폴리카르푸스에 대한 직접적인 체포 동기는, 더 많은 피를 보고 싶어하는 군중이 게르마니쿠스의 인상적인 죽음(3,1-2)으로 흥분하였기 때문인 것 같다.

πόλιν μένειν· οἱ δὲ πλείους ἔπειθον αὐτὸν ὑπεξελθεῖν. καὶ ὑπεξῆλθεν εἰς ἀγρίδιον οὐ μακρὰν ἀπέχον ἀπὸ τῆς πόλεως καὶ διέτριβεν μετ᾽ ὀλίγων, νύκτα καὶ ἡμέραν οὐδὲν ἕτερον ποιῶν ἢ προσευ-
5 χόμενος περὶ πάντων καὶ τῶν κατὰ τὴν οἰκουμένην ἐκκλησιῶν, ὅπερ ἦν σύνηθες αὐτῷ. 2. καὶ προσευχόμενος ἐν ὀπτασίᾳ γέγονεν πρὸ τριῶν ἡμερῶν τοῦ συλληφθῆναι αὐτόν, καὶ εἶδεν τὸ προσκεφάλαιον αὐτοῦ ὑπὸ πυρὸς κατακαιόμενον· καὶ στραφεὶς
10 εἶπεν πρὸς τοὺς σὺν αὐτῷ· Δεῖ με ζῶντα καῆναι.

VI. Καὶ ἐπιμενόντων τῶν ζητούντων αὐτὸν μετέβη εἰς ἕτερον ἀγρίδιον, καὶ εὐθέως ἐπέστησαν οἱ ζητοῦντες αὐτόν· καὶ μὴ εὑρόντες συνελάβοντο παιδάρια δύο, ὧν τὸ ἕτερον βασανιζόμενον ὡμο-

---

1 περιμένειν E | ὑπεξελθεῖν g; ὑπεξιέναι m | 2 καὶ (+ πεισθεὶς cv) ὑπεξῆλθεν (ἐξῆλθεν c) g; ὑπ. οὖν m | εἰς + τὸ cv | 3 ἀπὸ > m | ἔτριβε bv | ὀλίγων + ἀδελφῶν cv | 4 ἡμέρα m | οὐδὲν bhp (E); μηδὲν cmv | 7 γέγονεν > m (E) | 8 τὸ > b | 10 σὺν m (E); συνόντας g | αὐτῷ mL; + προφητικῶς g | καῆναι m Lightf. Schw.; καυθῆναι g Zahn Funk Hilgenf.
14 ὧν - ὡμολόγησεν. ἃ καὶ βασανιζόμενα ὡμολόγησαν cv (h)

지 않았으며 도시에 머물러 있기를 원하였습니다. 그러나 많은 사람이[28] 그에게 피신하기를 권하였습니다. 그래서 그는 도시에서 그리 멀지 않은 농가로 피신하여 몇몇 사람과 함께 그곳에 머물렀습니다. 그러면서 그는 습관대로 모든 사람과 전 세계의 교회를 위하여 밤낮 기도만 드렸습니다. 2 체포되기 사흘 전, 그는 기도하는 동안에 환시에 빠져 자신의 베개가 불타 없어지는 것을 보았습니다. 제 정신이 들자, 그는 함께 있는 사람들에게 "나는 산 채로 화형에 처해져야 합니다"[29] 하고 말하였습니다.

6.1 그에 대한 수색이 계속되었기 때문에 그는 다른 농가로 옮겼습니다.[30] 그를 수색하던 사람들이 곧 (그곳에)[31] 들이닥쳤습니다. 그를 발견하지 못한 그들은 두 명의 노예 소년을[32] 체포하였고, 그 가운데 한 명

---

[28] "많은 사람"은 폴리카르푸스가 다수의 의견을 따르고 있음을 시사한다. 당시 교회의 일반적 견해는 가능한 한 박해를 피하는 것이었다. 그러나 이는 교직자인 폴리카르푸스의 결정 사항이 아니었다. 그 자신은 처음에 도시에 머물기를 원하였지만 공동체 다수의 권고를 받아들여 시골로 피신하였다. 이로써 당시에 박해를 피하는 것은 개인의 신앙 문제가 아니라 공동체의 결정 사항임을 알 수 있다.

[29] 폴리카르푸스는 반몬타누스주의 논쟁에서 그가 황홀경에 빠지지 않은 '판단력'을 지닌 참된 예언자로 입증된다. 12,3에서 이 구절의 예언이 글자 그대로 이루어지기(16,2 참조) 때문에, 폴리카르푸스의 환시는 몬타누스파의 계시와 명백히 구분된다. "몬타누스주의자들이 경쟁심에 빠져 약속한 계시들은 이루어질 수 없습니다"(에피. 약상 48,2.1).

[30] 폴리카르푸스와 예수의 수난사는 6,2부터가 아니라 6,1부터 비교된다. 추적자들이 폴리카르푸스를 계속 찾았다는 사실은 신자들이 박해 때 경솔하게 순교하러 나서지 말아야 한다는 것을 환기시킨다(마태 10,23; 요한 7,1; 8,59; 10,39 참조). 그러나 폴리카르푸스는 예수와 달리 두번째 은신처로 피한다. 이로써 저자는 폴리카르푸스와 예수 그리스도 수난의 차이점을 명백히 드러낸다.

[31] 이 집은 문맥에서 알 수 있듯이 '찾아내지 못한' 두번째 농가가 아니라 첫번째 농가이다.

[32] παῖς의 축소명사인 παιδάριον은 종이 아니라 '어린 노예'를 뜻한다. 두 노예가 그리스도인임을 다음과 같은 사실로 알 수 있다. ① 폴리카르푸스는 자신의 집으로 피신하였고 그 노예들은 '같은 집에 사는 사람들'(οἰκεῖοι)이었다. ② 그

λόγησεν. 2. ἦν γὰρ καὶ ἀδύνατον λαθεῖν αὐτόν, ἐπεὶ καὶ οἱ προδιδόντες αὐτὸν οἰκεῖοι ὑπῆρχον. καὶ ὁ εἰρήναρχος, ὁ κεκληρωμένος τὸ αὐτὸ ὄνομα, Ἡρώδης ἐπιλεγόμενος, ἔσπευδεν εἰς τὸ στάδιον
5 αὐτὸν εἰσαγαγεῖν, ἵνα ἐκεῖνος μὲν τὸν ἴδιον κλῆρον ἀπαρτίσῃ, Χριστοῦ κοινωνὸς γενόμενος, οἱ δὲ προδόντες αὐτὸν τὴν αὐτοῦ τοῦ Ἰούδα ὑπόσχοιεν τιμωρίαν.

---

2 προδιδοῦντες m | 2-8 καὶ ὁ εἰρ. - τιμωρίαν > cv | 4 Ἡρώδης ἐπιλεγόμενος (λεγόμενος; m); Ἡρώδῃ em Zahn | ἔσπευδεν bhp; ἔσπευσεν m | 7 τὴν αὐτοῦ bhp; τῆς αὐτῆς m Schw. | τοῦ: τῷ em Zahn | 7-8 ὑπόσχ. τιμωρίαν bhp; τύχωσιν τιμωρίας m Schw.

이 고문을 받고 자백하였습니다.[33] 2 그를 배반한 사람들이 바로 같은 집에 사는 사람들이었기 때문에[34] 그는 숨어 있을 수가 없었습니다. 헤로데라는 치안관이[35] 폴리카르푸스를 경기장으로[36] 끌고가려고 서둘렀습니다. 이로써 폴리카르푸스는 그리스도의 (수난에) 동참자가[37] 되는 몫을 받은 반면, 그를 배반한 사람들은 유다와 같은 벌을 받았습니다.

들은 그리스도교 용어로('고백하다' [ὁμολογέω], 9,2; 12,1 참조) 진술하였다. ③ 두 노예는 스스로 자백한 것이 아니라 고문을 받고 자백하였다(6,1). ④ 이들이 이교인으로 묘사되지 않는다. ⑤ 유다와의 비교(6,2)는 그리스도교를 믿는 노예일 경우에만 적용된다(G. Buschmann, *Das Martyrium*, 145쪽 참조).

[33] 다른 한 명은 또다른 이유로 자백했을 수도 있다. 그때문에 2절에서는 배반한 사람이 복수로 나온다.

[34] 마태 10,36 참조.

[35] 그리스와 소아시아 지방의 치안관은 주민들이 추천하고 지방총독이 임명하는 임기 1년의 명예직이었다. 치안관은 해당 지역의 치안 책임자로 공공질서와 윤리·도덕의 유지, 특히 강도와 범죄자의 체포가 임무였지만 사법 권한은 없었다. 치안관은 범인을 심문했으며, 재판에 관한 조서를 작성하였다(G. Buschmann, *Das Martyrium*, 147쪽 참조). 치안관인 헤로데가 영향력있는 계급 출신이라는 사실은 그가 관용마차를 이용했다는 점(8,2 참조)에서 알 수 있다.

[36] 비스비(G.A. Bisbee)는 이 경기장이 첫째로 맹수들로부터 구경꾼들을 보호하는 벽이 없는 경주 코스만 있는 곳이라 보고, 둘째로 거기에는 재판할 수 있는 곳이 없기 때문에, 폴리카르푸스의 재판에 적합하지 않은 장소라고 말한다. 따라서 이곳을 단순한 경기장으로 이해하는 것이 올바른 것 같다(G.A. Bisbee, *Pre-Decian Acts*, 131쪽 이하 참조).

[37] 순교는 초대 그리스도교의 많은 문헌에서 그리스도의 수난에 동참하는 것이다(골로 1,24; 1베드 4,13; 5,1; 리용.편지 5,1,23; 5,2,2; 요한.행전 103; 페르.순교 15; 치프.편지 10,3 이하 참조). 그리스도의 수난에 동참하는 것은 그리스도의 '잔'을 마시는 것(폴리.순교 14,2의 성찬에 관한 언급; 마르 10,38-39)과 본질적으로 같다. '동참자'(κοινωνός)와 '동참하다'(κοινωνέω, 필립 3,10; 1베드 4,13 참조)는 폴리.순교 17,1.3에서도 그리스도의 수난을 본받는다는 구체적 개념으로 나온다. 바울로가 사용하는 '친교'(κοινωνία)는 "어떤 것에 동참하여 갖게 되는 (다른 사람과의) 공동체성", 곧 「폴리카르푸스 순교록」에서와 같이 그리스도의 수난에 동참하여 갖게 되는 그리스도와의 친교를 뜻한다. 여하튼 κοινωνία 주제는 「폴리카르푸스 순교록」 전반에 걸쳐 나타난다(2,2-3; 6,2; 14; 17,1-3 참조).

VII. Ἔχοντες οὖν τὸ παιδάριον, τῇ παρασκευῇ περὶ δείπνου ὥραν ἐξῆλθον διωγμῖται καὶ ἱππεῖς μετὰ τῶν συνήθων αὐτοῖς ὅπλων ὡς ἐπὶ λῃστὴν τρέχοντες. καὶ ὀψὲ τῆς ὥρας συνεπελθόντες
5 ἐκεῖνον μὲν εὗρον ἔν τινι δωματίῳ κατακείμενον ἐν ὑπερῴῳ· κἀκεῖθεν δὲ ἠδύνατο εἰς ἕτερον χωρίον ἀπελθεῖν, ἀλλ' οὐκ ἠβουλήθη εἰπών· Τὸ θέλημα τοῦ θεοῦ γενέσθω. 2. ἀκούσας οὖν αὐτοὺς παρόντας, καταβὰς διελέχθη αὐτοῖς, θαυμαζόντων τῶν ὁρών-
10 των τὴν ἡλικίαν αὐτοῦ καὶ τὸ εὐσταθές, καὶ εἰ τοσαύτη σπουδὴ ἦν τοῦ συλληφθῆναι τοιοῦτον πρεσβύτην ἄνδρα. εὐθέως οὖν αὐτοῖς ἐκέλευσεν παρατεθῆναι φαγεῖν καὶ πιεῖν ἐν ἐκείνῃ τῇ ὥρᾳ,

---

1 τὰ παιδάρια cv | 2 περί m; > g | ὥραν bm; ὥρᾳ chpv | 4 τρέχοντες g; ἀπερχόμενοι m | συνεπελθόντες: συναπελθόντες bchv, ἀπελθ. m, ἐπελθόντας E, καταλαβόντες p | 5 κατακείμ ... ὑπερῴῳ: ∽ mE (ἔν τ. δωμ. > E) | 6 ἐν hvE; > bcmp Zahn | δὲ > b | 7 ἠβουλήθη cmpv; ἐβ. bh | 8 θεοῦ chpvEL; κυρίου bm (사도 21,14에서) | οὖν h (+ οὖν) mpL; δὲ bcv | αὐτοὺς (τοὺς b, > E) παρόντας g; ∽ m | 9 καταβὰς pE; καὶ καταβ. bchv, > m | θαυμαζόντων chpv; θ. δὲ b, καὶ θ. m | ὁρώντων em Schw. cf. E: παρόντων G | 10 καί² pE; τινὲς ἔλεγον b, > chmv | εἰ mE Lightf. Hilgenf.; ἢ bchv, ᾗ em Zahn Funk, ὅτι p | 11 ἦν chv; ἢ b, εἴ m, ἐχρήσαντο p, γένοιτο E | τοιοῦτον + θεοφιλεῖ m | 12 αὐτοῖς (αὐτοὺς hp) ἐκέλ. παρατ. bhp; ἐκέλ. παρατ. αὐτοῖς cv, ἐκέλ. αὐτοῖς παρατ. m

7.1 추적자들과 기병들은[38] 노예 소년을 데리고, 금요일[39] 저녁 시간에 강도를 잡으러 나서듯이[40] 평상시대로 무장하고 출발했습니다. 그들은 저녁 늦게 그곳에 도착하여 이층의 조그만 방에서 쉬고 있는[41] 폴리카르푸스를 발견했습니다. 그는 그곳에서 다른 장소로 피할 수 있었지만, 이를 원하지 않고 "하느님의 뜻이 이루어지소서"[42] 하고 말했습니다. 2 그는 그들이 왔다는 말을 듣고 내려가 그들과 이야기하였습니다.[43] 그들은 폴리카르푸스가 매우 늙었고 침착하게 행동하는 것에 놀랐으며, 이런 노인을 체포하려고[44] 그렇게 애쓴 것에 당혹하였습니다. 그는 그들이 원하는 대로 그때에 식사와 음료를 대접하도록 바로 지시했고, 조용

---

[38] 기병들로 보강된 추적자들은 경무장한 채 공공질서를 유지하는 사람들이다. 이들은 「폴리카르푸스 순교록」에서 진집징관이 아니라 지역 관청 관할 아래에 있었다. 기병들과 추적자들의 정확한 임무, 이들 상호간의 관계 등에 관해서는 논란의 여지가 있다. 그러나 지역의 관리이며 지역 자치단체의 명예직인 '치안관'(εἰρήαρχος, 6,2; 8,2)과 지방의 대표자인 '전집정관'(ἀνθύπατος, 9)에 관한 언급은 그리스인들에 대한 마르쿠스 아우렐리우스의 새로운 칙령(καινὰ δόγματα, 에우.교회 4,26,5 이하) 이전의 옛 칙령, 곧 체포권은 지역 관청에 있고 재판권은 로마 당국이 맡는다는 규정을 시사한다. 조르디(M. Sordi, *Verordnungen*, 187-188쪽)는 박해가 아직도 지역 관청의 관할 아래 주도되고 있다는 이유로 이 책의 저술 연도를 안토니우스 피우스(155년) 시대로 잡고 있다. 체포권은 마르쿠스 아우렐리우스의 새로운 칙령(176년)에 따라 지역 관청에서 지방총독으로 넘어갔다.

[39] "금요일"로 옮긴 τῇ παρασκευῇ의 본디 의미는 안식일을 '준비하는 날'이다.

[40] 마태 26,55 참조.

[41] "쉬고 있는"으로 옮긴 κατακείμενον은 휴식의 의미로 '누워 있음'을 뜻한다.

[42] 마태 6,10; 사도 21,14 참조.

[43] 박해자들과 대화하는 것도 복음의 내용에 부합한다(마태 14,48; 요한 18,4 참조).

[44] 사도 1,16; 12,3; 23,27; 26,21 참조. '체포하다'(συλλαμβάνειν, 폴리.순교 6,1; 7,2; 9,1; 21)는 복음서에도 자주 나오는 용어이다(마르 14,48; 요한 18,12).

ὅσον ἂν βούλωνται, ἐξητήσατο δὲ αὐτούς, ἵνα δῶσιν αὐτῷ ὥραν πρὸς τὸ προσεύξασθαι ἀδεῶς. 3. τῶν δὲ ἐπιτρεψάντων, σταθεὶς προσηύξατο πλήρης ὢν τῆς χάριτος τοῦ θεοῦ οὕτως, ὡς ἐπὶ
5 δύο ὥρας μὴ δύνασθαι σιωπῆσαι καὶ ἐκπλήττεσθαι τοὺς ἀκούοντας, πολλούς τε μετανοεῖν ἐπὶ τῷ ἐληλυθέναι ἐπὶ τοιοῦτον θεοπρεπῆ πρεσβύτην.

VIII. Ἐπεὶ δέ ποτε κατέπαυσεν τὴν προσευχήν, μνημονεύσας ἁπάντων τῶν καὶ πώποτε συμβε-
10 βληκότων αὐτῷ, μικρῶν τε καὶ μεγάλων, ἐνδόξων τε καὶ ἀδόξων καὶ πάσης τῆς κατὰ τὴν οἰκουμένην καθολικῆς ἐκκλησίας, τῆς ὥρας ἐλθούσης τοῦ ἐξιέναι, ὄνῳ καθίσαντες αὐτὸν ἤγαγον εἰς τὴν

---

1 αὐτούς bhm; αὐτοῖς cpv ǀ 2 δῶσιν bhp; δώσωσιν cmv Zahn ǀ αὐτὸν m ǀ πρὸς τὸ > b ǀ 3 προσεύξασθαι bcmv (E); εὔξασθαι hp ǀ σταθεὶς + πρὸς ἀνατολὴν m ǀ 4 ὥς m (E) Zahn Lightf.; ὥστε g Funk Hilgenf. ǀ 5 σιωπῆσαι bhp Funk Hilgenf.; σιγῆσαι cmv Zahn Lightf. ǀ καὶ: ἀλλ᾽ cv ǀ 6 πολλούς > cv ǀ τε bhpE; δὲ m, καὶ cv ǀ ἐπὶ τῷ E; ἐπὶ τὸ bchmv, καὶ p ǀ 7 θεοπρεπῆ cpE; -πεῖ bhv, θεοφιλῆ m

8 ἐπεὶ δέ ποτε mE; ὡς δέ g ǀ 9 πάντων m ǀ τῶν καὶ m Schw.: ∞ gE ǀ ποτὲ bm ǀ συμβεβληκότων E; συμβαλόντων m, συμβεηκότων g ǀ 11 πάσης mpE; ἁπάσης bchv ǀ 13 ὄνῳ· ἐν ὄνῳ bp ǀ ἤγαγον mE; ἦγον g

히 기도할 수 있게 시간을 내달라고 그들에게 요청하였습니다. 3 그들이 이를 허락하자 그는 일어나 기도하였습니다.[45] 그는 하느님의 은총으로 가득 차 두 시간 동안 말을 멈출 수가 없었습니다. (그의 기도를) 들은 사람들은 놀랐고,[46] 많은 사람이 이렇게 경건한 노인을 (잡으러) 온 것을 후회하였습니다.

8.1 폴리카르푸스는 자신이 만난 적이 있는 모든 사람, 곧 낮은 사람들과 높은 사람들, 중요한 사람들과 하찮은 사람들, 그리고 세상에 있는 보편 교회 전체를 기억하며 기도를 바쳤습니다.[47] 기도가 끝나 떠날 시간이[48] 다가오자, 그들은 그를 나귀에 태워 도시로 데려갔습니다. (그

---

[45] 이 기도는 죽음을 눈앞에 두고 지난날을 회상하며(8,1; 19,1: μνημονεύσας), 순교자들의 대열에 받아들여지기를 갈망하는(14) 기도이다. 기도의 지향은 그리스도인과 전 세계 교회의 일치이다(8,1). 따라서 이 기도는 4장에 소개된 퀸투스의 행동과 달리 개인의 바람이나 이기적 광신주의 경향을 나타내지 않는다.

[46] 이교인과 박해자의 감동과 놀람은 폴리.순교 2,2; 3,2; 7,2; 12,1-2; 19,1에도 언급된다. 이는 폴리카르푸스의 모범적이고 복음에 따른 태도를 확증하는 전통적 요소이다. 여기서 목격자들의 놀람은 '복음에 따른' 순교를 위한 가장 인상적인 소재이다.

[47] 폴리카르푸스의 기도에 대한 이 언급은 다른 사람을 위해 바치는 청원기도의 특징을 나타내며(요한 17 참조), 그를 '하느님의 은총으로 가득 찬', '경건한 노인'(7,3)으로 묘사한다. 폴리카르푸스는 자신의 안녕이나 특별히 선택받은 사람들을 위해서가 아니라, 디다 9,4; 10,5에도 나오는 보편 교회를 위해 기도한다. 이미 폴리.순교 1,2에서 저자는 필립 2,4을 참조하면서 자신의 안녕과 구원만을 위한 행위를 경계한다. 또 4장에서 프리기아 사람 퀸투스에 대한 비난과 '개인의 구원과 보상'에 관한 몬타누스주의 신탁에 대한 비난도 이러한 맥락에서 이해해야 한다.

[48] 여기서도 저자는 폴리카르푸스의 순교가 '복음에 따른' 순교임을 다음 말마디들로 암시한다: '시간이 다가오자'(τῆς ὥρας ἐλθούσης, 요한 17,1; 루가 22,53 참조), '나귀'(ὄνος, 마태 21,2.7; 마르 11,7; 루가 19,28-40; 요한 12,14 이하), '대안식일'(ὄντος σαββάτου μεγάλου, 요한 19,31; 에우.교회 2,23,10 참조).

πόλιν, ὄντος σαββάτου μεγάλου. 2. καὶ ὑπήντα αὐτῷ ὁ εἰρήναρχος Ἡρώδης καὶ ὁ πατὴρ αὐτοῦ Νικήτης, οἳ καὶ μεταθέντες αὐτὸν ἐπὶ τὴν καροῦχαν ἔπειθον παρακαθεζόμενοι καὶ λέγοντες· Τί 5 γὰρ κακόν ἐστιν εἰπεῖν· Κύριος καῖσαρ, καὶ ἐπιθῦσαι καὶ τὰ τούτοις ἀκόλουθα καὶ διασώζεσται; ὁ δὲ τὰ μὲν πρῶτα οὐκ ἀπεκρίνατο αὐτοῖς, ἐπιμενόντων δὲ αὐτῶν ἔφη· Οὐ μέλλω ποιεῖν, ὃ συμβουλεύετέ μοι. 3. οἱ δὲ ἀποτυχόντες τοῦ πεῖσαι 10 αὐτὸν δεινὰ ῥήματα ἔλεγον καὶ μετὰ σπουδῆς καθῄρουν αὐτόν, ὡς κατιόντα ἀπὸ τῆς καρούχας ἀποσῦραι τὸ ἀντικνήμιον. καὶ μὴ ἐπισταφείς, ὡς οὐδὲν πεπονθὼς προθύμως ἐπορεύετο, ἀγόμενος εἰς τὸ στάδιον, θορύβου τηλικούτου ὄντος ἐν τῷ 15 σταδίῳ, ὡς μηδὲ ἀκουσθῆναί τινα δύνασθαι.

---

1 μεγάλου > p | ὑπήντα bmE; ὑπαντᾷ chv Hilgenf, ὑπάντα p | 2 αὐτῷ mpE; αὐτὸν bchv | εἰρήν.: φρούραρχος c | Ἡρώδης: ὁ ἐπικληθεὶς Ἡρ. cv | αὐτοῦ + ὀνόματι cv | 3 Νικήτης mEL; + ἐπὶ τὸ ὄχημα g | οἳ > m | μεταθ.: μαθόντες (!) c | ἐπὶ τὴν (τὴν > m) καροῦχαν G; εἰς τὸ ὄχημα E | 5 κύριος καῖσαρ GE; domine L | 6 θῦσαι E | καὶ (> p) τὰ τ. ἀκόλουθα G (L); > E | 7 αὐτοῖς bcpv; αὐτοὺς hm, > E | 9 συμβουλεύεται hmp | 10 αὐτὸν + διὰ πειθανολογίας cv | ἔλεγον mE Zahn Lightf.; + αὐτῷ g Funk Hilgenf. μετὰ + πολλῆς cv | 11 καθῄρουν cmE; καθῆρον bhpv | αὐτὸν (> E) mE; + ἀπὸ τοῦ ὀχήματος g | ὡς mpE; + καὶ bchv | κατιόντα + καὶ p | τῆς καρ. G; τοῦ ὀχήματος E | 12 ἀποσῦραι mE (L); ἀποσυρῆναι g | μὴ: μηδὲ cv | 13 πρόθυμος p (E) | ἐπορεύετο m Schw.; μετὰ σπουδῆς ἐπορ. gE | 14 θορύβου (+ δὲ E는 τηλικ. 등을 9장으로 연결한다. 「교회사」에는 8,3-9,2의 원문이 손상된 듯하다.) | 14-15 θορύβου - στάδιον > h | 15 ἀκουσθῆναί (ἀκουτισθῆναί m) τινα δύν.: πολλοῖς ἀκουσθῆναι E

날은) 대안식일이었습니다.[49] 2 치안관 헤로데와 그의 아버지 니케테스가 그를 만나러 왔습니다. 그들은 그를 마차에 옮겨 태우고 그의 옆에 앉았습니다. 그들은 "황제는 주님이다" 하고 말하고, "(황제의 수호신에게) 기원제물을[50] 바치고 이에 뒤따르는 행동을 하고 풀려나는 것이 도대체 왜 나쁘냐?" 하고 말하면서 그를 설득하였습니다. 폴리카르푸스는 잠시동안 그들에게 대답하지 않았습니다.[51] 그러나 그들이 계속 설득하자 이렇게 말하였습니다. "나는 당신의 충고를 따르지 않을 것입니다."[52] 3 그들은 설득하는 데 실패하자 그를 모욕하였습니다. 그들은 그가 마차에서 내릴 때 정강이에 상처가 날 정도로 서둘러 내리게 하였습니다. 그러나 그는 뒤돌아보지 않고 아무 일도 없다는 듯이 곧장 앞으로 걸어갔습니다. 그가 경기장으로 인도되었을 때, 그곳은 아무 소리도 들을 수 없을 정도로 매우 시끄러웠습니다.

---

[49] 요한 19,31 참조. 폴리카르푸스의 순교일과 순교록의 저술 연도와 관계 있는 '대안식일'의 의미에 관하여 학자들의 견해가 서로 다르다. 일부 학자들은 '대안식일'을 요한 19,31에 따라 예수의 처형일인 니산달 15일로 해석한다(A. Hilgenfeld, *Das Martyrium*, 154-159쪽; H.A. Musurillo, *The Acts*, 9쪽, 주 10; A. Strobel, *Ursprung*, 247쪽 참조). 다른 학자들(E. Schwartz, *Christliche und jüdische Ostertafeln*, 127쪽; P.Th. Camelot, *Ignace*, 252쪽, 주3 참조)은 대안식일을 일상적인 안식일로 여겨 형용사 μέγα가 후대에 가필된 것으로 주장하거나(요한 19,31), 2월 23일에 거행되는 이교인들의 토요일 축제로 본다. 일부 학자는 대안식일을 소안식일(μικρὸν σάββατον)인 토요일에 상반되는 일요일로 해석한다(G.W.H. Lampe, *A Patristic Greek Lexicon*, 1220쪽 참조).

[50] 그리스도인임을 부인한 사람들은 황제의 상과 제신에게 유향과 포도주와 함께 기원제물을 바쳐야 했다.

[51] 폴리카르푸스의 침묵과 유사한 예수의 태도에 관해서는 마르 14,61; 15,4 이하; 마태 26,63; 요한 19,9 참조.

[52] 이 짧고 명확한 답변도 복음서의 말씀(마르 14,62)과 유사하다.

IX. Τῷ δὲ Πολυκάρπῳ εἰσιόντι εἰς τὸ στάδιον φωνὴ ἐξ οὐρανοῦ ἐγένετο· Ἴσχυε, Πολύκαρπε, καὶ ἀνδρίζου. καὶ τὸν μὲν εἰπόντα οὐδεὶς εἶδεν, τὴν δὲ φωνὴν τῶν ἡμετέρων οἱ παρόντες ἤκουσαν. καὶ
5 λοιπὸν προσαχθέντος αὐτοῦ, θόρυβος ἦν μέγας ἀκουσάντων, ὅτι Πολύκαρπος συνείληπται. 2. προσαχθέντα οὖν αὐτὸν ἀνηρώτα ὁ ἀνθύπατος, εἰ αὐτὸς εἴη Πολύκαρπος. τοῦ δὲ ὁμολογοῦντος, ἔπειθεν ἀρνεῖσθαι λέγων· Αἰδέσθητί σου τὴν
10 ἡλικίαν, καὶ ἕτερα τούτοις ἀκόλουθα, ὧν ἔθος αὐτοῖς λέγειν· Ὄμοσον τὴν καίσαρος τύχην,

---

1 τοῦ δὲ Πολυκάρπου εἰσιόντος m | **2** ἐγένετο + λέγουσα cv | **2-3** Πολύκαρπε καὶ ἀνδρίζου mE; καὶ ἀνδρ. Πολ. (+ μετὰ σοῦ γὰρ εἰμι cv, 사도 18,10 참조) g | **3** εἶδεν bE; ἴδεν m, οἴδεν chpv | **4** οἱ παρόντες G (L); πολλοὶ E | **4-5** καὶ λοιπὸν (힐젠펠트는 καὶ λοιπῶν을 사용하며 이 낱말들을 앞의 말과 연결시킨다) προσαχθ. G; πρ. οὖν E | **6** ὅτι + ὁ m | συνελήφθη chv | **7** προσαχθ. οὖν m; πρ. δὲ p, λοιπὸν πρ. bh, λοιπὸν οὖν προσελθόντα E, τοῦ δὲ προσαχθέντος ἐπὶ τοῦ βήματος cv | αὐτὸν (> E) ἀνηρώτα (ἠρώτα p) bhmp; ∞ cv | **8** εἴη: εἰ cp | Πολύκαρπος (+ ὁ ἐπίσκοπος cv) gE; > m Lightf. | **9** ἔπειθεν + ὡς ἐνόμιζεν cv | **10** ἡλικίαν + ὦ καλὲ Πολύκαρπε κτλ. - ἀξιωθῇς (-θεῖς v) cv | ἕτερα τούτοις: ἔλεγεν m | ὧν m; ὥς g, ἃ E Schw. | ἔθος (+ ἦν m) αὐτοῖς bchmv; ἔστιν αὐτοῖς ἔθος p, σύνηθες αὐτοῖς ἐστι E Schw.

9.1 폴리카르푸스가 경기장에 들어섰을 때, 하늘에서 "폴리카르푸스야, 힘을 내고 용감해져라" 하는 소리가 울렸습니다.[53] 아무도 말하는 사람을 보지 못했으나, 거기에 있던 우리 공동체 사람들은 그 소리를 들었습니다.[54] 덧붙여 말하자면, 그가 앞으로 나아가자 사람들은 폴리카르푸스가 체포되었다는 소식을 듣고 큰 소동을 일으켰습니다.[55] 2 그가 끌려왔을 때, 전집정관은[56] 그가 폴리카르푸스인지를 물었습니다. 폴리카르푸스가 이를 시인하자 전집정관은 그에게 (그리스도인임을) 부인하도록 설득하였습니다. "당신의 나이를 생각해 보시오" 하면서 관례적으로 다음과 같은 말을 덧붙였습니다. "황제의 수호신에게 맹세하고[57] 마음을

---

[53] 신명 31,6.7.23; 여호 1,6.7.9; 시편 26,14; 30,25 참조.

[54] 이와 유사한 진술에 관해서는 다니 10,7과 사도 9,7 참조.

[55] 죄인을 심리할 때 일어난 군중의 소동은 사도 21,34에도 언급된다.

[56] 전집정관은 가장 높은 심급(審級)의 재판을 하였다. 전집정관은 매년 스미르나에서 열리는 축제 때 황제에게 경의를 표하기 위하여 이 도시에 왔다. 우리에게 알려진 그리스도인의 소송에서 황제 앞에 나가 직접 재판을 받을 만큼 중대한 사건이나 인물은 없었다. 전집정관은 중요한 그리스도인의 소송도 맡았으며, 이 경우 그는 폭넓은 재량권을 행사할 수 있었다(G.E.M. de Ste. Croix, Why, 11-12쪽 참조). 이러한 재량권 때문에 전집정관이 그리스도인에게 호의적인 판결을 한 사례도 있다(테르.스카 4,3-4 참조). 그렇지만 그들은 자주 군중의 요구에 따라 판결하였다(마르 15,1-15; 요한 19,12.15; 폴리.순교 3,2; 12,2-3; 13,1; 17,2; 18,1 참조).

[57] 「폴리카르푸스 순교록」이 저술될 당시 '행운의 여신'($\tau v \chi \eta$)은 황제의 '수호신'(genius)이었다(쉴리.행전 3,5; 리옹.편지 5,1.53; 오리.첼수 8,65 참조). 그리스도인은 황제의 수호신에 대한 맹세를 거부함으로써 자신이 그리스도인임을 고백하였다. 그리스도인이라는 사실은 그 자체로 범죄에 해당하며 맹세의 거부는 황제를 모독하는 행위로 생각하였다. 아우구스투스는 황제의 수호신에게 맹세하는 조항을 관리들의 취임선서에 도입하였다. 그리고 이 조항의 위반은 황제의 신성과 권위를 인정하지 않는 범죄로 여겼다(R.M. Grant, *Sacrifices*, 16쪽 참조). 그의 건강을 위한 제물과 황제의 수호신에 대한 맹세는 「쉴리움의 순교자들 행전」 3,14에서 로마 관습의 핵심적인 요소로 나타난다. 한편 그리스도인들에게는 맹세 자체가 금지되었다(마태 5,33-37; 야고 5,2; 그러나 갈라 1,20; 유스.호교 1,16.5; 21,3; 이레.논박 2,32,7; 클레.양탄 7,51,8 참조).

μετανόησον, εἶπον· Αἶρε τοὺς ἀθέους. ὁ δὲ Πολύκαρπος ἐμβριθεῖ τῷ προσώπῳ εἰς πάντα τὸν ὄχλον τὸν ἐν τῷ σταδίῳ ἀνόμων ἐθνῶν ἐμβλέψας καὶ ἐπισείσας αὐτοῖς τὴν χεῖρα, στενάξας τε καὶ
5 ἀναβλέψας εἰς τὸν οὐρανὸν εἶπεν· Αἶρε τοὺς ἀθέους. 3. ἐγκειμένου δὲ τοῦ ἀνθυπάτου καὶ λέγοντος· Ὄμοσον, καὶ ἀπολύω σε, λοιδόρησον τὸν Χριστόν, ἔφη ὁ Πολύκαρπος· Ὀγδοήκοντα καὶ ἓξ ἔτη δουλεύω αὐτῷ, καὶ οὐδέν με ἠδίκησεν· καὶ πῶς
10 δύναμαι βλασφημῆσαι τὸν βασιλέα μου τὸν σώσαντά με;

---

1 εἶπον mE (1클레 8,3 참조); εἰπέ g ǀ 2 ἐμβριθεὶς m ǀ προσώπῳ + καὶ στιβαρῷ cv ǀ 3 τὸν mpE; τῶν bchv ǀ 4 καὶ ἐπισείσας - ἀναβλέψας > h ǀ 6 ἀνθυπάτου G; ἡγουμένου E ǀ 7 ἀπολύσω E ǀ 8 ἔφη ὁ Πολ. mE; ὁ (+ μακάριος cv) Πολ. ἔφη (εἶπεν c) g ǀ ὀγδοήκοντα - δουλεύω: octogesimum iam et sextum annum aetatis ingredior nomini eius probatus et serviens semper L ǀ 9 δουλεύω mE; ἔχω δουλεύων g Hilgenf. ǀ αὐτῷ: αὐτὸν cv ǀ οὐδέν με ἠδίκ. bhpE; ἐφύλαξέν με m, + ἀλλὰ καὶ μᾶλλον διεφύλαξέν με ἀπὸ παντὸς κακοῦ cv, + semperque servatus L

바꾸시오. 그리고 '무신론자들을[58] 없애라!' 하고 말하시오." 그러나 폴리카르푸스는 경기장에 있는 불경건한 이교인들 무리 전체를 엄숙한 표정으로 바라보았습니다. 그는 그들을 향하여 손을 흔들고,[59] 하늘을 올려다보고 탄식하며 말했습니다. "무신론자들을 없애라! 3 전집정관이 그에게 "(황제의 수호신에게) 맹세하시오. 그러면 나는 당신을 풀어 주겠소. 그리스도를 모독하시오"[60] 하고 다그쳐 경고하자 폴리카르푸스가 대답했습니다. "여든여섯 해 동안 나는 그분을 섬겼습니다. 그분은 나에게 어떤 그릇된 행위도 하지 않으셨습니다. 그런데 내가 나를 구원하신 왕을 어떻게 모독할 수 있겠습니까?"

---

[58] 이교인들은 그리스도인들이 국가의 제신을 숭배하지 않기 때문에 이들을 '무신론자들'(ἄθεοι)이라고 불렀다(테르.호교 10 이하). 그러나 로마 당국이 이를 근거로 유다인과 그리스도인을 처벌했는지는 확실하지 않다. 이교인들은 그리스도인들이 하느님 외에 다른 신을 섬기지 않기 때문에 이들이 제신의 호의와 평화를 가로막을 뿐만 아니라 신들의 분노로 불행을 야기시킨다고 비난하였다. 곧, 이교인들의 관점에서 보면 제신을 숭배하지 않는 그리스도인들은 무신론자들이며, 신들의 분노와 공공의 재난을 책임져야 했다. 형법상의 어떤 규정에 저촉되지 않지만 '종교'와 대립되는 '미신'은 로마 제국에서 위험한 요소로 여겨졌다(플리.편지 10,96,9). 로마인들이 볼 때, 그리스도교가 바로 그 위험한 미신이었다. 더구나 황제의 수호신에게 제물을 바치지 않는 것과 맹세에 대한 거부는 로마의 공권력과 종교에 대한 공적인 저항이었다.

[59] 요한 11,33.38.41; 사도 21,40 참조.

[60] 111~113년에 비티니아의 전집정관인 플리니우스 2세는 그의 편지 10,96,5-6에서 그리스도인들에게 황제의 입상 앞에 제물을 바치고 그리스도를 저주할 것을 요구하였다. 그는 맹세를 요구한 다음 그리스도에 대한 모독과 무신론(그리스도교)에서 돌아설 것을 요구하였다. 그리고 마지막으로 제물을 요구하였다. 그리스도에 대한 모독은 그리스도를 진실로 믿는 사람들을 찾아내는 데 이용한 수단이었다. 특히 이 모독은 유다인을 그리스도인과 구분하는 특징이었다(유스.트리 93,4; 108,3 참조). 트라야누스 황제의 답서에 따르면 그리스도교 신앙을 부인하거나 배교한 사람들은 석방되었다(G. Buschmann, *Das Martyrium*, 191쪽 참조).

X. Ἐπιμένοντος δὲ πάλιν αὐτοῦ καὶ λέγοντος· Ὄμοσον τὴν καίσαρος τύχην, ἀπεκρίνατο· Εἰ κενοδοξεῖς, ἵνα ὀμόσω τὴν καίσαρος τύχην, ὡς σὺ λέγεις, προσποιεῖ δὲ ἀγνοεῖν με, τίς εἰμι, μετὰ
5 παρρησίας ἄκουε· Χριστιανός εἰμι. εἰ δὲ θέλεις τὸν τοῦ Χριστιανισμοῦ μαθεῖν λόγον, δὸς ἡμέραν καὶ ἄκουσον. 2. ἔφη ὁ ἀνθύπατος· Πεῖσον τὸν δῆμον. ὁ

---

1 πάλιν > m | 2 ἀπεκρίνατο - τύχην > h | εἰ κενοδοξεῖς Ε; ἐκεῖνο δόξης m, ἐκεῖνο δόξειν bcv, μή μοι γένοιτο p | 3 σὺ > Ε | 4 προσποιεῖ (-ῇ p, -εῖς m) δὲ G; προσποιούμενος Ε Schw. | με τίς: ὅστις Ε | 5 δὲ θέλεις ... μαθεῖν mE; δὲ μαθεῖν θέλεις g | 6 τοῦ > m | 7 ἔφη ὁ ἀνθ. mEL; ὁ ἀνθ. ἔφη g

10.1 전집정관이 "황제의 수호신에게 맹세하시오"[61] 하고 계속 (맹세를) 강요하자 폴리카르푸스가 대답하였습니다. "내가 당신의 요구대로 황제의 수호신에게 맹세할 것이라 잘못 생각하고, 내가 누구인지를 당신이 모른 체하더라도,[62] 나의 솔직한 고백을 들으십시오. 나는 그리스도인[63]입니다.[64] 당신이 그리스도교의 가르침을 배우고자 한다면, 나에게 시간적 여유를 주고 귀를 기울이십시오." 2 전집정관이 다시 "군중을

---

[61] 플리니우스의 편지(10,96,3)와 마찬가지로 전집정관은 폴리카르푸스에게 세 번에 걸쳐 맹세(9,2,3; 10,1)할 것을 요구한다.

[62] 이 구절은 예수의 메시아 고백(마르 14,61; 에우.교회 2,23,13)을 상기시킨다.

[63] '그리스도인'($Χριστιανός$)이라는 명칭은 신약성서에 세 번(사도 11,26; 26,28; 1베드 4,16) 나온다. 이 명칭은 그리스도인의 경칭(敬稱) 또는 대중적인 이름이 아니라, 이교인이 국가에 적대적인 단체의 일원을 나타내는 부정적 용어였다. 이 용어는 나중에 스스로 그리스도인이라고 고백한 순교자들 덕분에 경칭으로 변하였다.

[64] 그리스도인이라는 폴리카르푸스의 고백은 「폴리카르푸스 순교록」에 나오는 신문의 정점에 해당한다. 이 고백은 전집정관이 세 번에 걸쳐 요구한 맹세에 대한 폴리카르푸스의 최종적인 답변이며, 이로써 이 답변이 유죄 판결의 단서가 되었다. 「폴리카르푸스 순교록」은 수많은 다른 문헌과 마찬가지로 그리스도인이라는 이름이 판결의 유일한 근거임을 밝히고 있다. $Χριστιανός$라는 고백과 무신론에 대한 비난 외에도 부차적인 판결의 원인이 된 다음과 같은 고발 내용이 있다. ① 그리스도인과 관계있는 범죄, 곧 인육식사와 근친상간(이교인들은 그리스도인이 성찬식에서 그리스도의 몸을 먹고 피를 마시는 것을 인육식사로, 서로 형제자매라 부르는 것을 근친상간으로 오해하였다). ② 대역죄라는 정치적 비난. 그리스도인들은 "유다인의 왕"(마르 15,2.9.12.26; 루가 23,2; 요한 19,12.15)과 정치적 범죄자(미누.옥타 9,4 참조)로 처형된 그리스도를 공경한다. 더욱이 그들은 황제의 수호신에 대한 맹세를 거부하고(폴리.순교 9,2-3; 10,1; 쉴리.행전 3,5), 세계와 로마 통치자들의 종말을 선전한다(묵시 14,8; 16,19; 17-18장). ③ 그리스도인들이 입힌 경제적 손실에 대한 비난. ④ 그리스도인들의 죽음 준비, 우둔함, 완고함에 대한 비난. ⑤ 전통을 적대시하는 것에 대한 비난. ⑥ 그리스도인들이 모든 불행의 원인이라는 비난(G. Buschmann, *Das Martyrium*, 196-197쪽 참조).

δὲ Πολύκαρπος εἶπεν· Σὲ μὲν καὶ λόγου ἠξίωκα· δεδιδάγμεθα γὰρ ἀρχαῖς καὶ ἐξουσίαις ὑπὸ τοῦ θεοῦ τεταγμέναις τιμὴν κατὰ τὸ προσῆκον τὴν μὴ βλάπτουσαν ἡμᾶς ἀπονέμειν· ἐκείνους δὲ οὐχ
5 ἡγοῦμαι ἀξίους τοῦ ἀπολογεῖσθαι αὐτοῖς.

XI. Ὁ δὲ ἀνθύπατος εἶπεν· Θηρία ἔχω, τούτοις σε παραβαλῶ, ἐὰν μὴ μετανοήσῃς. ὁ δὲ εἶπεν· Κάλει, ἀμετάθετος γὰρ ἡμῖν ἡ ἀπὸ τῶν κρειττόνων ἐπὶ τὰ χείρω μετάνοια· καλὸν δὲ μετατίθεσθαι ἀπὸ τῶν
10 χαλεπῶν ἐπὶ τὰ δίκαια. 2. ὁ δὲ πάλιν πρὸς αὐτόν· Πυρί σε ποιήσω δαπανηθῆναι, εἰ τῶν θηρίων

---

1 καὶ bE Zahn Hilgenf. Schw.; κἂν chmpv Lightf. Funk | ἠξίωκα mE Schw.; ἠξίωσα g | 2 τοῦ > m | 3-4 τιμὴν - ἀπονέμειν bchmv E; ὑποτάσσεσθαι κατὰ τὸ προσῆκον καὶ τιμὴν ἀπονέμειν τὴν μὴ βλάπτουσαν p | 4-5 οὐκ ἀξίους ἡγοῦμαι E | 5 ἀξίους + εἶναι m | αὐτοὺς hm

6 ἀνθύπατος mEL; + πρὸς αὐτόν g | 7 μετανοήσεις bhm δὲ + Πολύκαρπος m (cv) | 8 ἡμῖν ἡ: εἰμὶ m, εἰ μὴ h | 9 μετατίθεσθαι mE; + με g | 11 ποιήσω mE (L); ποιῶ g Zahn Lightf. Hilgenf. | δαμασθῆναι E

설득시켜 보시오."⁶⁵ 하고 말하였습니다. 폴리카르푸스가 이렇게 대답하였습니다. "나는 당신에게 설명할 가치가 있다고 생각합니다. 우리는 통치자들과 권력자들이 우리에게 해를 끼치지 않는 한, 하느님께서 임명하신 이들에게 걸맞은 경의를 표해야 한다고 배웠기 때문입니다.⁶⁶ 그러나 나는 그들에게 변론할 가치가 없다고 생각합니다."⁶⁷

11.1 전집정관이 말하였습니다. "나에게는 맹수들이 있소. 당신이 마음을 바꾸지 않는다면 맹수들에게 던져버리겠소." 그 말에 폴리카르푸스가 이렇게 대꾸하였습니다. "맹수들을 부르십시오! 우리는 정녕 더 좋은 것에서 더 나쁜 것으로 마음을 바꿀 수 없습니다. 오히려 악한 것에서 의로운 것으로 마음을 바꾸는 것이 더 낫습니다." 2 전집정관이 다시 말하였습니다. "당신이 맹수들을 두려워하지 않고 마음을 바꾸지 않는다면, 낭

---

⁶⁵ 이 언급으로 순교의 책임은 로마 당국에서 군중에게 옮겨진다. 이미 빌라도가 예수를 구하려고 시도한 것처럼(요한 19,12; 마태 27,13; 마르 15,3-4), 전집정관도 폴리카르푸스에게 비슷한 시도를 한다. 그러나 전집정관은 이를 자발적으로 말한 것이 아니라 흥분한 군중의 요구에 응한 것 같다(12,2-3 참조).

⁶⁶ 폴리카르푸스의 답변은 그리스도교의 가르침에 바탕을 둔다. 이는 로마 13,1-7과 1베드 2,13-17의 그리스도인과 국가 권력의 관계에 관한 진술과 명백히 부합한다. 한편 「폴리카르푸스 순교록」은 하느님께서 주신 국가 권력과 통치력을 근본적으로 인정함으로써(사도 23,5 참조), 세상과 국가를 경시하는 몬타누스파의 묵시적 가르침과 명백히 구분된다. 복음서와 마찬가지로 「폴리카르푸스 순교록」에서는 반로마 감정이 반유다 감정에 밀려 가능한 한 소극적으로 나타나는 반면, 후대에 쓰인 행전들은 로마 당국 자체를 비난한다. 예를 들어 180년경 북아프리카에서 쓰인 「쉴리움의 순교자들 행전」에서 스페라투스는 이렇게 말한다. "나는 이 세상의 제국을 인정하지 않습니다."

⁶⁷ 이 진술은 「폴리카르푸스 순교록」의 중점이 호교에 있지 않음을 명백히 드러낸다.

καταφρονεῖς, ἐὰν μὴ μετανοήσῃς. ὁ δὲ Πολύκαρπος εἶπεν· Πῦρ ἀπειλεῖς τὸ πρὸς ὥραν καιόμενον καὶ μετ᾽ ὀλίγον σβεννύμενον· ἀγνοεῖς γὰρ τὸ τῆς μελλούσης κρίσεως καὶ αἰωνίου κολάσεως τοῖς
5 ἀσεβέσι τηρούμενον πῦρ. ἀλλὰ τί βραδύνεις; φέρε, ὃ βούλει.

XII. Ταῦτα δὲ καὶ ἕτερα πλείονα λέγων θάρσους καὶ χαρᾶς ἐνεπίμπλατο, καὶ τὸ πρόσωπον αὐτοῦ χάριτος ἐπληροῦτο, ὥστε οὐ μόνον μὴ συμπεσεῖν
10 ταραχθέντα ὑπὸ τῶν λεγομένων πρὸς αὐτόν, ἀλλὰ τοὐναντίον τὸν ἀνθύπατον ἐκστῆναι, πέμψαι τε τὸν ἑαυτοῦ κήρυκα ἐν μέσῳ τοῦ σταδίου κηρύξαι τρίς·

---

1 ἐὰν μὴ μεταν. GE | ὁ δὲ bhm; ὁ ἅγιος cv, ὁ δὲ ἅγιος p, > E | 2 εἶπεν mE; ἔφη h, λέγει cv, > bp Lightf. | πῦρ + μοι m | ἀπολεῖς m | 5 ἀλλὰ: καὶ ἄλλα m | τί: μὴ cv | βραδύνης chv

7 δὲ: τοίνυν cv | ἕτερα mE; ἄλλα g | πλείονα > m | λέγων: εἰπὼν cv | 9 χάριτος + θείας cv | ὥστε: ὥσπερ chv | μὴ > m | 10 ταραχθέντα bmE; -θέντος chpv Lightf. | 11 ἀνθύπ. + μᾶλλον cv | ἐκστῆναι bcmE; ἐκστῆσαι hv, ἐκπλῆξαι p | πέμψαι τε: καὶ πέμψαι cv, πέμψαι h | 12 ἑαυτοῦ > E | ἐν. καὶ ἐν E | τοῦ σταδίου chmpv; τῷ σταδίῳ bE Lightf. | κηρύξαι bmE; καὶ κηρ. chpv | τρίς mEL; τρίτον g

신을 불로 태워 없애 버리겠소."⁶⁸ 그러자 폴리카르푸스가 대답하였습니다. "당신은 잠시 타다 마는 불로 위협하는군요. 당신은 불경건한 이들을 위하여 준비된 다가올 심판과 영원한 벌에 관한 불을 모르기 때문입니다. 왜 주저합니까? 당신이 원하는 대로 (맹수들을) 데려오십시오."

12.1 그가 이런저런 말을 하고 있을 때, 그는 용기와 기쁨으로 가득 찼고 얼굴은⁶⁹ 은총으로⁷⁰ 충만했습니다. 물론 자신을 위협하는 말에 놀라거나 동요하지도 않았습니다. 전집정관은 격노하여, "폴리카르푸스는 세 번⁷¹ 자기가 그리스도인이라고 고백하였다" 하고 공포하도록 전령을

---

⁶⁸ 화형은 로마법에서 최고의 형벌이며, 특히 적이나 반역자에게 일반적으로 적용되었다. 순교자들의 화형은 그리스도교의 순교 문헌뿐만 아니라 유다교 문헌에도 다양하게 나타난다(다니 3; 2마카 7; 4마카; 이냐.로마 5,3; 이냐.스미 4 등). 여기서 화형은 야수형 다음에 이루어진다. 열한 명의 다른 순교자들이 야수형을 받은 뒤 열두번째 순교자로 폴리카르푸스가 화형되었는지 이 진술만으로는 알 수 없다. 폴리카르푸스가 화형에 처해진 동기가 11,1-2에서는 그가 맹수들을 두려워하지 않았기 때문이지만, 12,2-3에서는 군중이 요구한 야수형이 이미 끝났기 때문이다.

⁶⁹ 이로써 순교자의 얼굴이 영적인 상태에 있음을 알 수 있다. 곧, 순교자들은 죽음에 즈음하여 이미 천사가 되었다(폴리.순교 2,3; 바울/테클.행전 3; K.S. Frank, *ΑΓΓΕΛΙΚΟΣ ΒΙΟΣ* 참조).

⁷⁰ 은총은 2,3의 '고문을 두려워하지 않는 용기'와 밀접한 관계가 있다.

⁷¹ "세 번"(τρίς)에 관해서는 구두점이 문제가 된다. 곧, τρίς가 전령의 공포(κηρύξαι)에 연결되는지, 아니면 폴리카르푸스의 '고백'(ὡμολόγησεν) 자체에 연결되는지는 논의의 여지가 있다. 구문론적으로나 문체론적으로 어떤 명백한 결정을 내릴 수는 없다. 그럼에도 '세 번'은 다음과 같은 이유로 '폴리카르푸스의 고백'과 연결되어야 한다. ① 상징적 숫자로 3은 특별한 의미를 지닌다. 이 점에서 '세 번'은 그리 중요하지 않은 세 번의 '선포'보다 폴리카르푸스의 세 번에 걸친 그리스도인이라는 고백과 연결된다. ②「폴리카르푸스 순교록」에서 '고백'(ὄμοσον, 9,2.3; 10,1)과 '회개'(μετανόησον, 9,2; 11,1.2)의 요구는 세 번 나온다. 다른 순교 문헌들에서도 순교자들은 여러 번에 걸쳐 신앙을 고백한다. ③ 전승사적 관점(마르 14,72; 폴리.편지 10,96,3)에서 '세 번' 고백과 연결된다(G. Buschmann, *Das Martyrium*, 207-208쪽 참조).

Πολύκαρπος ὡμολόγησεν ἑαυτὸν Χριστιανὸν εἶναι. 2. τούτου λεχθέντος ὑπὸ τοῦ κήρυκος, ἅπαν τὸ πλῆθος ἐθνῶν τε καὶ Ἰουδαίων τῶν τὴν Σμύρναν κατοικούντων ἀκατασχέτῳ θυμῷ καὶ μεγάλῃ φωνῇ
5 ἐπεβόα· Οὗτός ἐστιν ὁ τῆς Ἀσίας διδάσκαλος, ὁ

---

2 τούτου + δὲ m | 4 μεγάλῃ + τῇ ch | 5 ἐπεβόα bhmv (L); ἐβόα pE Zahn | Ἀσίας mEL; ἀσεβείας g Hligenf.

경기장 가운데로 내보냈습니다. 2 전령이 이 말을 공포하였을 때, 스미르나에 사는 이교인들과[72] 유다인들[73] 모두가 억누를 수 없는 분노에 사로잡혀 큰 소리로 아우성쳤습니다. "이 사람은 많은 사람에게 기원제물을 바치지 말고 (황제의 수호신을) 숭상하지 말라고 가르친 아시아의

---

[72] 폴리카르푸스 당시에는 이교인의 풍습(점성술, 해몽, 마술)이 널리 행해졌으며, 스미르나는 로마 황제 제의(祭儀)의 중심지였다. 아시아 지방의 경기와 축제는 로마의 제신 숭배를 촉진시켰으며, 스미르나에 명성과 특권과 경제적 이익을 가져다 주었다. 따라서 이교인들은 그리스도인들을, 황제의 제의를 거부하여 스미르나에 사는 자신들에게 손해만 끼치는 집단으로 여겼다.

[73] 유다인 논쟁은 폴리.순교 13,1; 17,2; 18,1에도 나온다. 여기서 유다인들은 이교인들과 마찬가지로 선동자로 드러난다. 「폴리카르푸스 순교록」의 반유다주의는 어떻게 설명할 것인가? ① 문헌사의 의미에서「폴리카르푸스 순교록」에 나타나는 유다인의 역할은 복음서의 수난사화처럼 비역사적·문학적이며, 로마인들의 책임을 면제하기 위한 호교적 특성과 결합한다. 따라서「폴리카르푸스 순교록」에 나타나는 빈유다주의는 '복음에 따른 의도'로 파악해야 한다. ② 다른 한편 실제 역사에서 수많은 유다인이 소아시아 지방의 다른 도시들과 마찬가지로 상업도시이며 항구도시인 스미르나에서 그리스도교 박해에 깊이 관여하였다(폴리.순교 13,1; 17,2; 18,1; 묵시 2,8 이하; 3,9 참조). 그리스도인들에 대한 유다인들의 적대행위와 그들이 그리스도교 박해에 관여하였다는 사실은 고대의 수많은 문헌에서 증명된다. 그리스 시대에 안티오쿠스 대제(기원전 223~187년)는 유다인들을 바빌로니아에서 소아시아로 이주시켰다(요세.유다 12,3,4). 에페소와 페르가몬을 비롯한 소아시아 지방의 유명한 도시에는 상당히 많은 유다인이 살았으며, 이들은 율법의 준수, 자유로운 예배 거행, 병역의무 면제 등의 특권을 누렸다(요세.유다 14,10,11-26). 제1차 유다 항쟁(66~70년)은 스미르나에 이민을 증가시켰을 뿐만 아니라 유다인과 그리스도인 사이의 갈등을 부추겼다(묵시 2,8-10 참조). 따라서 폴리카르푸스 출생 당시 이러한 갈등은 제2차 유다 항쟁인 '바르 코크바 봉기'(132~135년)에서 다시 첨예화했을지도 모른다. 그리스도인들은 그들의 관점에서 거짓 메시아인 바르 코크바를 지지할 수 없었기 때문에 유다인에게서 이에 따른 박해를 받았다(에우.교회 4,8 참조). 예언자들과 순교자들의 처참한 운명은 전통적으로 유다인 박해 논쟁과 결합되었다. 이스라엘의 패배, 몰락, 유배가 유다인들에게 내린 벌이라는 생각은 예수의 죽음에 대한 책임이 그들에게 있다는 이론과 밀접히 연관된다. 예언자 살해의 비난과 그리스도 살해의 비난은 2세기 사르데스의 멜리토의 저서「부활절 설교」에서 처음으로 명백히 나타나며, 4세기에는 상투어가 되었다(G. Buschmann, *Das Martyrium*, 208-212쪽 참조).

πατὴρ τῶν Χριστιανῶν, ὁ τῶν ἡμετέρων θεῶν καθαιρέτης, ὁ πολλοὺς διδάσκων μὴ θύειν μηδὲ προσκυνεῖν. ταῦτα λέγοντες ἐπεβόων καὶ ἠρώτων τὸν Ἀσιάρχην Φίλιππον, ἵνα ἐπαφῇ τῷ Πολυκάρπῳ
5 λέοντα. ὁ δὲ ἔφη, μὴ εἶναι ἐξὸν αὐτῷ, ἐπειδὴ πεπληρώκει τὰ κυνηγέσια. 3. τότε ἔδοξεν αὐτοῖς ὁμοθυμαδὸν ἐπιβοῆσαι, ὥστε τὸν Πολύκαρπον ζῶντα κατακαῦσαι. ἔδει γὰρ τὸ τῆς φανερωθείσης αὐτῷ ἐπὶ τοῦ προσκεφαλαίου ὀπτασίας πληρωθῆναι, ὅτε
10 ἰδὼν αὐτὸ καιόμενον προσευχόμενος εἶπεν ἐπιστραφεὶς τοῖς σὺν αὐτῷ πιστοῖς προφητικῶς· Δεῖ με ζῶντα καῆναι.

1 ὁ: καὶ cv | 3 προσκυνεῖν mE; + τοῖς θεοῖς g | ἐπεβόων bchvE; ἐπεβόουν m, ἐβόουν p | 5 ὁ δὲ mE (L); + Φίλιππος g | αὐτῷ pE; αὐτὸ m, αὐτὸν b, αὐτῶν chv | 6 αὐτοὺς mp | 7 ἐπιβοῆσαι: ἐπιβοῶσιν em Schw. | 8 κατακαῦσαι EL (exureret); καῦσαι(!) m, κατακαυθῆναι g Zahn Hilgenf. | αὐτῷ mE; > g Zahn Lightf. | 10 αὐτό: αὐτῷ bhp | 슈바르츠는 προσευχόμενος와 ἐπιστραφεὶς를 에우세비우스 이전의 가필로 여긴다. | 11 σὺν αὐτῷ G; μετ' αὐτοῦ E | δεῖ: ὅτι δεῖ cv | 12 καῆναι mE; καυθῆναι v; κατακαυθῆναι bchp

스승이자[74] 그리스도인들의 아버지이며[75] 우리 신들에 대한 파괴자이다."
그들은 이 말을 외치면서 사자를 풀어 놓으라고 아시아 지방의 대사제
필립푸스에게[76] 요구하였습니다. 하지만 필립푸스는 야수형이 끝났기 때
문에 그를 야수형에[77] 처할 수 없다고 말하였습니다. 3 그때에 그들은
폴리카르푸스를 산 채로 화형에 처하라고 일제히 외쳤습니다. 그에게
계시된 베개에 관한 환시의 내용이 이루어져야 했기 때문입니다. 곧,
기도하는 동안에 그는 베개가 불타는 것을 보았습니다. 제 정신이 들자
그는 자신과 함께 있던 신자들에게 "나는 산 채로 화형에 처해져야 합
니다" 하고 예언하였기[78] 때문입니다.

---

[74] '스승'(διδάσκαλος) 칭호와 동사 '가르치다'(διδάσκειν)는 「폴리카르푸스 순교록」의 권고적 의도를 암시한다. 「폴리카르푸스 순교록」에서 스승과 예언자 (사도 13,1; 1고린 12 이하 참조)는 사도와 밀접한 관계에 있다(12,2: διδάσκαλος; 12,3: προφητικῶς; 16,2: ἀποστολικός; 19,2: ἀπόστολος). 그러나 무엇보다 '스승'은 주 예수 그리스도 자신(폴리.순교 17,3)이며, 순교자들은 그를 본받는 사람들이다.

[75] "그리스도인들의 아버지" 칭호는 여기서 처음으로 주교에게 적용되고, 스승 칭호는 이전부터 사용되었다. 더욱이 히에로니무스(유명 17)는 폴리카르푸스를 '아시아의 지도자'(princeps Asiae)로 부른다.

[76] 로마 제국은 중요한 도시들의 동맹을 통하여 영향력을 행사하고, 종교적 일치와 황제 숭배를 통하여 로마 제국의 결속력을 강화하려고 하였다. 아시아의 대사제 필립푸스는 아시아 지방에 있는 도시 동맹(스미르나, 에페소, 페르가몬, 사르데스, 키지쿠스)의 의장이었으며, 정기적인 경기와 축제를 주관하는 책임을 맡았다. 대사제는 아마도 전집정관 다음으로 중요한 관직이었을 것이다. 비문에 보면 가이우스 율리우스 필립푸스는 안토니우스 피우스 치하인 149~153년에 대사제였으며, 마르쿠스 아우렐리우스 시대에는 전집정관을 지냈다(J.B. Lightfoot, ApF II/1, 628-635쪽; 666-667쪽; II/3, 383쪽; 404-415쪽 참조). 이 사람이 순교록에 나오는 필립푸스와 동일 인물일 경우 폴리카르푸스의 순교 연대는 2세기 50년대로 확증된다.

[77] '야수형'(κυνηγέσια, 라틴어 venationes)은 검투시합이 아니라 맹수와 벌이는 싸움을 뜻한다.

[78] 폴리카르푸스는 여기서 이냐시우스(이냐.필라 7,1-2)나 스테파노(사도 6,10; 7,55)처럼 예언적 은사를 받은 것으로 확인된다.

XIII. Ταῦτα οὖν μετὰ τοσούτου τάχους ἐγένετο, θᾶττον ἢ ἐλέγετο, τῶν ὄχλων παραχρῆμα συναγόντων ἔκ τε τῶν ἐργαστηρίων καὶ βαλανείων ξύλα καὶ φρύγανα, μάλιστα Ἰουδαίων προθύμως, ὡς ἔθος αὐτοῖς, εἰς ταῦτα ὑπουργούντων. 2. ὅτε δὲ ἡ πυρὰ ἡτοιμάσθη, ἀποθέμενος ἑαυτῷ πάντα τὰ ἱμάτια καὶ λύσας τὴν ζώνην ἐπειρᾶτο καὶ ὑπολύειν ἑαυτόν, μὴ πρότερον τοῦτο ποιῶν διὰ τὸ ἀεὶ ἕκαστον τῶν πιστῶν σπουδάζειν, ὅστις τάχιον τοῦ χρωτὸς αὐτοῦ ἅψηται· ἐν παντὶ γὰρ ἀγαθῆς ἕνεκεν πολιτείας καὶ πρὸ τῆς μαρτυρίας ἐκεκόσμητο. 3. εὐθέως οὖν αὐτῷ περιετίθετο τὰ πρὸς τὴν πυρὰν ἡρμοσμένα ὄργανα. μελλόντων δὲ αὐτῶν καὶ

---

2 θᾶττον ἤ: ὡς con Schw. | ἢ ἐλέγετο mE; τοῦ λεχθῆναι g | τῶν: καὶ τῶν m | συναγόντων mpE Ps. - Chrys.; συναγαγόντων bchv | 3 τε bchmv; > pE Ps. - Chrys. | καὶ βαλανείων gE (L); > m Ps. - Chrys. | 4 καὶ φρύγανα > m | 5 ὑπουργεῖν cv | 6 πυρὰ mE (Ps. - Chrys.) Zahn; πυρκαϊὰ g Lightf. Funk Hilgenf. | ἑαυτῷ bhE; ἑαυτοῦ cpv, αὐτοῦ m | 7 ζώνην mE; + ἑαυτοῦ hp, + αὐτοῦ bcv | 8 ἀεὶ > m | 9 ὅστις bhpE; τίς cmv | τάχιον chE; τάχειον mpv, ταχίαν b | 10 ἐφάψηται E | ἐν παντὶ γὰρ E (+ χαρίσματι); παντὶ γ. καλῷ b Funk, πράξεις γ. καλὰς chpv Hilgenf., πάσης γ. m | ἀγ. ἕνεκεν πολιτείας: καὶ ἀγαθὰς καὶ θεοτίμητον πολιτείαν p | 11 καὶ πρὸ τῆς μαρτ. > m | μαρτυρίας g (L); πολιᾶς E Lightf. (Schw. 14쪽, Reun. 45쪽과 Delehaye, Anal. Boll. 38, 1920, 201쪽 참조. 델레하이예는 καὶ πρὸ τ. μαρτυρίας 내지 πολιᾶς를 낱말이 반복적으로 잘못 사용된 가필로 간주한다.) | 12 οὖν. δὲ m, > c | 13 αὐτῶν καὶ: αὐτὸν m

13. 1 이러한 일은 매우 빨리, 말할 틈도 없이[79] 빨리 일어났습니다. 군중들은 곧바로 작업장과 목욕탕에서 나무와 잔가지들을 모았습니다. 특히 유다인들은 이러한 일에 익숙한 듯이 이 일을 매우 열심히 도왔습니다.[80] 2 장작더미가 준비되었을 때, 폴리카르푸스는 스스로 겉옷을 모두 벗고,[81] 허리띠를 풀고, 신도 벗으려고 하였습니다.[82] 그는 이전에는 이것을[83] 하지 않았습니다. 그는 순교하기 이전에도 고상한 품행 때문에 모든 점에서 존경받았으며,[84] 신자들은 저마다 언제나 그의 몸을 맨 먼저 만지려고 애썼기 때문입니다. 3 장작더미를 태우려고 준비한 도구들이 곧바로 그의 주위에 놓였습니다. 그들이 그를 못박으려고[85] 하자 그

---

[79] "말할 틈도 없이"의 직역은 '말해질 수 있는 것보다' 이다.

[80] 여기서 초대 그리스도교의 반유다주의를 명백히 엿볼 수 있다. 유다인들의 이같은 태도는 구세주의 수난을 상기시킨다.

[81] πάντα τὰ ἱμάτια는 '모든 옷'을 의미하는가 아니면 '모든 겉옷'을 의미하는가? 고대인들의 허리띠는 옷을 잡아매거나 속옷을 걷어올리는 데 쓰였다(A. Oepke, ζώννυμι, 302쪽 참조). πάντα가 모든 옷을 의미할 경우 허리띠를 푸는 것은 의미가 없어진다. 따라서 여기서 ἱμάτια는 겉옷을 뜻한다. 그 다음에 폴리카르푸스가 속옷의 허리띠도 풀었을 경우 그는 벌거벗은 채 서 있는 것이다. 폴리.순교 15,2와 다른 순교 상황에서도 옷을 벗는 것은 벌거벗음을 뜻한다. 폴리카르푸스가 스스로 옷을 벗는 것이 이 서술의 중심이다. 겉옷을 벗는 것은, 14장의 성찬기도를 15장의 성찬 의미와 결합하여 "폴리카르푸스가 순교에서 완전한 자의식 아래 마지막 성찬을 거행하려는 것으로"(J. Kettel, Martyrium, 43쪽) 생각된다. 또한 그는 순교를 감사의 제물로 여긴 것 같다. 이냐시우스(이냐.로마 7,3)도 자신의 임박한 순교를 성찬례로 여겼고, 이냐.로마 2,2에서는 순교를 제물로 묘사한다.

[82] 겉옷을 벗고, 허리띠를 풀고, 신을 벗는 것은 전례가 시작된 초창기부터 성찬례를 준비하는 예식에 속하였다.

[83] 스스로 신을 벗는 것을 말한다.

[84] 폴리카르푸스의 모범적 특성은 그가 순교한 사실에 국한되지 않고 순교 이전의 그의 품행과도 연계된다. 따라서 순교와 더불어 '모든 점에서 하느님의 마음에 드는 생활'과 '처음부터 흠잡을 데 없는 품행'이 중요하다.

[85] 못박음은 예수께서 못박히신 십자가와 폴리카르푸스가 처형된 장작더미와의 상이성을 좁히기 위한 '복음에 따른 의도'를 암시한다.

προσηλοῦν, εἶπεν· Ἄφετέ με οὕτως· ὁ γὰρ δοὺς ὑπομεῖναι τὸ πῦρ δώσει καὶ χωρὶς τῆς ὑμετέρας ἐκ τῶν ἥλων ἀσφαλείας ἄσκυλτον ἐπιμεῖναι τῇ πυρᾷ.

5 **XIV.** Οἱ δὲ οὐ καθήλωσαν μέν, προσέδησαν δὲ αὐτόν. ὁ δὲ ὀπίσω τὰς χεῖρας ποιήσας καὶ προσδεθείς, ὥσπερ κριὸς ἐπίσημος ἐκ μεγάλου ποιμνίου εἰς προσφοράν, ὁλοκαύτωμα δεκτὸν τῷ θεῷ ἡτοιμασμένον, ἀναβλέψας εἰς τὸν οὐρανὸν εἶπεν·
10 Κύριε ὁ θεὸς ὁ παντοκράτωρ, ὁ τοῦ ἀγαπητοῦ

---

1 προσηλοῦν· + αὐτὸν E, + ἐν τῷ ξύλῳ cv | 3 ἐκ τῶν ἥλων > m | ἄσκυλτον m Ps. - Chrys.; ἀσκύλτως E, ἀσάλευτον g

5 μὲν G; > E | προσέδησαν mE Ps. - Chrys.; ἔδησαν g | 8 ὁλοκαύτωμα chmvE Ps. - Chrys.; ὁλοκάρπωμα bp | τῷ θεῷ G Ps. - Chrys.; θεῷ παντοκράτορι E | 9 ἡτοιμασμένον - οὐρανὸν > E | 10 κύριε - παντοκράτωρ > E

가 말하였습니다. "나를 이대로 내버려 두시오. 나에게 불을 참을 힘을 주시는 분께서 여러분이 못으로 (나를) 고정시키지 않아도 장작더미 위에서 움직이지 않고 견디어 내는 힘도 주실 것이기 때문입니다."[86]

14,1 그래서 그들은 그를 못박지 않고 단단히 묶었습니다. 큰 양떼 가운데 살진 숫양이 희생제물로, 하느님의 마음에 드는 번제물燔祭物로 준비되었듯이, 그의 손은 등 뒤로 단단히 묶였습니다.[87] 그는 하늘을 바라보며[88] 말하였습니다. "전능하신 주[89] 하느님,[90] 당신께서 사랑하고 복을 주

---

[86] 고통을 견디어 내는 것은 인간의 능력이 아니라 하느님의 능력이다. 하느님께서 주시는 능력은 마카베오서의 순교사화에도 언급된다(2마카 6,30; 4마카 6,7.9.30; 7,12.16; 9,26; 13,3 참조).

[87] 희생제물에 관한 사상은 전통적으로 성찬기도의 일부를 이룬다. 저자가 희생제물의 표상을 편집한 것이라면 이 표상은 폴리.순교 14장 외에서도 발견되어야 한다. 그런데 '제물'(θυσία), '희생제물'(προσφορά), '번제물'(ὁλοκαύτωμα), '주님'(κύριος) 같은 낱말들은 14장에만 나온다. 디다 9장의 성찬기도에는 희생제물의 표상이 나타나지 않는 반면(나중에 편집되었을 가능성이 있는 디다 14장에서 성찬은 희생제물로 묘사된다), 폴리.순교 14장에서는 예수 그리스도의 수난 ('그리스도의 잔에')과 희생제물을 관련지음으로써 이냐시우스(이냐.로마 2,2; 4,1-2) 이후의 순교 문맥에 나타나는 희생제물의 이해에 결정적 구실을 한다. 이 경우 순교자와 그리스도의 관계에 관한 신학적 발전이 중요하다. 속죄 개념을 포함한 희생제물의 표상은 그리스도에서 순교자로 점차 옮아간다(2디모 4,6 참조). 그리스도를 본받는 것(폴리.순교 17,2-3 참조)은 이냐시우스의 글에서 볼 수 있듯이 '하느님을 만남'(θεοῦ ἐπιτύχειν, 이냐.로마 6,3; 이냐.에페 12,2; 이냐.마그 14; 이냐.트랄 12,2 등)으로 표현되었다. 그러다가 나중에는 그리스도와 순교자의 관계에서 속죄(클레.양탄 4,75,1-2; 87,2; 오리.순교 30,37,39)가 중심이 된다(H.F.v. Campenhausen, Die Idee, 71쪽 이하 참조). 디다 14장과 달리 「폴리카르푸스 순교록」에서 '희생제물'이나 '제물'이 무엇을 뜻하는지는 명백하다. 곧, 순교는 숫양, 번제물(14,1), 살진 제물(14,2) 형태의 희생제물을 뜻한다.

[88] 하늘을 바라보는 것(폴리.순교 9,2; 4마카 6,6; 마르 6,41; 요한 17,1; 페르.순교 6,1)과 기도의 처음에 하느님을 부르는 것은 스테파노의 순교(사도 7,55 이하)와 유사하다.

[89] 호칭 '주님'(κύριε)은 구약성서의 전례어에서 인용한 것이다.

[90] 묵시 4,8; 11,17; 15,3; 16,7; 21,22.

καὶ εὐλογητοῦ παιδός σου Ἰησοῦ Χριστοῦ πατήρ, δι' οὗ τὴν περὶ σοῦ ἐπίγνωσιν εἰλήφαμεν, ὁ θεὸς ἀγγέλων καὶ δυνάμεων καὶ πάσης τῆς κτίσεως παντός τε τοῦ γένους τῶν δικαίων, οἳ ζῶσιν 5 ἐνώπιόν σου· 2. εὐλογῶ σε, ὅτι ἠξίωσάς με τῆς ἡμέρας καὶ ὥρας ταύτης, τοῦ λαβεῖν μέρος ἐν

---

1 καὶ εὐλογητοῦ > chv | 2 θεὸς mpE; + ὁ bchv | 3 τῆς bhp; > cmv (E) | 4 παντός τε mE; καὶ π. g | δικαίων gEL; ἀνθρώπων m | 5 ἠξίωσας g (E); κατηξίωσας m Lightf. | 6 καὶ ὥρας > m | λαβεῖν cmE Zahn; + με bhpv Lightf. Funk Hilgenf.

시는[91] 당신의 종[92] 예수 그리스도의 아버지시여, 우리는 그리스도를 통하여 당신을 알아보게 되었습니다.[93] 천사들과 권능들과 모든 피조물과[94] 당신 앞에 살고 있는 모든 의인의[95] 하느님이시여, 2 저를 이 날 이 시간에 합당하다고 여기셨으니 당신을 찬미합니다. 당신께서는 제가 순교자들 가운데에 동참하고,[96] 성령의 불멸[97] 안에서 영혼과 육체가 영원한 삶인

---

[91] '사랑받는'(ἀγαπητός)은 그리스도에 대한 전형적인 표현이며, '찬양받는' (εὐλογητός)은 일반적으로 성부께 사용된다.

[92] '아들, 어린이'라는 의미도 있는 παῖς는 신약성서에서 대부분 노예/종을 뜻한다(마태 8,6.13; 12,18; 14,2; 루가 1,54.69; 7,7; 12,45; 15,26; 사도 4,25 참조). παῖς가 예수를 가리키는 루가 2,43; 사도 3,13.26; 4,27.30은 '어린이'를 뜻하며, 두 번만 '하느님의 아들'에 관한 신학적 개념으로 사용된다(A.v. Harnack, *Die Bezeichnung*, 217-218쪽 참조). 순교록과 마찬가지로 고대 그리스도교 성찬기도에서도 παῖς는 예수에 관한 칭호로 사용된다(1클레 59,2.4; 마르 6,1; 9,2; 디다 9,3; 10,2-3; 히폴.사도 3,4.8; 사도규정 8,15,2 참조). παῖς 칭호의 기원은 '야훼의 종'의 노래(이사 42,1-4; 49,1-7; 50,4-11; 52,13-53,12)에서 유래한다. 나중에는 그리스도를 가리킨다(마르 1,11; 9,7; 12,6; 마태 17,5; 2베드 1,17).

[93] '인식'(γνῶσις)의 중재에 대한 감사는 고대 성찬기도의 주요 요소에 속한다(디다 9,3; 1클레 59,20 참조). 폴리카르푸스가 표현한 감사는 신자들이 그리스도를 통하여 하느님을 인식한 것에 근거를 둔다(에페 1,17 이하; 3,14-21; 골로 1,9-12 참조).

[94] 시편 58,6; 유딧 9,12.14 참조. 고대의 성찬기도들은 대부분이 처음에 '피조물'(πάσης τῆς κτίσεως)을 찬미하며, 하느님을 전능하신 분으로 묘사한다.

[95] 의인들은 동방 교회의 전례에서 자주 구약의 성인들을 가리킨다.

[96] 직역은 "순교자들의 숫자 안에서 몫을 받도록"이다. 여기서 '숫자'(ἀριθμός)는 하느님이 미리 정하신 수효이다(출애 12,4; 신명 32,8; 루가 22,3; 묵시 6,9 이하; 7,4; 13,17-18; 15,2 참조).

[97] '불멸'이라는 표현은 폴리.순교 19,2에도 나온다. 성령의 불멸은 영원한 삶과 직접 연관된다. 유다의 묵시적 사상과 이 사상의 영향을 받은 바울로는 세상과 인간의 유한성을 미래의 불멸성과 뚜렷이 구분한다(로마 1,23; 1고린 9,25; 15,42-54; 1베드 4,23 참조). 성찬과 관련된 불멸에 관해서는 이냐.에페 20,2; 이냐.스미 7,1; 이레.논박 4,18,5; 요한.행전 19 참조.

ἀριθμῷ τῶν μαρτύρων ἐν τῷ ποτηρίῳ τοῦ Χριστοῦ σου εἰς ἀνάστασιν ζωῆς αἰωνίου ψυχῆς τε καὶ σώματος ἐν ἀφθαρσίᾳ πνεύματος ἁγίου· ἐν οἷς προσδεχθείην ἐνώπιόν σου σήμερον ἐν θυσίᾳ πίονι
5 καὶ προσδεκτῇ, καθὼς προητοίμασας καὶ προεφανέρωσας καὶ ἐπλήρωσας, ὁ ἀψευδὴς, καὶ ἀληθινὸς θεός. 3. διὰ τοῦτο καὶ περὶ πάντων σὲ αἰνῶ, σὲ εὐλογῶ, σὲ δοξάζω διὰ τοῦ αἰωνίου καὶ ἐπουρανίου ἀρχιερέως Ἰησοῦ Χριστοῦ, ἀγαπητοῦ σου παιδός, δι᾽
10 οὗ σοὶ σὺν αὐτῷ καὶ πνεύματι ἁγίῳ δόξα καὶ νῦν καὶ εἰς τοὺς μέλλοντας αἰῶνας. ἀμήν.

1 μαρτύρων mE; + σου g | 2 σου bchmv; > p (E) | 4 προσδεχθείην mE (L); -θείη b, -θείημεν cpv, -θήημεν h | ἐν > m | 5-6 καὶ προεφ. G; προφανερώσας E | 6 καὶ ἐπλήρωσας (πληρώσας E) gE; > m | 7-8 σὲ αἰνῶ - δοξάζω mE (L); αἰνῶ σε (+ καὶ p) εὐλ. σε δοξ. σε g | 8-9 διὰ τοῦ - παιδὸς mE (그러나 καὶ ἐπουρ. > 그리고 ἀγαπητοῦ 앞에 + τοῦ E) cf. L; σὺν τῷ αἰωνίῳ καὶ ἐπουρανίῳ Ἰ. Χριστῷ ἀγαπητῷ σου παιδί g | 9-10 δι᾽ οὗ σ. σ. αὐτῷ mE (L); μεθ᾽ οὗ σοὶ g | 10 καὶ¹ GL; ἐν E Hilgenf. Reun. 42쪽(그러나 Tyrer, Journal of Theol. Studies 23, 1922, 390-391쪽 참조). | δόξα m (+ κράτος) E Zahn Lightf. Hilgenf.; ἡ δόξα g Funk | καὶ² bhpE; > cmv | νῦν· + καὶ ἀεὶ m(L) | 11 μέλλ. αἰῶνας bchvE; αἰῶνας τῶν αἰώνων mpL

부활을 위하여[98] 당신 그리스도의 잔에[99] 참여하게 하셨습니다. 거짓이 없으시고 진실하신 하느님, 당신께서 미리 마련하시고 계시하셨으며 지금 이루신 대로[100] 오늘 저를 순교자들 가운데 마음에 드는 살진 희생제물로[101] 당신 앞에 받아 주옵소서. 3 이때문에 당신께서 사랑하시는 종, 영원한 하늘의 대사제이신 예수 그리스도를 통하여 모든 것에 대해 당신을 찬미하고 찬양하며 당신께 영광을 돌리나이다. 예수 그리스도를 통하여, 그분과 성령과 함께 당신께[102] 이제와 영원히 영광이 있기를 빕니다. 아멘.[103]

---

[98] 요한 5,29.

[99] 이 표현에는 빵에 관한 언급이 빠져 있다. 디다 9,2에서도 유다 관습에 따라 잔이 먼저 언급된다(루가 22,17). 저자는 틀림없이 이 표현을 성찬과 관련하여 사용하였다. 전승단계에서 이 표현은 성찬의 음료에 적용되었으나 순교와 관련된 편집 단계에서 복음서의 전통에 따라 그리스도의 수난에 적용되었다. 이 본문은 예수가 게쎄마니에서 잔을 거두어 주도록 기도하는 마르 14,36보다 마르 10,38.39에 더 유사하다. 마르 10,38-39에서는 제자들이 그리스도를 따를 때 고난과 죽음을 견딜 준비가 되어 있어야만 그리스도의 잔을 마실 수 있으며 세례도 받을 수 있다고 한다.

[100] "미리 마련하시고 계시하셨으며 지금 이루신"($προητοίμασας$ $καὶ$ $προεφανέρωσας$ $καὶ$ $ἐπλήρωσας$)과 같은 세 개의 대구 표현은 전례의 전형적 요소이다. 하느님의 섭리(에페 1,5.11-12 참조)는 구원의 신비로서, 고대 성찬기도의 전형적인 구성요소이다. 다른 한편으로 이 표현에서는 편집자의 의도도 엿보인다. 저자는 하느님께서 폴리카르푸스에게 이미 이전에 계시하신 것(5,2; 12,3; 16,2 참조)을 놀라운 방식으로 완성하셨다고 서술한다. 곧, 폴리카르푸스는 환시(5,2)에서 그가 산 채로 화형에 처해질 것(12,3)을 알았다. 하느님께서는 제물을 '미리 준비하셨으며', 미리 보신 것을 마침내 완성하셨다. 이로써 하느님께서는 모든 것 뒤에 계시며, 폴리카르푸스의 순교는 '복음에 따른 순교'(1,1) 또는 '하느님의 뜻'으로 확인된다.

[101] 순교를 제물로 이해하는 개념은 명백히 유다 전통을 거쳐 이냐시우스의 사상에서 물려받은 것이며(이냐.에페 21,1; 이냐.스미 10,2; 이냐.폴리 2,3; 6,1), 성찬과 연결된다.

[102] 이 기도에서도 전례의 전형적 요소인 세 개의 대구 표현이 명백히 나타난다. ① "… 예수 그리스도를 통하여 … 성령과 함께 … 당신을 찬미합니다", ② "… 당신을 찬미하고 … 찬양하며 … 당신께 영광을 드립니다", ③ "그분과 성령과 함께 당신께 …"

[103] 순교자의 기도는 영광송으로 끝난다. 「폴리카르푸스 순교록」과 다른 순교자

XV. Ἀναπέμψαντος δὲ αὐτοῦ τὸ ἀμὴν καὶ πληρώσαντος τὴν εὐχὴν, οἱ τοῦ πυρὸς ἄνθρωποι ἐξῆψαν τὸ πῦρ. μεγάλης δὲ ἐκλαμψάσης φλογός, θαῦμα εἴδομεν, οἷς ἰδεῖν ἐδόθη· οἳ καὶ ἐτηρήθημεν
5 εἰς τὸ ἀναγγεῖλαι τοῖς λοιποῖς τὰ γενόμενα. 2. τὸ γὰρ πῦρ καμάρας εἶδος ποιῆσαν, ὥσπερ ὀθόνη πλοίου ὑπὸ πνεύματος πληρουμένη, κύκλῳ περιετείχισεν τὸ σῶμα τοῦ μάρτυρος· καὶ ἦν μέσον οὐχ ὡς σὰρξ καιομένη, ἀλλ᾽ ὡς ἄρτος ὀπτώμενος
10 ἢ ὡς χρυσὸς καὶ ἄργυρος ἐν καμίνῳ πυρούμενος· καὶ γὰρ εὐωδίας τοσαύτης ἀντελαβόμεθα, ὡς λιβανωτοῦ πνέοντος ἢ ἄλλου τινὸς τῶν τιμίων ἀρωμάτων.

---

1 ἀναπ. - ἀμὴν > chv ǀ 2 προσευχὴν E ǀ ἄνθρωποι (ἄνδρες h) gE; ὑπουργοί m ǀ 4 θαῦμα mE (L); + μέγα g, + μαγικὸν Ps. - Chrys. ǀ εἴδομεν E; ἴδωμεν (ἴδωμεν m) G ǀ 4-5 οἳ καὶ - γενόμενα 오래 된 가필? ǀ ἐτηρήθησαν E(L) ǀ 6-7 ὀθόνης ... πληρουμένης E ǀ 8 μάρτυρος gEL Ps. - Chrys.; ἀρχιερέως m ǀ 9 ὡς ἄρτος ὀπτ. ἢ > E ǀ 10 ἢ ὡς - πυρούμενος > m (슈바르츠와 로이닝은 이 부분을 가필로 추정한다) ǀ 12 πνέοντος > m ǀ ἄλλου > m

15.1 그가 "아멘" 하고 기도를 끝마쳤을 때, 불을 맡은 사람들이 불을[104] 붙였습니다. 불꽃이 활활 타오를 때, 우리는 기적을[105] 보았습니다. 이것이 우리가 본 것입니다. 우리는 일어난 일들을 다른 사람들에게 전하기 위하여 기적 (이야기)들을 보존하였습니다. 2 배의 돛이 바람을 가득 안고 불룩해지듯이 불은 아치형이 되더니 순교자의 몸을 둘러쌌습니다. 그의 몸은 타지 않고 빵이 구워지듯이, 또는 용광로에서 금과 은을 정련하듯이 (불) 가운데에 있었습니다.[106] 그리고 우리는 향내나는 유향이나 다른 값진 향료들과 같은 그러한 향기를[107] 맡았습니다.

행전(쉴리.행전 17; 유스.행전 6)에서도 영광송으로 이전까지의 내용을 마무리한다. "하늘의 대사제이신 예수 그리스도를 통하여 … 당신께 영광을 돌리나이다"는 히브 6,20; 9,11에도 나오며, 폴리카르푸스는 그가 필립비인들에게 보낸 편지(12,2)에서도 사용한다(1클레 36,1; 이냐.필라 9,1 참조). 영광송을 끝맺는 일반적인 형태인 "당신께 영원히 영광이 있기를 빕니다. 아멘"은 전형적인 찬가이다(로마 11,36; 갈라 1,5; 에페 3,21; 1디모 1,17; 1베드 5,11; 유다 1,25; W.H. Gloer, *Homologies*, 123쪽 참조). 고대의 영광송들은 일반적으로 성자를 통하여 또는 '성자와 함께', '성령과 함께' 또는 '성령 안에' 도식으로 성부를 찬미한다(고대의 영광송에 관해서는 A. Stuiber, *Doxologie*, 210-226쪽 참조). 결어정식에 관해서는 로마 16,25 이하; 에페 3,20-21; 필립 4,20-23; 2디모 4,18-22; 히브 13,20-21; 1베드 4,10-14; 2베드 3,17; 유다 1,24-25 참조.

[104] 세상의 징벌과 고문의 수단으로 쓰이는 불은 구약성서의 전통에서 유래한다(소돔에 불을 쏟아부음, 창세 19,24-25; 불가마의 세 청년, 다니 3,19 이하). 로마 제국은 그리스도인을 자주 화형시켰다(이냐.로마 5,3; 이냐.스미 4,2 참조).

[105] 15,1-2의 중심어는 '기적'($\theta\alpha\acute{\upsilon}\mu\alpha$)이다. 박해 상황에서 기적은 두려움을 극복하고 모범적인 주교를 본받으려는 독자들의 신심을 강하게 한다. 15-16장(불, 비둘기)에 언급되는 기적은 점층법(漸層法)으로 표현되지만, 기적이 「폴리카르푸스 순교록」 전체에 나타나는 일반적 요소는 결코 아니다. 폴리.순교 15,2의 기적은 폴리카르푸스가 하느님께서 선택하신 충실한 도구라는 사실을 드러낸다.

[106] 묵시 1,15 참조.

[107] 고대에 널리 유포된 주제인 '향기'($\epsilon\dot{\upsilon}\omega\delta\acute{\iota}\alpha$)는 서로 명백하게 구분되지 않는 두 가지 실재에 대한 표상이다. ① $\epsilon\dot{\upsilon}\omega\delta\acute{\iota}\alpha$는 신적 현존의 상징으로, 폴리카르푸

XVI. Πέρας γοῦν ἰδόντες οἱ ἄνομοι μὴ δυνάμενον αὐτοῦ τὸ σῶμα ὑπὸ τοῦ πυρὸς δαπανηθῆναι, ἐκέλευσαν προσελθόντα αὐτῷ κομφέκτορα παραβῦσαι ξιφίδιον. καὶ τοῦτο ποιήσαντος, ἐξῆλθεν [περιστερὰ
5 καὶ] πλῆθος αἵματος, ὥστε κατασβέσαι τὸ πῦρ καὶ θαυμάσαι πάντα τὸν ὄχλον, εἰ τοσαύτη τις διαφορὰ μεταξὺ τῶν τε ἀπίστων καὶ τῶν ἐκλεκτῶν· 2. ὧν εἷς καὶ οὗτος γεγόνει ὁ θαυμασιώτατος Πολύκαρ-

---

1 γοῦν cvE; δ' οὖν m, οὖν bhp Zahn | μὴ cmE; οὐ bhpv | 2-3 ἐκέλευσε cp | 3 κονφέκτορα m | 4 ξίφος E | 4-5 περιστερὰ καὶ G (L Ps. - Chrys.); > E, περὶ στύρακα con Zahn | 5 αἵματος: αἷμ [ατοει]δές Ps. - Chrys. | 6 πάντα > m | 6-7 εἰ - μεταξὺ· τῆς τοσαύτης διαφορᾶς cv | 6 τις > h | 7 τε cmvE; > bhp | ἀπίστων κ. τ. ἐκλ.: πιστῶν καὶ τῶν ἀπίστων cv | ἐκλεκτῶν + εἴη hp | ὧν (ὄν h) - τελειωθήσεται bhmpEL; καὶ οὕτως ἐτελειώθη ὁ ἅγιος ἱεράρχης καὶ ἔνδοξος μάρτυς τοῦ Χριστοῦ Πολύκαρπος τῇ εἰκάδι τρίτῃ τοῦ φεβρουαρίου μηνὸς cv | 8 γεγόνει (-όνι) b; ἐγεγόνει p, γέγονεν hE Schw., > m | ὁ + μακάριος καὶ m | θαυμασιώτατος mEL Lightf. Schw.; + μάρτυς g Zahn Funk Hilgenf. | Πολύκ. GL; > E (Lightf.) Schw.

16.1 마침내 무법자들은[108] 그의 몸을 불로 태울 수 없다는 것을 알고, 그를 단도로 찌르라고 사형집행인에게 명령하였습니다. 사형집행인이[109] 그대로 하자, [비둘기 한 마리와][110] 많은 양의 피가 흘러나와 불을 꺼버렸습니다.[111] 모든 군중은 믿지 않는 사람들과 선택받은 사람들[112] 사이에 그렇게 큰 차이가 있다는 것에 놀랐습니다. 2 선택받은 사람들 가운데 한

스의 순교와 관련하여 화형으로도 꺼질 수 없는 그의 생명, 불멸, 성화에 대한 표지이다. 또한 이냐시우스에게는 그리스도론적으로 정의된 용어인 '인식' (γνῶσις)과 결합하여 참된 '가르침'(διδασκαλία)의 의미도 내포한다. ② 순교자들은 선택받은 제물이며, 향기는 하느님께서 순교자들에게서 느끼는 호의의 상징적인 표현, 곧 제물의 표상으로 이해된다. 구약성서, 70인역, 신약성서는 εὐωδία를 제물의 맥락에서 사용하기 때문이다(창세 8,20-21; 출애 29,18; 레위 1,9 참조). 향기에 관해서는 G. Dautzenberg, εὐωδία/ὀσμή, 226-229쪽; B. Kötting, *Wohlgeruch*, 168-175쪽; A. Lallemand, *Le parfum*, 186-192쪽; E. Lohmeyer, *Vom göttlichen Wohlgeruch*, 232-249쪽; A. Stumpff, εὐωδία, 808-810쪽 참조.

[108] '무법자들'(ἄνομοι)에 관해서는 1고린 9,21; 2데살 2,8; 1디모 1,9; 폴리.순교 3,1; 9,2 참조.

[109] 사형집행인의 임무는 경기장에서 치명적인 부상을 입은 투사나 동물들을 죽이는 것이다(수에토니우스, 「아우구스투스의 생애」 43,2; 「네로의 생애」 12,1). 따라서 사형집행인은 본래 화형이 아니라 야수형과 관련있는 사람이다. 본문의 진술이 역사적 사실이라면 야수형이 방금 끝났기 때문에(12,2) 사형집행인이 현장에 있을 수도 있다. 문학적 의도로 기술되었을 경우, 창, 단도, 칼로 죽이는 것도 가능한 처형방식이다.

[110] '비둘기 한 마리'는 그리스어 수사본과 달리 에우.교회 4,15,39과 시리아어 전승에 없기 때문에 오늘날의 편집자들은 이 구절을 후대의 가필로 보아 본문에서 생략하였다. 이 구절이 원문인지 또는 후대에 가필되었는지 하는 문제를 떠나서 비둘기는 고대 교회에서 의인의 육체에서 떠나가는 영혼의 상징으로 이해되었다(시편 55,6; 마태 10,16; 테르.전갈 15; 테르.영혼 8 참조; G.H. Mohr, *Lexikon*, 280쪽 이하). 이러한 표상 외에 비둘기는 하느님의 '영' (πνεῦμα)을 가리킨다.

[111] 많은 양의 피가 흘러나와 불을 꺼버렸다는 기적과 이와 유사한 표현에 관해서는 4마카 9,20; 요한 19,34; 바울/테클.행전 22; 치프.편지 10 참조.

[112] '선택받은 사람들'(ἐκλεκτοί) 개념은 폴리.순교 22,1,3과 페르.순교 21,5에서 순교자들을 가리킨다.

πος, ἐν τοῖς καθ' ἡμᾶς χρόνοις διδάσκαλος ἀποστο- λικὸς καὶ προφητικὸς γενόμενος ἐπίσκοπός τε τῆς ἐν Σμύρνῃ καθολικῆς ἐκκλησίας. πᾶν γὰρ ῥῆμα, ὃ ἀφῆκεν ἐκ τοῦ στόματος αὐτοῦ, καὶ ἐτελειώθη καὶ
5 τελειωθήσεται.

XVII. Ὁ δὲ ἀντίζηλος καὶ βάσκανος καὶ πονηρός, ὁ ἀντικείμενος τῷ γένει τῶν δικαίων, ἰδὼν τό τε μέγεθος αὐτοῦ τῆς μαρτυρίας καὶ τὴν ἀπ' ἀρχῆς ἀνεπίληπτον πολιτείαν, ἐστεφανωμένον τε τὸν τῆς
10 ἀφθαρσίας στέφανον καὶ βραβεῖον ἀναντίρρητον

1-2 διδάσκ. - προφητ. 가필? (Schw. 16쪽, 참조: Reun .21쪽) ǀ **2** τε bp; > hmE ǀ **3** καθολικῆς bhpE; ἁγίας mL Lightf. ǀ **4** ἀφῆκεν mE; ἐξαφῆκεν bhp ǀ καὶ¹ bE; > hmp ǀ ἐτελειώθη bmE; > hp

6 ἀντίζηλος bchvE; ἀντίδικος p, ἀντικείμενος m ǀ καὶ² chmv; > b (p?) E ǀ πονηρός + δαίμων cv ǀ **7** ὁ bhpE; + καὶ m, + πάντοτε cv ǀ **9** ἀνεπ. πολιτείαν ∽ m ǀ τε: δὲ m ǀ **9-10** τὸν ... στέφανον chmvE; τῷ (τὸν b?) .. στεφάνῳ bp

사람이, 우리 시대의 사도적 스승이고,[113] 스미르나에 있는 정통신앙[114] 교회의 예언자다운 주교이며, 매우 존경스러운 폴리카르푸스였습니다. 그의 입에서 나온 모든 말들은 이루어졌고 이루어질 것이기 때문입니다.[115]

17.1 의인들을 거슬러 싸우는 적대자이며 중상자인 악인은 폴리카르푸스의 고귀한 증언과, 처음부터 흠잡을 데 없는 그의 품행과, 불멸의 월계관을 쓰고 확실한 상을[116] 받은 그를 보았습니다. 많은 사람이 시신을 가

---

[113] 「폴리카르푸스 순교록」에서는 보편적·사도적 주교의 순교를 묘사하려는 저자의 의도를 엿볼 수 있다. 이 글은 교회적·정통신앙적 방향으로 전개된다. 「폴리카르푸스 순교록」의 표제어라 할 수 있는 '교회'(ἐκκλησία), '정통 신앙의'(καθολικός), '주교'(ἐπίσκοπος)는 예언, 순교, 교회적·사도적 전통과 밀접하게 연결된다. 고대 교회의 증언들은 폴리카르푸스를 교회의 뛰어난 인물이며 이단에 대한 투쟁사로 묘사한다. 이냐.스미와 이냐.폴리에서 추론되듯이 그는 자신의 공동체에서 그리스도 가현설(이냐.스미 2-3; 7,1)과 엄격한 금욕을 주장하고(이냐.폴리 5,2) 구약성서와 복음을 비판한(이냐.스미 5,1) 영지주의자들과 투쟁하였다(이냐.필라 9,2 참조).

[114] 이 구절에서 καθολικῆς는 머릿글과 8,1에서처럼 '보편적', '일반적'을 뜻하는 것이 아니라 이단적 그룹과 대립하는 '정통 신앙의'를 뜻한다. 이러한 교의적 개념은 '가톨릭 교회'(ἡ καθολικὴ ἐκκλησία)가 이냐.스미 8,2에서 보편 교회의 지역적 의미로 처음 사용된 이후 여기에서 처음 나타난다. 따라서 '가톨릭' 개념이 2세기 후반에 지역적 의미와 교의적 의미로 사용되는 것은 몬타누스주의 논쟁과 관련된다. 폴리.순교 4; 12; 16,2는 반몬타누스주의 논쟁의 의도를 나타내기 때문이다.

[115] 에피파니우스(약상 48,2 이하)에 따르면 참된 예언자는 명료하고 합리적으로 예언한다. 폴리카르푸스의 모든 예언이 이루어졌음(폴리.순교 5,2; 12,3 참조)는 것은 그가 참된 예언자라는 사실을 증명한다.

[116] 경기 용어에 관한 표현인 월계관은 전통적으로 유다교의 거의 모든 순교록과 스토아 학파의 대중철학에도 나온다. '상'(βραβεῖον)과 같이 '월계관'(στέφανος)도 경기에서 승리자에게 주어지는 상을 뜻한다(순교자는 자신의 인내를 통하여 불의한 통치자에게 승리를 거두었다). 순교자들의 월계관(상)에 관해서는 4마카 17,12.15; 필립 3,14; 1코린 9,24-25; 1베드 5,4; 묵시 2,10; 리옹.편지 5,1.36.42; 쉴리.행전 17; 목자.비유 8,3.6; 치프.편지 10,4; 락탄.죽음 1,1 참조.

ἀπενηνεγμένον, ἐπετήδευσεν, ὡς μηδὲ τὸ σωμάτιον αὐτοῦ ὑφ᾽ ἡμῶν ληφθῆναι, καίπερ πολλῶν ἐπιθυμούντων τοῦτο ποιῆσαι καὶ κοινωνῆσαι τῷ ἁγίῳ αὐτοῦ σαρκίῳ. 2. ὑπέβαλεν γοῦν Νικήτην τὸν τοῦ Ἡρώδου πατέρα, ἀδελφὸν δὲ Ἄλκης, ἐντυχεῖν τῷ ἄρχοντι, ὥστε μὴ δοῦναι αὐτοῦ τὸ σῶμα· μή, φησίν, ἀφέντες τὸν ἐσταυρωμένον τοῦτον ἄρξωνται

---

1 ὥστε cm l σωμάτιον mEL; λείψανον g l 4 ὑπέβαλεν γοῦν b; ὑπέλαβεν (?) m, ὑπέβαλεν γὰρ p(L). ὑπέβαλον γοῦν τινες E, ὑπέβαλεν οὖν ὁ πονηρὸς h, ὅθεν ὑπέβαλεν ὡς δεινὸς καὶ μισάγιος ὁ πονηρὸς cv l 5 Ἄλκης: ἕλκεις m l 6 ἄρχοντι g (L); ἡγεμόνι E, ἀνθυπάτῳ m l μή: μήποτε cv l 7 ἄρξονται bpv

져가 그의 거룩한 몸의 일부에 동참하기를[117] 바랐지만, 악인은 우리가 폴리카르푸스의 시신을 가져가지 못하게 하였습니다. 2 악인은 헤로데의 아버지이자 알케의 형제인 니케테스를 부추겨 그의 몸을 내주지 말라고[118] 통치자에게[119] 간청하게 하였습니다. 니케테스는 "그들이 십자가에 매달린 이를 포기하고 이 사람을 흠숭하기 시작할지도 모릅니다"[120] 하고 말했

---

[117] 어간 κοινων-은 폴리.순교 6,2에도 나타난다. 순교자의 유해 공경에 관한 제의적 특성은 '그의 거룩한 몸에 동참함'(κοινωνῆσαι τῷ ἁγίῳ αὐτοῦ σαρκίῳ) 정식에서뿐만 아니라 (κοινωνῆσαι는 제의적 공경을 위해 무덤 주위에 모이는 것을 뜻한다) 성찬과 관련된 문맥에서도 나타난다. 폴리.순교 14,2의 성찬 정식은 '동참하다, 참여하다'(κοινωνῆσαι)와 거의 동의어인 '몫을 받도록'(τοῦ λαβεῖν μέρος)과 연결된다. 또한 '그리스도의 동참자'(폴리.순교 6,2)도 성찬과 결합된다. 「폴리카르푸스 순교록」 전체는 순교자와 유해에 관한 제의적 공경이 시작되었음을 나타낸다. ① 폴리카르푸스에 대한 찬미는 '고결한'(γενναῖος, 폴리.순교 2,1.2), '인내'(ὑπομονή, 폴리.순교 2,2; 3,1; 19,2), '탁월한'(ἔξοχος, 폴리.순교 19,1), '매우 존경스러운'(θαυμασιώτατος, 폴리.순교 5,1; 16,2) 등과 같은 낱말에서 분명해진다. ② 실제적인 순교자 공경과 유해 공경(폴리.순교 13,2; 17,1; 18,2). ③ 폴리.순교 21장의 부가적 진술은 스미르나에서 행해진 폴리카르푸스 제의(祭儀)와 관계가 있다. ④ 「페르페투아와 펠리치타스 순교록」에서도 「폴리카르푸스 순교록」과 같은 순교자 공경에 관한 유사한 주제가 나타난다(G. Buschmann, *Das Martyrium*, 329쪽 참조).

[118] 박해자들이 순교자의 유해와 유물을 없애려는 이유는 리옹.편지 5,1,62에 나오듯이 부활의 희망을 없애려는 것이다. 고대 사람들은 무덤만이 사자(死者)가 쉴 곳이며 사자숭배를 위한 장소라고 여겼기 때문에 매장에 큰 의미를 두었다. 이때문에 적들도 무덤에 안치되었다. 가난한 그리스도인들은 공동체의 비용으로 매장되었다(테르.호교 39,6; 아리.호교 15).

[119] 여기서 '통치자'(ἄρχων)는 아시아의 전집정관 스타티우스 콰드라투스로 추론할 수 있다(폴리.순교 3,1; 21,2 참조). 그러나 ἄρχων은 여기서만 사용되고 다른 곳에서는 전집정관에 대해 ἀνθύπατος를 사용하기 때문에, 이 ἄρχων이 전집정관과 동일한 인물인지는 불확실하다.

[120] 여기서 저자는 니케테스의 입을 빌려 순교록의 수신자들에게 순교자 공경과 그리스도 흠숭이 뒤바뀔 수 있는 위험의 가능성을 환기시킨다. 몬타누스파의 순교자들이 그리스도의 자리를 차지하였기 때문이다. 「폴리카르푸스 순교록」은 순교자 공경과 그리스도 흠숭의 명백한 차이를 드러내기 위하여 17,2.3에서 그 이유와 근거를 분명히 밝힌다. 박해 시대의 이러한 순교자 공경은 그리스도인들에

σέβεσθαι· καὶ ταῦτα ὑποβαλλόντων καὶ ἐνισχυόντων τῶν Ἰουδαίων, οἳ καὶ ἐτήρησαν, μελλόντων ἡμῶν ἐκ τοῦ πυρὸς αὐτὸν λαμβάνειν, ἀγνοοῦντες, ὅτι οὔτε τὸν Χριστόν ποτε καταλιπεῖν δυνησόμεθα, τὸν ὑπὲρ
5 τῆς τοῦ παντὸς κόσμου τῶν σωζομένων σωτηρίας παθόντα ἄμωμον ὑπὲρ ἁμαρτωλῶν, οὔτε ἕτερόν τινα σέβεσθαι. 3. τοῦτον μὲν γὰρ υἱὸν ὄντα τοῦ θεοῦ προσκυνοῦμεν, τοὺς δὲ μάρτυρας ὡς μαθητὰς καὶ μιμητὰς τοῦ κυρίου ἀγαπῶμεν ἀξίως ἕνεκα εὐνοίας
10 ἀνυπερβλήτου τῆς εἰς τὸν ἴδιον βασιλέα καὶ διδάσ- καλον· ὧν γένοιτο καὶ ἡμᾶς κοινωνούς τε καὶ συμ- μαθητὰς γενέσθαι.

---

1 σέβειν E | καί¹ > m | ταῦτα m (L) Zahn (Lightf.) Schw. (φησίν을 보완한); + εἶπον E Funk, + εἰπὼν g Hilgenf. | ὑποβαλόντων κ. ἐνισχυσάντων E | 2 τῶν hpv (E); > bcm | 3 αὐτὸν hpE; αὐτὸ: m Zahn, τοῦτον c, τοῦτο v, > b | 3-12 ἀγνοοῦντες - γενέσθαι > cv | 3 οὔτε > m | 4 ποτε καταλ.: καταλ. πόποτε hp (πώπ.) | 5 παντὸς > m | τῶν σωζ. > m | 6 παθόντα: ἀποθανόντα m | ἄμ. ὑ. ἁμαρτωλῶν > E | 7 σέβειν E | 9 τοῦ κυρίου: αὐτοῦ m | ἕνεκεν m | 11 ὧν. ᾧ m | κοινωνοὺς bhmL; συγκοιν. pE Lightf.

습니다. 이는 유다인들의[121] 부추김과 압박 때문에 일어났습니다. 그들은 우리가 불에서 폴리카르푸스(의 시신)을 모으려고 할 때 감시까지 했습니다. 그들은 온 세상 사람들의 구원을 위하여 고난받고, 죄인들을 위하여 (죽으신) 흠없는 분인 그리스도를 우리가 결코 포기할 수 없다는 것을 알지 못합니다. 또한 우리가 다른 사람을 공경하지 않으리라는 것도 알지 못합니다.[122] 3 우리는 하느님의 아들이신 이분을 흠숭합니다.[123] 또한 우리는 순교자들이 왕과 스승께 비할 데 없는 애정을 쏟으므로, 주님의 제자들이며 본받는 사람들인 순교자들을 진실로 사랑합니다. 우리도 그들의 (순교에) 동참하고 동료 제자가 될 수 있기를 바랍니다.[124]

게 인내를 통해 그들의 신앙을 강하게 하고 극단적인 순교 열망(폴리.순교 4)과 순교자 공경(17,3)을 '복음에 따라' 제한하려는 교훈적 의도를 내포한다.

[121] 여기서 유다인들의 역할은 「폴리카르푸스 순교록」의 반유다적 구절들에서처럼(12,2-3; 13,1; 사도 19,33 참조), 역사적 실제성에 대한 고찰이라기보다는 오히려 '복음에 따른 의도'를 나타내는 문학적 수단으로 사용된 것 같다. 곧, 대사제들과 바리사이파 사람들이 예수가 죽자 빌라도에게 무덤을 지켜 달라고 말한 것처럼(마태 27,62 이하), 여기서도 유다인들은 니케테스를 통하여 전집정관에게 자신들의 염려를 알린다.

[122] 이 구절은 극단적인 순교자 공경에 관한 논쟁이 실제로 있었음을 추론하게 한다. 순교록은 수신자들이 폴리카르푸스에게 제의적 공경을 바치는 것을 원하지 않는다. 이러한 흠숭은 그리스도에게만 합당하다. 「폴리카르푸스 순교록」은 세상의 구원을 위한 그리스도의 수난과 순교자의 고난을 명백하게 구분한다. 「폴리카르푸스 순교록」은 분명히 순교자에 대한 그릇된 이해에 주의를 돌린다. 폴리.순교 17,3에서 그리스도에 대한 흠숭과 순교자들에 대한 공경을 주의깊게 구분하는 것은 순교자들을 너무 높이 존경하는 초대 교회의 모습을 반영한다.

[123] 여기서 순교자 공경과 그리스도 흠숭이 신학적으로 명확히 구분된다. 그리스도에게 사용하는 '공경하다'($σέβεσθαι$), '흠숭하다'($προσκυνεῖν$)는 순교자를 공경하는 '사랑하다'($ἀγαπᾶν$)와 구분된다(G. Buschmann, Das Martyrium, 333-334쪽 참조). 하느님께만 사용하는 '공경하다'와 '흠숭하다'는 유스.행전 2,4; 유스.호교 1,6,2에도 나온다.

[124] 그리스도를 본받는 것은 순교자가 그리스도의 제자이며 그분을 본받는 사람이라는 사실에서 비롯된다. 이로써 그리스도교의 순교자는 신이나 반신(半神)으

XVIII. Ἰδὼν οὖν ὁ κεντυρίων τὴν τῶν Ἰουδαίων γενομένην φιλονεικίαν, θεὶς αὐτὸν ἐν μέσῳ, ὡς ἔθος αὐτοῖς, ἔκαυσεν. **2.** οὕτως τε ἡμεῖς ὕστερον ἀνελόμενοι τὰ τιμιώτερα λίθων πολυτελῶν καὶ δοκιμώτερα ὑπὲρ χρυσίον ὀστᾶ αὐτοῦ ἀπεθέμεθα, ὅπου καὶ ἀκόλουθον ἦν. **3.** ἔνθα ὡς δυνατὸν ἡμῖν συναγομένοις ἐν ἀγαλλιάσει καὶ χαρᾷ παρέξει ὁ κύριος ἐπιτελεῖν τὴν τοῦ μαρτυρίου αὐτοῦ ἡμέραν γενέθλιον, εἴς τε τὴν τῶν προηθληκότων μνήμην καὶ τῶν μελλόντων ἄσκησίν τε καὶ ἑτοιμασίαν.

---

1 κεντυρίων cmvL; ἑκατοντάρχης Ε. ἑκατόνταρχος κεντ. bhp | **1-2** Ἰουδ. γενομένην bhpE; λεγομένων Ἰουδ. m (v?). λεγομένων c | **2-3** ὡς ἔθος αὐτοῖς mE; τοῦ πυρὸς g, > L | **3** οὕτως: τότε cv | **6** καὶ ἀκ. ἦν. ἀκολούθως m | ἔνθα > m | **8** μαρτυρίου: μάρτυρος m | **9** τὴν bchvE; > mp | τῶν προηθληκότων mpE; τῶν ἠθληκότων b, αὐτοῦ chv

18.1 백부장은[125] 유다인들의 완고함을 알아채고, 폴리카르푸스의 시신을 가운데에 놓고 그들의 관습에 따라 화장하였습니다. 2 그 뒤 우리는 보석보다 더 귀하고 금보다 더 값진 그의 유골들을 모아 적당한 곳에 묻었습니다. 3 우리는 환희와 기쁨으로 가득 차 가능한 한 그곳에 모였습니다.[126] 주님께서는 우리에게 이전에 투쟁한 사람들을 기억하고[127] 앞으로 순교할 사람들이 단련하고 준비하도록, 그가 순교한 날을[128] 기념하는 것을 허락하셨습니다.[129]

로 공경되는 고대의 영웅과 구분된다. 그밖에 폴리카르푸스에 대한 공경은 그를 하느님과 유사한 존재로 보고 그에게 어떤 것을 간청하는 것이 아니라 그리스도를 따른 그의 모범을 다른 이들에게 권유하기 위해서이다.

[125] 그리스어 '백부장'($ἑκατοντάρχης$) 대신에 사용된 사형집행을 지휘하는 '백부장'($ὁ\ κεντυρίων$, Centurio)은 초대 그리스도교 문헌에서 이 구절과 마르 15,39.44-45에만 나온다.

[126] 이 진술은 순교자와 유해 공경에 대한 교회의 가장 오래된 증언이다. 여기서는 폴리카르푸스의 유골이 적당한 곳에 묻혔다는 것과, 그리스도교 공동체가 그곳에 모였다는 것말고는 다른 사실이 언급되지 않는다.

[127] '이전에 투쟁한 사람들'이 스미르나에서 폴리카르푸스 이전에 순교한 열한 사람을 가리키는지(폴리.순교 19,1), 다른 사람들을 가리키는지는 명확하지 않다. 더구나 게르마니쿠스(폴리.순교 3)와 퀸투스(폴리.순교 4)가 다른 열한 명의 순교자에 속하는지도 분명하지 않다.

[128] 여기서 처음 나타나는 표현 '순교한 날'로 옮긴 $ἡμέρα\ γενέθλιος$(dies natalis)는 본디 '생일'을 의미한다. 여기서는 폴리카르푸스의 사망일을 순교자의 불멸과 영원한 삶의 생일로 보았다. 이미 이냐시우스는 순교자가 죽은 날을 하늘에 머무르는 삶의 생일로 이해한다(이냐.로마 6,3). 이때문에 공동체는 순교자가 사망한 날을 축일로 거행하였다.

[129] 순교자를 기억하는 축일에 「폴리카르푸스 순교록」의 내용이 낭독되거나(피오.순교 2 참조), 애찬(愛餐)이 행해졌다. 히브 9,6과 1클레 42장에서 동사 '기념하다, 미사를 거행하다, 제물을 바치다, 축일을 기념하다'($ἐπιτελεῖν$)는 제의적 모임을 암시하며, 폴리.순교 18장에서도 순교자의 무덤 앞에서 성찬례가 거행되었음을 추론하게 한다. 폴리카르푸스의 순교에 관한 모든 보고는 그리스도의 순교를 근거로 쓰였기 때문에 이러한 가능성은 더욱 높다. 따라서 주님의 수난 재현은 순교자의 순교를 기억하는 축일과 쉽게 결합할 수 있다.

XIX. Τοιαῦτα τὰ κατὰ τὸν μακάριον Πολύκαρπον, ὅς σὺν τοῖς ἀπὸ Φιλαδελφίας δωδέκατος ἐν Σμύρνῃ μαρτυρήσας, μόνος ὑπὸ πάντων μᾶλλον μνημονεύεται, ὥστε καὶ ὑπὸ τῶν ἐθνῶν ἐν παντὶ τόπῳ
5 λαλεῖσθαι· οὐ μόνον διδάσκαλος γενόμενος ἐπίσημος, ἀλλὰ καὶ μάρτυς ἔξοχος, οὗ τὸ μαρτύριον πάντες ἐπιθυμοῦσιν μιμεῖσθαι κατὰ τὸ εὐαγγέλιον Χριστοῦ γενόμενον. 2. διὰ τῆς ὑπομονῆς καταγωνισάμενος τὸν ἄδικον ἄρχοντα καὶ οὕτως τὸν
10 τῆς ἀφθαρσίας στέφανον ἀπολαβών, σὺν τοῖς ἀποστόλοις καὶ πᾶσιν δικαίοις ἀγαλλιώμενος

2-3 δωδέκατος ... μαρτυρήσας G; δωδεκάτου ... μαρτυρήσαντος E (Schw. 17쪽 참조) ǀ 3 μόνος ὑπὸ GE; 슈바르츠는 가필로 본다. ǀ μᾶλλον E(L); > G (Lightf.) ǀ 4 ὥστε: ὡς E ǀ 5 λαλεῖσθαι: E는 여기서 끝난다. ǀ μόνον + γὰρ cv ǀ διδάσκαλος bchmv; + ἐθνῶν p(L) ǀ 6 ἐξοχώτατος chv ǀ 7 μιμήσασθαι m ǀ 8 διά: καὶ διὰ h ǀ τῆς + αὐτοῦ h ǀ ὑπομονῆς chmpv; + γὰρ b Hilgenf.

19.1 이것이 복된 폴리카르푸스에 관한 이야기입니다. 그는 필라델피아 출신 사람들과 함께 열두번째로[130] 스미르나에서 순교하였지만,[131] 모든 사람이 그만을 특별히 기억하여 이방인들조차 어디에서나 이야기합니다.[132] 그는 훌륭한 스승일 뿐만 아니라 탁월한 순교자였습니다.[133] 모든 사람이 그리스도의 복음에 따라 일어난 그의 순교를 본받기를 열망합니다. 2 그는 인내로써 불의한 통치자를[134] 제압하였으며, 그리고 이와같이[135] 불멸의 월계관을 받았습니다. 그는 환희로 가득 차 사도들

---

[130] 여기서 열한 명의 다른 순교자들이 필라델피아 출신인지, 필라델피아 출신의 사람들을 포함한 다른 사람들인지 불확실하다. 폴리카르푸스를 포함한 열두 명은 흩어져 사는 유다의 열두 지파(야고 1,1)를 상징하는 것 같다.

[131] "이것이 폴리카르푸스에 관한 이야기입니다. 그는 … 사람들과 함께 순교하였지만"(τὰ κατὰ τὸν μακάριον Πολύκαρπον, ὃς σὺν τοῖς … μαρτυρήσας)은 폴리.순교 1,1과 문자적으로 거의 일치한다. 이밖에도 폴리.순교 19장은 1장과 많은 낱말에서 일치한다. Σμύρνα(머릿글; 19,1), '모든 공동체에'(κατὰ πάντα τόπον, 머릿글), '모든 곳에'(ἐν παντὶ τόπῳ, 19,1); '복음에 따라'(κατὰ τὸ εὐαγγέλιον, 1,1; 19,1); '본받는 사람들'(μιμηταί, 1,2) - '본받다'(μιμεῖσθαι, 19,1); '인내'(ὑπομονή, 2,2-4; 19,2); '하느님, 아버지, 주님'(θεός, πατήρ, κύριος, 머릿글; 19,2); '구원받다'(σώζεσθαι, 1,2) - '구원자'(σωτήρ, 19,2); '보편 교회'(καθολικῆς ἐκκλησίας, 머릿글; 19,2). 이러한 일치가 나타내듯이, 19장은 편지의 맺는말에 해당한다고 볼 수 있다.

[132] 이러한 진술에 대한 근거는 다음과 같다. ① 폴리카르푸스는 스승일 뿐만 아니라 말과 행위가 일치하는 사람이었다. ② 많은 사람이 본받기를 갈망한 그의 순교는 복음에 따른 순교였다. ③ 폴리카르푸스는 이미 살아 생전에 매우 유명하고 존경받는 주교(폴리.순교 13,2; 17,1 참조)였다.

[133] 폴리.순교 17,3에 따르면 순교자들은 주님의 제자이며 본받는 사람이다. 마찬가지로 그리스도인들은 순교자의 '동료 제자'(συμμαθηταί)와 '동참자'(κοινωνοί)가 되어야 한다. 19,1에서도 이러한 사상이 분명히 나타난다. 폴리카르푸스는 스승일 '뿐만 아니라'(οὐ μόνον) 피의 증인으로 가르침을 실천한 행위자(μάρτυς ἔξοχος)임을 강조한다. 가르침은 행위로 뒷받침되어야 한다.

[134] '불의한 통치자'는 '전집정관'(17,2 참조)뿐만 아니라, 3,1의 '악마'와 17,1의 '의인들을 거슬러 싸우는 적대자이며 중상자인 악인'을 암시한다.

[135] "그리고 이와같이"(καὶ οὕτως)는 고대 순교문헌의 문체적 요소로 볼 수

δοξάζει τὸν θεὸν καὶ πατέρα παντοκράτορα καὶ εὐλογεῖ τὸν κύριον ἡμῶν Ἰησοῦν Χριστόν, τὸν σωτῆρα τῶν ψυχῶν ἡμῶν καὶ κυβερνήτην τῶν σωμάτων ἡμῶν καὶ ποιμένα τῆς κατὰ τὴν
5 οἰκουμένην καθολικῆς ἐκκλησίας.

XX. Ὑμεῖς μὲν οὖν ἠξιώσατε διὰ πλειόνων δηλωθῆναι ὑμῖν τὰ γενόμενα, ἡμεῖς δὲ κατὰ τὸ παρὸν ἐπὶ κεφαλαίῳ μεμηνύκαμεν διὰ τοῦ ἀδελφοῦ ἡμῶν Μαρκίωνος. μαθόντες οὖν ταῦτα καὶ τοῖς ἐπέκεινα
10 ἀδελφοῖς τὴν ἐπιστολὴν διαπέμψασθε, ἵνα καὶ ἐκεῖνοι δοξάζωσιν τὸν κύριον τὸν ἐκλογὰς, ποιοῦν-

---

1 τὸν θεὸν καὶ: θεὸν m Ι παντοκράτορα mL; > g Ι 2 ἡμῶν gL; > m (Lightf.) Ι 2-3 Ἰησοῦν - ἡμῶν > b Ι 3 ἡμῶν > m Ι 4 τὴν > m Ι 5 καθολικῆς gL; ἁγίας m Ι ἐκκλησίας: + καὶ τὸ πανάγιον καὶ ζωοποιὸν πνεῦμα cv (L); cv는 탈락된 17,3을 일부 변경하여 영광송 σὺν Χριστῷ Ἰησοῦ τῷ κυρίῳ ἡμῶν, ᾧ ἡ δόξα καὶ τὸ κράτος εἰς τοὺς αἰῶνας τῶν αἰώνων. ἀμήν과 연결함.

8 ἐπὶ bhp; ὡς ἐν m Zahn Lightf. Ι 9 Μαρκίωνος m; Μαρκιανοῦ (Marcianum) L Lightf., Μάρκου bhp Ι 11-1 ποιοῦντα ἀπὸ bhp; ποιούμενον m Lightf.

과[136] 모든 의인과 함께 전능하신 하느님 아버지를 영광스럽게 하였고,[137] 우리 영혼의 구원자이고[138] 우리 몸의 지도자이며 전 세계 보편 교회의[139] 목자이신 우리 주 예수 그리스도를 찬미하였습니다.

20.1 여러분은 사건들을 더 자세히 전해 줄 것을 요청하였습니다. 그래서 지금 상세한 내용을 우리의 형제 마르치온을 통하여 여러분에게 전합니다.[140] 여러분은 이 내용을 읽고 나서 멀리 떨어져 사는 형제들에게 편지를[141] 보내십시오.[142] 이는 주님의 종들 가운데서 선택받은 그들도

있다. 결론 정식은 초대의 순교록에서 자주 사용된다(1클레 5.4.7; 에우.교회 2.23.18; 3.32.3; 5.16.13; 쉴리.행전 17 참조). οὕτως는 이미 일어난 순교에 대한 회상이 아니라 순교자의 죽음을 지금 일어나는 것으로 이해하여, "그리고 이와같이", "그리그 이런 관점에서"로 번역할 수 있다(G. Buschmann, *Das Martyrium*, 352쪽 참조).

[136] '사도들과 함께'는 순교자들이 하느님의 옥좌에 얼마나 가까이 있는가를 암시한다(묵시 6.9; 20.4; 에우.교회 6.42.5; 치프.편지 6.2; 15.3; 31.3 참조).

[137] '하느님을 영광스럽게 하다'라는 표현은 신약성서(특히 요한 21.19)에서 사용된다.

[138] 구원자에 관해서는 「폴리카르푸스의 편지」 주5 참조.

[139] '가톨릭 교회'에 관해서는 폴리.순교 머릿글; 8.1; 16.2 참조. 여기서 '가톨릭'은 '전 세계'와 연결됨으로써 16.2의 '정통 신앙의'보다는 '보편적'이라는 의미를 지닌다.

[140] 마르치온은 매우 교양있는 저자이며, 20.2에 나오는 에우아레스투스는 편지를 옮겨 적고 전달한 사람이다. 데한트슈터(B. Dehandschutter, *Research*, 187쪽 이하)는 이 문장의 동사를 '보고하다', '전하다'의 의미에서 μηνύειν을 사용하고, '누군가를 통하여 써 보내다' (γράφειν διὰ τινος)는 다른 의미이기(사도 15.23; 1베드 5.12 참조) 때문에 마르치온이 순교를 목격한 사람(15.1 참조)이라고 주장한다.

[141] 고대에서 일상적인 편지는 γράμμα라고 부르며, ἐπιστολή는 공적인 서간을 뜻한다.

[142] '편지를 보내다'라는 말은 순회사도, 예언자, 사자들을 통한 초대 그리스도교 공동체 사이의 긴밀한 접촉을 나타낸다. 「폴리카르푸스 순교록」은 순

τα ἀπὸ τῶν ἰδίων δούλων. 2. Τῷ δὲ δυναμένῳ πάντας ἡμᾶς εἰσαγαγεῖν ἐν τῇ αὐτοῦ χάριτι καὶ δωρεᾷ εἰς τὴν αἰώνιον αὐτοῦ βασιλείαν, διὰ τοῦ παιδὸς αὐτοῦ, τοῦ μονογενοῦς Ἰησοῦ Χριστοῦ, δόξα, τι-
5 μή, κράτος, μεγαλωσύνη εἰς τοὺς αἰῶνας. προσαγορεύετε πάντας τοὺς ἁγίους. ὑμᾶς οἱ σὺν ἡμῖν προσαγορεύουσιν καὶ Εὔαρεστος, ὁ γράψας, πανοικεί.

XXI. Μαρτυρεῖ δὲ ὁ μακάριος Πολύκαρπος μηνὸς Ξανθικοῦ δευτέρᾳ ἱσταμένου, πρὸ ἑπτὰ καλανδῶν
10 Μαρτίων, σαββάτῳ μεγάλῳ, ὥρᾳ ὀγδόῃ. συνελήφθη δὲ ὑπὸ Ἡρώδου ἐπὶ ἀρχιερέως Φιλίππου Τραλλιανοῦ, ἀνθυπατεύοντος Στατίου Κοδράτου, βασιλεύοντος δὲ εἰς τοὺς αἰῶνας τοῦ κυρίου ἡμῶν Ἰησοῦ Χριστοῦ· ᾧ ἡ δόξα, τιμή, μεγαλωσύνη, θρόνος αἰώνιος ἀπὸ
15 γενεᾶς εἰς γενεάν. ἀμήν.

---

1 δὲ m; καὶ h, > bp | 2 ἐν bhp; > m | 3 αἰώνιον bhp; ἐπουράνιον m Lightf. | τοῦ hmp; > b | 3-4 παιδὸς αὐτοῦ τοῦ μονογ. bhp; μονογ. αὐτοῦ παιδὸς m | 4 δόξα m Lightf.; ᾧ ἡ δ. bhp (L) Funk Hilgenf., ἡ δ. Zahn | 5 τοὺς αἰώνας m; αἰώνας· ἀμήν bhp (L) Hilgenf. | 6 ὑμᾶς bp; καὶ γὰρ ὑμᾶς m, > h | ἡμῖν bhpL; + ἀδελφοί m | 7 καὶ + αὐτὸς m | γράψας bhpL; + τὴν ἐπιστολὴν m

8 μαρτυρεῖ bhp; ἐμαρτύρησεν m | μηνός· κατὰ μὲν ἀσιανοὺς μηνὸς m | 9 ἱσταμένου bhp; > m | πρὸ· κατὰ δὲ ῥωμαίους πρὸ m | 10 Μαρτίων m; μαΐων bpL Hilgenf., μαΐου h | ὀγδόῃ bhpL; ἐνάτῃ m (마태 27,46 참조) | συνελήφθη· ἢ καὶ σ. m | 11 δὲ hp; > bm Zahn Lightf. | ἐπὶ ἀρχ. bhp; ἀρχιεραρχούντος (sic) μὲν m | Φιλίππου + τοῦ ἀσεβοῦς (sic) m | Τραλλιανοῦ bp; στραλιανοῦ h, τραϊανοῦ mL | 12 ἀνθυπατεύοντος (+ δὲ m) bmp; ἀνθυπάτου ὄντος h | Στ. Κοδράτου > p | Στατίου L; στρατίου bh | Κοδράτου mL; κοράτου bh | 13 τοῦ κυρίου ἡμῶν m (L); > bhp Zahn Lightf. | 13-15 ᾧ - ἀμήν bhL; > mp

그분께 영광을 드리게 하려는 것입니다. 2 그분의 종, 외아들 예수 그리스도를 통하여 그분의 은총과 선물로 우리 모두를 영원한 나라로 데려가실 수 있는 분께 영광과 영예와 권능과 위엄이 영원히 있기를 빕니다.[143] 모든 성도에게 안부를 전해 주십시오.[144] 우리와 함께 있는 사람들, 이것을 옮겨 쓰는 에우아레스투스와 그의 온 가족이 여러분에게 안부를 전합니다.

21 복된 폴리카르푸스는 크산티쿠스 달의[145] 둘째 날, 3월 초하루 날의 7일 전, 대안식일 오후 2시경에 순교하였습니다. 그는 트랄레스의 필립푸스가 대사제이고, 스타티우스 콰드라투스가 전집정관이었을 때 – 그러나 우리 주 예수 그리스도께서는 영원히 통치하고 계십니다[146] –, 헤로데에게 체포되었습니다. 예수 그리스도께 영광, 영예, 위엄, 영원한 왕좌가 영원히 있기를 빕니다. 아멘.

회 서간이면서 권고의 말과 폴리카르푸스의 모범을 잘 결합시킨 교화 서간이라 할 수 있다.

[143] 전형적인 결어 영광송의 기본 요소는 영송(詠誦)의 대상인 '인물의 여격', '예수 그리스도를 통하여', '영광' (영예, 권능 등), '영원히' ('아멘')이다. 편지에서 영광송의 문학적 기능은 무엇보다도 결어 정식으로 사용되는 것이다. 영광송은 초대 그리스도교에서 고정된 구조와 다양한 형태로 나타난다(로마 16,25-27; 필립 4,20; 1데살 5,23; 6,15; 에페 3,20; 1디모 1,17; 1베드 4,11; 1클레 65,7).

[144] 로마 16,15; 히브 13,24 참조.

[145] 크산티쿠스 달은 로마 달력 2월 22일에 시작한다. 동방 교회는 폴리카르푸스의 축일을 2월 23일에 거행한다.

[146] 폴리카르푸스의 순교 연대에 관해서는 「폴리카르푸스의 편지」해제 2. '폴리카르푸스의 생애' 참조.

XXII. Ἐρρῶσθαι ὑμᾶς εὐχόμεθα, ἀδελφοί, στοιχοῦντας τῷ κατὰ τὸ εὐαγγέλιον λόγῳ Ἰησοῦ Χριστοῦ, μεθ᾽ οὗ δόξα τῷ θεῷ καὶ πατρὶ καὶ ἁγίῳ πνεύματι ἐπὶ σωτηρίᾳ τῇ τῶν ἁγίων ἐκλεκτῶν,
5 καθὼς ἐμαρτύρησεν ὁ μακάριος Πολύκαρπος, οὗ γένοιτο ἐν τῇ βασιλείᾳ Ἰησοῦ Χριστοῦ πρὸς τὰ ἴχνη εὑρεθῆναι ἡμᾶς. 2. Ταῦτα μετεγράψατο μὲν Γάϊος ἐκ τῶν Εἰρηναίου, μαθητοῦ τοῦ Πολυκάρπου, ὃς καὶ συνεπολιτεύσατο τῷ Εἰρηναίῳ. ἐγὼ δὲ Σωκ-
10 ράτης ἐν Κορίνθῳ ἐκ τῶν Γαΐου ἀντιγράφων ἔγραψα. ἡ χάρις μετὰ πάντων. 3. Ἐγὼ δὲ πάλιν Πιόνιος ἐκ τοῦ προγεγραμμένου ἔγραψα ἀναζητήσας αὐτά, κατὰ ἀποκάλυψιν φανερώσαντός μοι τοῦ μακαρίου Πολυκάρπου, καθὼς δηλώσω ἐν τῷ καθεξῆς,
15 συναγαγὼν αὐτὰ ἤδη σχεδὸν ἐκ τοῦ χρόνου κεκμηκότα, ἵνα κἀμὲ συναγάγῃ ὁ κύριος Ἰησοῦς Χριστὸς μετὰ τῶν ἐκλεκτῶν αὐτοῦ εἰς τὴν οὐράνιον βασιλείαν αὐτοῦ, ᾧ ἡ δόξα σὺν τῷ πατρὶ καὶ ἁγίῳ πνεύματι εἰς τοὺς αἰῶνας τῶν αἰώνων. ἀμήν.

1-7 ἐρρῶσθαι - ἡμᾶς > mL | 1 ἔρρωσθε p | 2 τῷ: τὸ bp | 3 οὗ + πᾶσα p | 3-4 καὶ π. - πνεύματι bh; > p Lightf (22장 3절과 모스크바 필사본의 맺는말 5절의 영광송 참조). | 5 μακάριος b; ἅγιος hp | οὗ b; ὃν hp | 7-19 ταῦτα - ἀμήν bhp (L); m은 여기서 21장과 연결하여 다른 맺는말을 제시한다. | 8 τοῦ + ἁγίου p | 11 ἡ χ. μ. πάντων bh: + ἡμῶν p, > L | 13 μοι : μου h | 16 κύριος + ἡμῶν p | 17 οὐράνιον bh: ἐπουρ. p | 18 τῷ hp: > b | καὶ bp; + τῷ h

22.1 복음에 따라 예수 그리스도의 말씀 안에 사는 형제들이여, 우리는 여러분에게 작별을 고합니다. 복된 폴리카르푸스가 증언하였듯이, 선택받은 성도들의 구원을 위하여 예수 그리스도와 함께 하느님 아버지와 성령께 영광이 있기를 빕니다.[147] 폴리카르푸스의 발자취를 따라 우리도 예수 그리스도의 나라에 함께 있기를 빕니다. 2 이레네우스와 함께 살았던 가이우스가 폴리카르푸스의 제자인 이레네우스의 작품들에서 이것을 옮겨 적었습니다. 나, 소크라테스는 가이우스의 필사본에서 이것을 고린토에서 기록하였습니다. 모든 사람에게 은총이 있기를 빕니다. 3 그리고 나, 피오니우스는[148] 이전에 쓰인 필사본을 찾아내어, 그대로 다시 옮겨 적었습니다. 내가 다음에서 설명하듯이 나는 이 필사본을 복된 폴리카르푸스의 계시에 따라 발견하였습니다. 주 예수 그리스도께서 그분의 선택받은 이들과 함께 나도 하늘에 있는 그분의 나라로 인도하시도록, 나는 그 뒤 거의 소실된 기록들을 모았습니다. 아버지와 성령과 함께 예수 그리스도께 영광이 영원히 있기를 빕니다. 아멘.

---

[147] 폴리.순교 22.1은 모스크바 필사본과 라틴어본에 나타나지 않는다. 그렇지만 22.1은 「폴리카르푸스 순교록」의 주요 주제와 관심사를 언급하고 순교록 원본에 나타나는 표현들을 사용하고 있는 것으로 보아 시기적으로 아주 늦게 첨가되었다고 할 수는 없다. 후대에 사용되는 '거룩한 폴리카르푸스'(ἅγιος Πολύκαρπος, 모스크바 필사본 머릿글 2절) 대신에 '복된 폴리카르푸스'(ὁ μακάριος Πολύκαρπος, 폴리.순교 1,1; 19,1 참조)를 사용하였기 때문이다.

[148] 가(假)-피오니우스는 4세기 중엽의 인물로 오늘날 부분적으로만 남아 있는 「폴리카르푸스의 생애」의 저자이다. 「가-피오니우스의 폴리카르푸스 순교록」에 따르면 그는 자신을 데치우스 황제의 박해 시기에 죽은 순교자라고 말하고 있다.

모스크바 필사본의 맺는말

1. Ταῦτα μετεγράψατο μὲν Γάϊος ἐκ τῶν Εἰρηναίου συγγαμμάτων, ὃς καὶ συνεπολιτεύσατο τῷ Εἰρηναίῳ, μαθητῇ γεγονότι τοῦ ἁγίου Πολυκάρπου. 2. οὗτος γὰρ ὁ Εἰρηναῖος, κατὰ τὸν καιρὸν τοῦ μαρτυρίου
5 τοῦ ἐπισκόπου Πολυκάρπου γενόμενος ἐν Ῥώμῃ, πολλοὺς ἐδίδαξεν· οὗ καὶ πολλὰ αὐτοῦ συγγράμματα κάλλιστα καὶ ὀρθότατα φέρεται, ἐν οἷς μέμνηται Πολυκάρπου, ὅτι παρ' αὐτοῦ ἔμαθεν· ἱκανῶς τε πᾶσαν αἵρεσιν ἤλεγξεν καὶ τὸν ἐκκλησιαστικὸν
10 κανόνα καὶ καθολικόν, ὡς παρέλαβεν παρὰ τοῦ ἁγίου, καὶ παρέδωκεν. 3. λέγει δὲ καὶ τοῦτο· ὅτι συναντήσαντός ποτε τῷ ἁγίῳ Πολυκάρπῳ Μαρκίωνος, ἀφ' οὗ οἱ λεγόμενοι Μαρκιωνισταί, καὶ εἰπόντος· Ἐπιγίνωσκε ἡμᾶς, Πολύκαρπε, εἶπεν αὐτὸς τῷ
15 Μαρκίωνι· Ἐπιγινώσκω, ἐπιγινώσκω τὸν πρωτότοκον τοῦ σατανᾶ. 4. καὶ τοῦτο δὲ φέρεται ἐν τοῖς τοῦ Εἰρηναίου συγγράμμασιν, ὅτι ᾗ ἡμέρᾳ καὶ ὥρᾳ ἐν Σμύρνῃ ἐμαρτύρησεν ὁ Πολύκαρπος, ἤκουσεν φωνὴν ἐν τῇ Ῥωμαίων πόλει ὑπάρχων ὁ Εἰρηναῖος ὡς
20 σάλπιγγος λεγούσης· Πολύκαρπος ἐμαρτύρησεν. 5. Ἐκ τούτων οὖν, ὡς προλέλεκται, τῶν τοῦ Εἰρη-

---

6 αὐτοῦ cod (잔과 푼크는 이유없이 이 낱말을 없앰. 1클레 21,9 참조) | 12-13 Μαρκίωνος: μαρκίων cod | 14 εἶπεν: εἰπεῖν cod | 21 τούτων: τούτου cod | 21-1 Εἰρηναίου: εἰρηναῖος cod

모스크바 필사본의 맺는말

1 가이우스는 이 글을 이레네우스의 작품들에서 옮겨 적었습니다. 그도 거룩한 폴리카르푸스의 제자였던 이레네우스와 함께 살았습니다. 2 폴리카르푸스 주교가 순교할 당시 로마에 있던 이레네우스는 많은 사람을 가르쳤습니다. 이레네우스는 뛰어나고 매우 정통적인 작품들을 많이 썼습니다. 그는 폴리카르푸스의 제자였기 때문에 이 작품들에서 폴리카르푸스를 기억하였습니다. 그는 모든 이단을 철저하게 논박하였으며, 그가 성인聖人으로부터 물려받은 대로 교회의 규범과 보편 규범을 전하였습니다.[149] 3 그는 이런 내용도 전하였습니다. 마르치온이 - 마르치온파는 그의 이름에서 유래되었습니다 - 거룩한 폴리카르푸스를 만났을 때,[150] "폴리카르푸스여, 우리를 아십니까" 하고 물었다는 것입니다. 폴리카르푸스는 "예, 나는 당신을 압니다. 나는 당신이 사탄의 받아들이라는 것을 압니다" 하고 마르치온에게 대답하였다고 합니다. 4 또 이레네우스의 작품들에는 이런 내용도 있습니다. 폴리카르푸스가 스미르나에서 순교한 바로 그 날 그 시간에 로마에 있던 이레네우스는 '폴리카르푸스가 순교하였다'고 말하는 나팔 소리 같은 음성을 들었다는 것입니다. 5 이미 말한 바와같이 가이우스는 이레네우스의 작품들에서 이것

---

[149] 에우세비우스가 사망한 뒤에 쓰인 모스크바 필사본은 이레네우스를 폴리카르푸스에 관한 전승의 보증인으로 강조하며, 폴리카르푸스와 이레네우스의 반이단적, 특히 반마르치온적 태도에 역점을 둔다. 이 글에서 이레네우스는 자기 스승, 폴리카르푸스를 사도적 신앙전승의 성실한 선포자이며 사도의 제자라고 증언한다(에우.교회 3,36,1; 5,20,6; 이레.논박 3,3,4 등).

[150] 폴리카르푸스와 마르치온의 만남에 관해서는 에우.교회 4,14,7; 이레.논박 3,3,4 참조.

ναίου συγγραμμάτων Γάϊος μετεγράψατο, ἐκ δὲ τῶν Γαΐου ἀντιγράφων Ἰσοκράτης ἐν Κορίνθῳ. ἐγὼ δὲ πάλιν Πιόνιος ἐκ τῶν Ἰσοκράτους ἀντιγράφων ἔγραψα κατὰ ἀποκάλυψιν τοῦ ἁγίου Πολυκάρπου
5 ζητήσας αὐτά, συναγαγὼν αὐτὰ ἤδη σχεδὸν ἐκ τοῦ χρόνου κεκμηκότα, ἵνα κἀμὲ συναγάγῃ ὁ κύριος Ἰησοῦς Χριστὸς μετὰ τῶν ἐκλεκτῶν αὐτοῦ εἰς τὴν ἐπουράνιον αὐτοῦ βασιλείαν· ᾧ ἡ δόξα σὺν τῷ πατρὶ καὶ τῷ υἱῷ καὶ τῷ ἁγίῳ πνεύματι εἰς τοὺς
10 αἰῶνας τῶν αἰώνων. ἀμήν.

을 옮겨 적었습니다. 그 뒤 이소크라테스가 고린토에서 가이우스의 필사본으로부터 기록하였습니다. 그리고 나, 피오니우스는 이소크라테스의 필사본에서 이 글을 옮겨 적었습니다. 나는 거룩한 폴리카르푸스의 계시에 따라 필사본들을 찾아 냈습니다. 주 예수 그리스도께서 그분의 선택받은 이들과 함께 나도 하늘에 있는 그분의 나라로 인도하시도록, 나는 그 뒤 거의 소실된 기록들을 모았습니다. 아버지와 아들과 성령과 함께 예수 그리스도께 영광이 영원히 있기를 빕니다. 아멘.

다. 부 록:
에우세비우스의「교회사」4, 15, 3-45

　　　　　명사 변화나 동사 활용이 다른 경우
　　< >　「교회사」에 가필된 경우
　　[ ]　순교록의 낱말, 문장이 삭제된 경우

ΜΑΡΤΥΡΙΟΝ ΤΟΥ ΑΓΙΟΥ ΠΟΛΥΚΑΡΠΟΥ ΕΠΙΣΚΟΠΟΥ ΣΜΥΡΝΗΣ

15,3 (머릿글) Ἡ ἐκκλησία τοῦ θεοῦ ἡ παροικοῦσα Σμύρναν τῇ ἐκκλησίᾳ τοῦ θεοῦ τῇ παροικούσῃ ἐν Φιλομηλίῳ καὶ πάσαις ταῖς κατὰ πάντα τόπον τῆς ἁγίας [   ] καθολικῆς ἐκκλησίας παροικίαις ἔλεος εἰρήνη καὶ ἀγάπη θεοῦ πατρὸς καὶ [   ] κυρίου ἡμῶν Ἰησοῦ Χριστοῦ πληθυνθείη. (1,1) ἐγράψαμεν ὑμῖν, ἀδελφοί, τὰ κατὰ τοὺς μαρτυρήσαντας καὶ τὸν μακάριον Πολύκαρπον, ὅστις ὥσπερ ἐπισφραγίσας διὰ τῆς μαρτυρίας αὐτοῦ κατέπαυσε τὸν διωγμόν.

15,4 (2,2) <καταπλῆξαι γάρ φασι τοὺς ἐν κύκλῳ περιεστῶτας, θεωμένους τοτὲ μὲν> μάστιξι [   ] μέχρι <καὶ> τῶν <ἐνδοτάτω> φλεβῶν καὶ ἀρτηριῶν καταξαινο<u>μένους</u>, <ὡς ἤδη καὶ τὰ ἐν μυχοῖς ἀπόρρητα τοῦ σώματος σπλάγχνα τε αὐτῶν καὶ μέλη κατοπτεύεσθαι,> (2,4) <τοτὲ δὲ τοὺς ἀπὸ θαλάττης> κήρυκας <καὶ τινας ὀξεῖς ὀβελίσκους> ὑποστρωννυμέν<u>ους</u>, καὶ <διὰ παντὸς εἴδους> κολάσε<u>ων</u> <καὶ> βασάνων <προϊόντας καὶ τέλος θηρσὶν εἰς βορὰν παραδιδομένους.>

15,5 (3,1) <μάλιστα δὲ ἱστοροῦσιν διαπρέψαι τὸν> γενναιότ<u>ατον</u> Γερμανικ<u>όν</u>, <ὑπορρωννύντα σὺν θείᾳ χάριτι τὴν ἔμφυτον περὶ τὸν θάνατον τοῦ σώματος> δειλίαν [   ].

βουλομένου <γέ τοι> τοῦ ἀνθυπάτου πείθειν αὐτὸν <προβαλλομένου τε> [ ] τὴν ἡλικίαν [ ] <καὶ ἀντιβολοῦντος κομιδῇ νέον ὄντα καὶ ἀκμαῖον οἶκτον ἑαυτοῦ λαβεῖν, μὴ μελλῆσαι, προθύμως δ'> ἐπισπάσασθαι <εἰς ἑαυτὸν> τὸ θηρίον, <μόνον οὐχὶ βιασάμενον καὶ παροξύναντα, ὡς ἂν> τάχιον τοῦ ἀδίκου καὶ ἀνόμου βίοι αὐτῶν ἀπαλλαγείη [ ].

15,6 (3,2) [ ] τούτου <δ' ἐπὶ τῷ διαπρεπεῖ θανάτῳ> τὸ πᾶν πλῆθος ἀποθαυμάσαν <τῆς ἀνδρείας> τὸν θεοφιλῆ <μάρτυρα καὶ τὴν καθόλου τοῦ> γένους τῶν Χριστιανῶν <ἀρετήν, ἀθρόως> ἐπιβοᾶν <ἄρξασθαι> αἶρε τοὺς ἀθέους ζητείσθω Πολύκαρπος.

15,7 (4) <καὶ δὴ πλείστης ἐπὶ ταῖς βοαῖς γενομένης ταραχῆς,> Φρύγα <τινὰ τὸ γένος,> Κόϊντον <τοὔνομα, νεωστὶ ἐκ> τῆς Φρυγίας <ἐπιστάντα,> ἰδόντα τοὺς θῆρας <καὶ τὰς ἐπὶ τούτοις ἀπειλάς, καταπτῆξαι τὴν ψυχὴν μαλακισθέντα καὶ τέλος τῆς σωτηρίας ἐνδοῦναι.>

15,8 <ἐδήλου δὲ τοῦτον ὁ τῆς προειρημένης γραφῆς λόγος προπετέστερον ἀλλ' οὐ κατ' εὐλάβειαν ἐπιπηδῆσαι τῷ δικαστηρίῳ σὺν ἑτέροις, ἁλόντα δ' οὖν ὅμως καταφανὲς ὑπόδειγμα τοῖς πᾶσιν παρασχεῖν, ὅτι μὴ δέοι τοῖς τοιούτοις ῥιψοκινδύνως καὶ ἀνευλαβῶς ἐπιτολμᾶν. ἀλλὰ ταύτῃ μὲν εἶχεν πέρας τὰ κατὰ τούτους·>

15,9 (5,1) <τόν γε μὴν> θαυμασιώτατον Πολύκαρπον τὰ μὲν πρῶτα <τούτων> ἀκούσαντα <ἀτάραχον μεῖναι, εὐσταθὲς τὸ ἦθος καὶ ἀκίνητον φυλάξαντα,> [ ] βούλεσθαί <τε αὐτοῦ> κατὰ πόλιν περιμένειν· [ ]

πεισθέντα <γε μὴν ἀντιβολοῦσι τοῖς ἀμφ'> αὐτὸν <καὶ
ὡς ἂν> ὑπεξέλθοι <παρακαλοῦσι, προελθεῖν> εἰς [ ]
οὐ <πόρρω διεστῶτα> [ ] τῆς πόλεως <ἀγρὸν>
διατρίβειν <τε σὺν> [ ] ὀλίγοις <ἐνταῦθα,> νύκτωρ
καὶ <μεθ'> ἡμέραν οὔτι ἕτερον <πράττοντα> ἢ <ταῖς>
πρὸς <τὸν κύριον διακαρτεροῦντα> εὐχαῖς· <δι' ὧν
δεῖσθαι καὶ ἱκετεύειν εἰρήνην ἐξαιτούμενον ταῖς ἀνὰ
πᾶσαν> τὴν οἰκουμένην ἐκκλησίαις, <τοῦτο γὰρ καὶ
εἶναι ἐκ τοῦ παντὸς> αὐτῷ σύνηθες.

15,10 (5,2) καὶ <δὴ> εὐχόμενον, ἐν ὀπτασίᾳ [ ] τριῶν
<πρότερον> ἡμερῶν τῆς συλλήψεως [ ] <νύκτωρ>
<ἰδεῖν> τὸ ὑπὸ κεφαλῆς αὐτῷ <στρῶμα ἀθρόως οὕτως>
ὑπὸ πυρὸς <φλεχθὲν δεδαπανῆσθαι, ἔξυπνον δ' ἐπὶ
τούτῳ γενόμενον, εὐθὺς ὑφερμηνεῦσαι τοῖς παροῦσι τὸ
φανέν, μόνον οὐχὶ τὸ μέλλον προθεσπίσαντα σαφῶς τε
ἀνειπόντα τοῖς ἀμφ' αὐτὸν ὅτι δέοι αὐτὸν διὰ Χριστὸν
πυρὶ τὴν ζωὴν <μεταλλάξαι.>

15,11 (6,1) <ἐπικειμένων δὴ οὖν σὺν πάσῃ σπουδῇ> τῶν
ἀναζητούντων αὐτόν, <αὖθις ὑπὸ τῆς τῶν ἀδελφῶν
διαθέσεως καὶ στοργῆς ἐκβεβιασμένον> μεταβῆναί
<φασιν ἐφ'> ἕτερον ἀγρόν· <ἔνθα μετ' οὐ πλεῖστον
τοὺς συνελαύνοντας ἐπελθεῖν,> δύο <δὲ τῶν αὐτόθι>
συλλαβεῖν παίδων· ὧν θάτερον <αἰκισαμένους ἐπιστῆναι
δι' αὐτοῦ τῇ τοῦ Πολυκάρπου καταγωγῇ,>

15,12 (7,1) [ ] ὀψὲ <δὲ> τῆς ὥρας ἐπελθόντας, <αὐτὸν>
μὲν εὑρεῖν ἐν ὑπερῴῳ κατακείμενον, <ὅθεν> δυνατὸν
<ὂν αὐτῷ ἐφ'> ἑτέραν <μεταστῆναι οἰκίαν, μὴ> βεβου-

λῆσθαι, εἰπόντα τὸ θέλημα τοῦ θεοῦ γινέσθω.

15,13 (7,2) <καὶ δὴ μαθὼν> παρόντας, ... καταβὰς αὐτοῖς διελέξατο <εὖ μάλα φαιδρῷ καὶ πραοτάτῳ προσώπῳ, ὡς καὶ> θαῦμα <δοκεῖν ὁρᾶν τοὺς πάλαι τοῦ ἀνδρὸς ἀγνῶτας, ἐναποβλέποντας τῷ> τῆς ἡλικίας αὐτοῦ <παλαιῷ> καὶ τῷ <σεμνῷ καὶ> εὐσταθεῖ <τοῦ τρόπου,> καὶ εἰ τοσαύτη <γένοιτο> σπουδὴ <ὑπὲρ> [ ] τοῦ τοιοῦτον συλληφθῆναι πρεσβύτην [ ].

15,14 <ὃ δ' οὐ μελλήσας> εὐθέως <τράπεζαν> [ ] αὐτοῖς παρατεθῆναι <προστάττει, εἶτα τροφῆς ἀφθόνου μεταλαβεῖν ἀξιοῖ,> (7,3) <μίαν τε ὥραν, ὡς ἂν προσεύξοιτο ἀδεῶς, παρ' αὐτῶν αἰτεῖται > ἐπιτρεψάντων δὲ <ἀναστὰς ηὔχετο, ἔμπλεως> τῆς χάριτος ὢν <τοῦ κυρίου>, ὡς <ἐκπλήττεσθαι> τοὺς <παρόντας εὐχομένου αὐτοῦ ἀκροωμένους> πολλούς τε <αὐτῶν> μετανοεῖν <ἤδη> ἐπὶ <τῷ> τοιοῦτον <ἀναιρεῖσθαι μέλλειν σεμνὸν καὶ> θεοπρεπῆ πρεσβύτην.

15,15 (8,1) ἐπεὶ δέ ποτε κατέπαυσε τὴν προσευχήν, μνημονεύσας ἁπάντων καὶ τῶν πώποτε συμβεβληκότων αὐτῷ, μικρῶν τε καὶ μεγάλων, ἐνδόξων τε καὶ ἀδόξων καὶ πάσης τῆς κατὰ τὴν οἰκουμένην καθολικῆς ἐκκλησίας, τῆς ὥρας ἐλθούσης τοῦ ἐξιέναι, ὄνῳ καθίσαντες αὐτὸν ἤγαγον εἰς τὴν πόλιν, ὄντος σαββάτου μεγάλου. (8,2) καὶ ὑπήντα αὐτῷ ὁ εἰρήναρχος Ἡρώδης καὶ ὁ πατὴρ αὐτοῦ Νικήτης· οἳ καὶ μεταθέντες αὐτὸν <εἰς τὸ ὄχημα,> ἔπειθον παρακαθεζόμενοι καὶ λέγοντες τί γὰρ κακόν ἐστιν εἰπεῖν, κύριος Καῖσαρ, καὶ <θῦσαι> [ ] καὶ

διασώζεσται; ὃ δὲ τὰ μὲν πρῶτα οὐκ ἀπεκρίνατο [ ],
15,16 ἐπιμενόντων δὲ αὐτῶν, ἔφη οὐ μέλλω <πράττειν> ὃ
συμβουλεύετέ μοι. (8,3) <οἳ> δὲ ἀποτυχόντες τοῦ
πεῖσαι αὐτόν, δεινὰ ῥήματα ἔλεγον καὶ μετὰ σπουδῆς
καθήρουν, ὡς κατιόντα ἀπὸ <τοῦ ὀχήματος> ἀποσῦραι
τὸ ἀντικνήμιον· <ἀλλὰ γὰρ> μὴ ἐπιστραφείς, <οἷα>
μηδὲν πεπονθὼς προθύμως
15,17 <μετὰ σπουδῆς> ἐπορεύετο, ἀγόμενος εἰς τὸ στάδιον.
θορύβου <δὲ> τηλικούτου ὄντος ἐν τῷ σταδίῳ, ὡς μηδὲ
<πολλοῖς> ἀκουσθῆναι [ ], (9,1) τῷ [ ] Πολυκάρπῳ
εἰσιόντι εἰς τὸ στάδιον φωνὴ ἐξ οὐρανοῦ <γέγονεν>
ἴσχυε, Πολύκαρπε, καὶ ἀνδρίζου. καὶ τὸν μὲν εἰπόντα
οὐδεὶς εἶδεν, τὴν δὲ φωνὴν τῶν ἡμετέρων <πολλοὶ>
[ ] ἤκουσαν [ ].
15,18 προσαχθέντος <οὖν> αὐτοῦ, θόρυβος ἦν μέγας ἀκου-
σάντων ὅτι Πολύκαρπος συνείληπται. (9,2) <λοιπὸν>
οὖν [ ] <προσελθόντα> ἀνηρώτα ὁ ἀνθύπατος εἰ
αὐτὸς εἴη Πολύκαρπος, <καὶ> [ ] ὁμολογήσαντος,
ἔπειθεν ἀρνεῖσθαι λέγων· αἰδέσθητί σου τὴν ἡλικίαν,
καὶ ἕτερα τούτοις ἀκόλουθα, <ἃ σύνηθες> [ ] αὐτοῖς
<ἐστι> λέγειν, ὄμοσον τὴν Καίσαρος τύχην, μετα-
νόησον, εἶπον, αἶρε τοὺς ἀθέους.
15,19 ὁ δὲ Πολύκαρπος ἐμβριθεῖ τῷ προσώπῳ εἰς πάντα τὸν
ὄχλον τὸν ἐν τῷ σταδίῳ [ ] ἐμβλέψας, [ ] ἐπι-
σείσας αὐτοῖς τὴν χεῖρα, στενάξας τε καὶ ἀναβλέψας
εἰς τὸν οὐρανόν, εἶπεν αἶρε τοὺς ἀθέους.
15,20 (9,3) ἐγκειμένου δὲ τοῦ <ἡγουμένου> καὶ λέγοντος

ὄμοσον, καὶ ἀπολύσω σε, λοιδόρησον τὸν Χριστόν, ἔφη ὁ Πολύκαρπος ὀγδοήκοντα καὶ ἓξ ἔτη δουλεύω αὐτῷ, καὶ οὐδέν με ἠδίκησεν· καὶ πῶς δύναμαι βλασφημῆσαι τὸν βασιλέα μου, τὸν σώσαντά με;

15,21 (10,1) ἐπιμένοντος δὲ πάλιν αὐτοῦ καὶ λέγοντος ὄμοσον τὴν Καίσαρος τύχην, [ ] <ὁ Πολύκαρπος·> εἰ κενοδοξεῖς, ... ἵνα ὀμόσω [ ] Καίσαρος τύχην, ὡς [ ] λέγεις προσποιούμενος [ ] ἀγνοεῖν <ὅστις> εἰμί, μετὰ παρρησίας ἄκουε· Χριστιανός εἰμι. εἰ δὲ θέλεις τὸν τοῦ Χριστιανισμοῦ μαθεῖν λόγον, δὸς ἡμέραν καὶ ἄκουσον.

15,22 (10,2) ἔφη ὁ ἀνθύπατος πεῖσον τὸν δῆμον. [ ] Πολύκαρπος <ἔφη> σὲ μὲν καὶ λόγου ἠξίωκα, δεδιδάγμεθα γὰρ ἀρχαῖς καὶ ἐξουσίαις ὑπὸ [ ] θεοῦ τεταγμέναις τιμὴν κατὰ τὸ προσῆκον τὴν μὴ βλάπτουσαν ἡμᾶς ἀπονέμειν· ἐκείνους δὲ οὐκ ἀξίους ἡγοῦμαι τοῦ ἀπολογεῖσθαι αὐτοῖς.

15,23 (11,1) ὁ δ᾽ ἀνθύπατος εἶπεν θηρία ἔχω· τούτοις σε παραβαλῶ, ἐὰν μὴ μετανοήσῃς. ὁ δὲ εἶπεν κάλει· ἀμετάθετος γὰρ ἡμῖν ἡ ἀπὸ τῶν κρειττόνων ἐπὶ τὰ χείρω μετάνοια, καλὸν δὲ μετατίθεσθαι ἀπὸ τῶν χαλεπῶν ἐπὶ τὰ δίκαια.

15,24 (11,2) ὁ δὲ πάλιν πρὸς αὐτὸν πυρί σε ποιήσω δαμασθῆναι, <ἐὰν> τῶν θηρίων καταφρονῇς, ἐὰν μὴ μετανοήσῃς. [ ] Πολύκαρπος εἶπεν πῦρ ἀπειλεῖς πρὸς ὥραν καιόμενον καὶ μετ᾽ ὀλίγον σβεννύμενον· ἀγνοεῖς γὰρ τὸ τῆς μελλούσης κρίσεως καὶ αἰωνίου κολάσεως τοῖς ἀσεβέσι τηρούμενον πῦρ. ἀλλὰ τί βραδύνεις; φέρε, ὃ βούλει.

15,25 (12,1) ταῦτα δὲ καὶ ἕτερα πλείονα λέγων, θάρσους καὶ χαρᾶς ἐνεπίμπλατο καὶ τὸ πρόσωπον αὐτοῦ χάριτος ἐπληροῦτο, ὥστε <μὴ> μόνον μὴ συμπεσεῖν ταραχθέντα ὑπὸ τῶν λεγομένων πρὸς αὐτόν, ἀλλὰ τοὐναντίον τὸν ἀνθύπατον ἐκστῆναι πέμψαι τε τὸν [ ] κήρυκα <καὶ> ἐν μέσῳ τῷ σταδίῳ κηρῦξαι τρὶς Πολύκαρπος ὡμολόγησεν ἑαυτὸν Χριστιανὸν εἶναι.

15,26 (12,2) τούτου λεχθέντος ὑπὸ τοῦ κήρυκος, <πᾶν> τὸ πλῆθος ἐθνῶν τε καὶ Ἰουδαίων τῶν τὴν Σμύρναν κατοικούντων ἀκατασχέτῳ θυμῷ καὶ μεγάλῃ φωνῇ <ἐβόα> οὗτός ἐστιν ὁ τῆς Ἀσίας διδάσκαλος, ὁ πατὴρ τῶν Χριστιανῶν, ὁ τῶν ἡμετέρων θεῶν καθαιρέτης, ὁ πολλοὺς διδάσκων μὴ θύειν μηδὲ προσκυνεῖν.

15,27 ταῦτα λέγοντες, ἐπεβόων καὶ ἠρώτων τὸν ἀσιάρχην Φίλιππον, ἵνα ἐπαφῇ τῷ Πολυκάρπῳ λέοντα· ὃ δὲ ἔφη μὴ εἶναι ἐξὸν αὐτῷ, ἐπειδὴ πεπληρώκει τὰ κυνηγέσια. (12,3) τότε ἔδοξεν αὐτοῖς ὁμοθυμαδὸν ἐπιβοῆσαι, ὥστε ζῶντα τὸν Πολύκαρπον κατακαῦσαι.

15,28 ἔδει γὰρ τὸ τῆς φανερωθείσης αὐτῷ ἐπὶ τοῦ προσκεφαλαίου ὀπτασίας πληρωθῆναι, ὅτε ἰδὼν αὐτὸ καιόμενον προσευχόμενος εἶπεν ἐπιστραφεὶς τοῖς <μετ'> αὐτοῦ πιστοῖς προφητικῶς δεῖ με ζῶντα καῆναι.

15,29 (13,1) ταῦτα οὖν μετὰ τοσούτου τάχους ἐγένετο θᾶττον ἢ ἐλέγετο, τῶν ὄχλων παραχρῆμα συναγόντων ἐκ [ ] τῶν ἐργαστηρίων καὶ <ἐκ τῶν> βαλανείων ξύλα καὶ φρύγανα, μάλιστα Ἰουδαίων προθύμως, ὡς ἔθος αὐτοῖς, εἰς ταῦτα ὑπουργούντων.

15,30 (13,2) <ἀλλ᾽> ὅτε ἡ πυρὰ ἡτοιμάσθη, ἀποθέμενος ἑαυτῷ πάντα τὰ ἱμάτια καὶ λύσας τὴν ζώνην, ἐπειρᾶτο καὶ ὑπολύειν ἑαυτόν, μὴ πρότερον τοῦτο ποιῶν διὰ τὸ ἀεὶ ἕκαστον τῶν πιστῶν σπουδάζειν ὅστις τάχιον τοῦ χρωτὸς αὐτοῦ ἐφάψηται· ἐν παντὶ γὰρ ἀγαθῆς ἕνεκεν πολιτείας καὶ πρὸ τῆς <πολιᾶς> ἐκεκόσμητο.

15,31 (13,3) εὐθέως οὖν αὐτῷ περιετίθετο τὰ πρὸς τὴν πυρὰν ἡρμοσμένα ὄργανα· μελλόντων δὲ αὐτῶν καὶ προσηλοῦν <αὐτόν,> εἶπεν ἄφετέ με οὕτως· ὁ γὰρ διδοὺς ὑπομεῖναι τὸ πῦρ δώσει καὶ χωρὶς τῆς ὑμετέρας ἐκ τῶν ἥλων ἀσφαλείας ἀσκύλτως ἐπιμεῖναι τῇ πυρᾷ. (14,1) οἳ δὲ οὐ καθήλωσαν [ ], προσέδησαν δὲ αὐτόν.

15,32 ὁ δ᾽ ὀπίσω τὰς χεῖρας ποιήσας καὶ προσδεθεὶς ὥσπερ κριὸς ἐπίσημος, <ἀναφερόμενος> ἐκ μεγάλου ποιμνίου [ ] ὁλοκαύτωμα δεκτὸν [ ] θεῷ παντοκράτορι [ ], <εἶπεν>

15,33 ὁ τοῦ ἀγαπητοῦ καὶ εὐλογητοῦ παιδός σου Ἰησοῦ Χριστοῦ πατήρ, δι᾽ οὗ τὴν περὶ σὲ ἐπίγνωσιν εἰλήφαμεν, ὁ θεὸς ἀγγέλων καὶ δυνάμεων καὶ πάσης [ ] κτίσεως παντός τε τοῦ γένους τῶν δικαίων οἳ ζῶσιν ἐνώπιόν σου, (14,2) εὐλογῶ σε ὅτι ἠξίωσάς με τῆς ἡμέρας καὶ ὥρας ταύτης, τοῦ λαβεῖν μέρος ἐν ἀριθμῷ τῶν μαρτύρων ἐν τῷ ποτηρίῳ τοῦ Χριστοῦ σου εἰς ἀνάστασιν ζωῆς αἰωνίου ψυχῆς τε καὶ σώματος ἐν ἀφθαρσίᾳ πνεύματος ἁγίου·

15,34 ἐν οἷς προσδεχθείην ἐνώπιόν σου σήμερον ἐν θυσίᾳ πίονι καὶ προσδεκτῇ, καθὼς προητοίμασας [ ], προφανερώσας καὶ πληρώσας ὁ ἀψευδὴς καὶ ἀληθινὸς θεός.

15,35 (14,3) διὰ τοῦτο καὶ περὶ πάντων σὲ αἰνῶ, σὲ εὐλογῶ, σὲ δοξάζω διὰ τοῦ αἰωνίου [ ] ἀρχιερέως Ἰησοῦ Χριστοῦ <τοῦ> ἀγαπητοῦ σου παιδός, δι' οὗ σοὶ σὺν αὐτῷ ἐν πνεύματι ἁγίῳ δόξα καὶ νῦν καὶ εἰς τοὺς μέλλοντας αἰῶνας, ἀμήν>.

15,36 (15,1) ἀναπέμψαντος δὲ αὐτοῦ τὸ ἀμὴν καὶ πληρώσαντος τὴν προσευχήν, οἱ τοῦ πυρὸς ἄνθρωποι ἐξῆψαν τὸ πῦρ, μεγάλης δὲ ἐκλαμψάσης φλογός, θαῦμα εἴδομεν, οἷς ἰδεῖν ἐδόθη, οἳ καὶ ἐτηρήθησαν εἰς τὸ ἀναγγεῖλαι τοῖς λοιποῖς τὰ γενόμενα.

15,37 (15,2) τὸ γὰρ πῦρ καμάρας εἶδος ποιῆσαν ὥσπερ ὀθόνης πλοίου ὑπὸ πνεύματος πληρουμένης, κύκλῳ περιετείχισε τὸ σῶμα τοῦ μάρτυρος, καὶ ἦν μέσον οὐχ ὡς σὰρξ καιομένη, ἀλλ' ὡς [ ] χρυσὸς καὶ ἄργυρος ἐν καμίνῳ πυρούμενος· καὶ γὰρ εὐωδίας τοσαύτης ἀντελαβόμεθα ὡς λιβανωτοῦ πνέοντος ἢ ἄλλου τινὸς τῶν τιμίων ἀρωμάτων.

15,38 (16,1) πέρας γοῦν ἰδόντες οἱ ἄνομοι μὴ δυνάμενον [ ] τὸ σῶμα ὑπὸ τοῦ πυρὸς δαπανηθῆναι, ἐκέλευσαν προσελθόντα αὐτῷ κομφέκτορα παραβῦσαι ξίφος,

15,39 καὶ τοῦτο ποιήσαντος, ἐξῆλθεν [ ] πλῆθος αἵματος, ὥστε κατασβέσαι τὸ πῦρ καὶ θαυμάσαι πάντα τὸν ὄχλον, εἰ τοσαύτη τις διαφορὰ μεταξὺ τῶν τε ἀπίστων καὶ τῶν ἐκλεκτῶν· (16,2) ὧν εἷς καὶ οὗτος γέγον<u>εν</u> ὁ θαυμασιώτατος [ ] ἐν τοῖς καθ' ἡμᾶς χρόνοις διδάσκαλος ἀποστολικὸς καὶ προφητικὸς γενόμενος ἐπίσκοπος [ ] τῆς ἐν Σμύρνῃ καθολικῆς ἐκκλησίας· πᾶν γὰρ ῥῆμα ὃ ἀφῆκεν ἐκ τοῦ στόματος αὐτοῦ, καὶ ἐτελειώθη καὶ τελειωθήσεται.

15,40 (17,1) ὁ δὲ ἀντίζηλος καὶ βάσκανος [ ] πονηρός, ὁ ἀντικείμενος τῷ γένει τῶν δικαίων, ἰδὼν τὸ [ ] μέγεθος αὐτοῦ τῆς μαρτυρίας καὶ τὴν ἀπ' ἀρχῆς ἀνεπίληπτον πολιτείαν, ἐστεφανωμένον τε τὸν τῆς ἀφθαρσίας στέφανον καὶ βραβεῖον ἀναντίρρητον ἀπενηνεγμένον, ἐπετήδευσεν ὡς μηδὲ τὸ σωμάτιον αὐτοῦ ὑφ' ἡμῶν ληφ<u>θείη</u>, καίπερ πολλῶν ἐπιθυμούντων τοῦτο ποιῆσαι καὶ κοινωνῆσαι τῷ ἁγίῳ αὐτοῦ σαρκίῳ.

15,41 (17,2) ὑπέβαλον γοῦν <τινὲς> Νικήτην, τὸν τοῦ Ἡρῴδου πατέρα, ἀδελφὸν [δὲ] δ' Ἄλκης, ἐντυχεῖν τῷ <ἡγεμόνι> ὥστε μὴ δοῦναι αὐτοῦ τὸ σῶμα, μή, φησίν, ἀφέντες τὸν ἐσταυρωμένον, τοῦτον ἄρξωνται σέβε<u>ιν</u>. καὶ ταῦτα <εἶπον> ὑποβαλόντων καὶ ἐνισχυ<u>σάντων</u> τῶν Ἰουδαίων· οἳ καὶ ἐτήρησαν μελλόντων ἡμῶν ἐκ τοῦ πυρὸς αὐτὸν λαμβάνειν, ἀγνοοῦντες ὅτι οὔτε τὸν χριστόν ποτε καταλιπεῖν δυνησόμεθα, τὸν ὑπὲρ τῆς τοῦ παντὸς κόσμου τῶν σῳζομένων σωτηρίας παθόντα, [ ] οὔτε ἕτερόν τινα σέβ<u>ειν</u>.

15,42 (17,3) τοῦτον μὲν γὰρ υἱὸν ὄντα τοῦ θεοῦ προσκυνοῦμεν, τοὺς δὲ μάρτυρας ὡς μαθητὰς καὶ μιμητὰς τοῦ κυρίου ἀγαπῶμεν ἀξίως ἕνεκα εὐνοίας ἀνυπερβλήτου τῆς εἰς τὸν ἴδιον βασιλέα καὶ διδάσκαλον· ὧν γένοιτο καὶ ἡμᾶς συγκοινωνούς τε καὶ συμμαθητὰς γενέσθαι.

15,43 (18,1) ἰδὼν οὖν ὁ <ἑκατοντάρχης> τὴν τῶν Ἰουδαίων γενομένην φιλονεικίαν, θεὶς αὐτὸν ἐν μέσῳ, ὡς ἔθος αὐτοῖς, ἔκαυσεν, (18,2) οὕτως τε ἡμεῖς ὕστερον ἀνελόμενοι τὰ τιμιώτερα λίθων πολυτελῶν καὶ δοκιμώτερα ὑπὲρ χρυσίον ὀστᾶ αὐτοῦ ἀπεθέμεθα ὅπου καὶ ἀκόλουθον ἦν.

15,44 (18,3) ἔνθα, ὡς δυνατόν, ἡμῖν συναγομένοις ἐν ἀγαλλιάσει καὶ χαρᾷ παρέξει ὁ κύριος ἐπιτελεῖν τὴν τοῦ μαρτυρίου αὐτοῦ ἡμέραν γενέθλιον, εἴς τε τὴν τῶν προηθληκότων μνήμην καὶ τῶν μελλόντων ἄσκησίν τε καὶ ἑτοιμασίαν.

15,45 (19,1) τοιαῦτα τὰ κατὰ τὸν μακάριον Πολύκαρπον· σὺν τοῖς ἀπὸ Φιλαδελφείας δωδεκάτου ἐν Σμύρνῃ μαρτυρήσαντος, <ὃς> μόνος ὑπὸ πάντων μᾶλλον μνημονεύεται, <ὡς> καὶ ὑπὸ τῶν ἐθνῶν ἐν παντὶ τόπῳ λαλεῖσθαι.

약 어 표

디다	디다케
디디.삼위	디디무스의 삼위일체론
락탄.제도	락탄티우스의 종교적 제도집
락탄.죽음	락탄티우스의 박해자들의 죽음
리용.편지	리용 공동체의 편지
미누.옥타	미누치우스 펠릭스의 옥타비아누스
바르.편지	바르나바의 편지
바울/테클.행전	바울로와 테클라 행전
베드.행전	베드로의 행전
사도규정	사도규정
소조.교회	소조메우스의 교회사
쉴리.행전	쉴리움의 순교자들 행전
아리.호교	아리스테스의 호교론
야고.복음	야고보의 원복음서
에우.교회	에우세비우스의 교회사
에우.연대	에우세비우스의 연대기
에피.약상	에피파니우스의 약상자
오리.순교	오리게네스의 순교 권유
오리.첼수	오리게네스의 첼수스 논박
요세.유다	요세푸스의 유다고사
요한.행전	요한의 행전
유스.트리	유스티누스의 트리폰과의 대화
유스.행전	유스티누스의 행전
유스.호교	유스티누스의 호교론
이냐.로마	이냐시우스가 로마인들에게 보낸 편지

이냐.마그	이냐시우스가 마그네시아인들에게 보낸 편지
이냐.스미	이냐시우스가 스미르나인들에게 보낸 편지
이냐.에페	이냐시우스가 에페소인들에게 보낸 편지
이냐.트랄	이냐시우스가 트랄레스인들에게 보낸 편지
이냐.폴리	이냐시우스가 폴리카르푸스에게 보낸 편지
이냐.필라	이냐시우스가 필라델피아인들에게 보낸 편지
이레.논박	이레네우스의 이단논박
이레.빅토	이레네우스가 빅토르에게 보낸 편지
이레.플로	이레네우스가 플로리누스에게 보낸 편지
이사.순교	이사야 순교록
치프.편지	치프리아누스의 편지
클레.양탄	알렉산드리아의 클레멘스의 양탄자
1클레	로마의 클레멘스의 첫째 편지
2클레	로마의 클레멘스의 둘째 편지
테르.규정	테르툴리아누스의 이단자 규정론
테르.박해	테르툴리아누스의 박해 중의 도피
테르.수치	테르툴리아누스의 수치론
테르.스카	테르툴리아누스의 스카풀라에게
테르.영혼	테르툴리아누스의 영혼론
테르.육신	테르툴리아누스의 그리스도의 육신론
테르.전갈	테르툴리아누스의 전갈 처방
테르.프락	테르툴리아누스의 프락세아스 논박
테르.호교	테르툴리아누스의 호교론
테르.회개	테르툴리아누스의 회개론
테오.교회	테오도레투스의 교회사
파치.편지	파치아누스의 편지
페르.순교	페르페투아와 펠리치타스 순교록
1폴리	폴리카르푸스의 첫째 편지

2폴리	폴리카르푸스의 둘째 편지
폴리.순교	폴리카르푸스의 순교록
플리.편지	플리니우스의 편지
피오.순교	가-피오니우스의 폴리카르푸스 순교록
헤르.목자	헤르마스의 목자
목자.환시	'환시' 편
목자.계명	'계명' 편
목자.비유	'비유' 편
히에.유명	히에로니무스의 유명인사록
히에.힐라	히에로니무스, 힐라리우스의 생애
히폴.논박	히폴리투스의 모든 이단에 대한 논박
히폴.다니	히폴리투스의 다니엘 주석서
히폴.사도	히폴리투스의 사도전승

아래에 소개하는 약어는 S. 슈베르트너(TRE 1994²)의 약어표를 따른다.

ACW	Ancient Christian writers
AnBoll	Analecta Bollandiana
AnGr	Analecta Gregoriana
ANRW	Aufstieg und Niedergang der römischen Welt
ApF	Apostolic fathers. Ed. by J.B. Lihgtfoot. London u. a.
BAC	Biblioteca de autores cristianos
BEThL	Bibliotheca ephemeridum theologicarum Lovaniensium
BGAM	Beiträge zur Geschichte des alten Mönchtums und des Benediktinerordens
BHTh	Beiträge zur historischen Theologie
BJRL	Bulletin of the John Rylands library
BKV	Bibliothek der Kirchenväter
BLE	Bulletin de littérature ecclésiastique
BWANT	Beiträge zur Wissenschaft vom Alten und Neuen Testament

BZNW	Beihefte zur Zeitschrift für die neutestamentliche Wissenschaft
CD	Cairo Documents (Damaskusschrift)
CMe	Christliche Meister, Einsiedeln u. a.
CPS.G	Corona patrum Salesiana Series Graeca
CTT	Chrétiens de tous les temps
DACL	Dictionnaire d'archéologie chrétienne et liturgie
DSp	Dictionnaire de spiritualité, ascétique et mystique
EAA	Enciclopedia dell'arte antica, classica e orientale
EHS.T	Europäische Hochschulschriften. Reihe 23: Theologie
EKK	Evangelisch-katholischer Kommentar zum Neuen Testament
EWNT	Exegetisches Wörterbuch zum Neuen Testament
FoiViv	Foi vivante
FS	Franziskanische Studien
GCS	Griechischen christlichen Schriftsteller der ersten drei Jahrhunderte
GIF	Giornale italiano di filologia
HJ	Historisches Jahrbuch
HNT	Handbuch zum Neuen Testament
JAC	Jahrbuch für Antike und Christentum
JThS	Journal of theological studies
KAV	Kommentar zu den Apostolischen Vätern
LCC	Library of Christian classics
LCL	Loeb classical library
MBTh	Münsterische Beiträge zur Theologie
NTS	New Testament Studies
OECT	Oxford early Christian texts
PaP	Past and present
PG	Patrologiae cursus completus. Accurante Jacques-Paul

	Migne. Series Graeca
PL	Patrologiae cursus completus. Accurante Jacques-Paul Migne. Series Latina
PRSt	Perspectives in religious studies
QH	Qumran hodajot (찬가)
QS	Qumran saeraek hajjhad (공동체 규칙)
RAC	Reallexikon für Antike und Christentum
RE	Realencyklopädie für protestantische Theologie und Kirche
RQ	Römische Quartalschrift für christliche Altertumskunde
SC	Sources chrétiennes
SHAW.PH	Sitzungsberichte der Heidelberger Akademie der Wissenschaften Philosophisch-historische Klasse
SQS	Sammlung ausgewählter kirchen-und dogmengeschichtlicher Quellenschriften
StANT	Studien zum Alten und Neuen Testament
StPatr	Studia patristica
StRo	Studi romani
SUC	Schriften des Urchristentum
TC	Traditio Christiana
Theoph.	Theophaneia. Bonn
ThR	Theologische Rundschau
ThWNT	Theologisches Wörterbuch zum Neuen Testament
ThZ	Theologische Zeitschrift. Basel
TRE	Theologische Realenzyklopädie
VigChr	Vigiliae Christianae
WdF	Wege der Forschung
ZAM	Zeitschrift für Aszese und Mystik
ZHTh	Zeitschrift für historische Theologie
ZWTh	Zeitschrift für wissenschaftliche Theologie

참고 문헌

참고 문헌은 저자와 책제목의 앞부분을 진한 글씨로 표시한 부분을 인용한다.

1. 편집본

H.U.v. Balthasar, **Die Apostolischen Väter**. Clemens von Rom, Ignatius von Antiochien, Polykarp von Smyrna, neu übers. u. eingel., CMe 24, Einsiedeln 1984.

Th. Baumeister, **Genese** und Entfaltung der altkirchlichen Theologie des Martyriums, TC 8, Bern 1991.

K. Bihlmeyer - W. Schneemelcher, **Die Apostolischen Väter**. I. Didache, Barnabas, Klemens I und II, Ignatius, Polykarp, Papias, Quadratus, Diognetbrief, SQS, 2.Reihe, I,1, Tübingen 1970³.

G. Bosio, I padri apostolici. II. Sant'Ignazio d'Antiochia, San Policarpo, Martirio di San Policarpo, Papia, Lettera a Diogneto, CPS.G 14, Turin 1942.

J.J.A. Calvo, **Ignacio** de Antioquía, Policarpo de Esmirna, Carta de la iglesia de Esmirna a la iglesia de Filomelio. Introducción, Traducción y Notas, Fuentes Patrísticas 1, Madrid 1991.

P.Th. Camelot, **Ignace** d'Antioche. Polycarpe de Smyrne. Lettres. Martyre de Polycarpe. Texte grec. Introduction, traduction et notes, SC 10, Paris 1969⁴.

S. Colombo, SS. Patrum Apostolicorum Opera graece et latine, Turin 1949.

J.B. Cotelier, SS. Patrum qui temporibus apostolicis floruerunt Barnabae, Clementis, Hermae, Ignatii, Polycarpi opera edita et inedita, vera et suppositicia. Una cum Clementis Ignatii, Polycarpi actis atque martyriis J.B. Cotelerius ... ex mss. codicibus correxit, ac eruit, versionibus, notis et indicibus illustravit,

	Lutetiae Parisiorum, 1672; dasselbe in 2 Bänden Antwerpen 1698; Editio altera, auctior et adcuratior, Amsterdam 1724.
B. Dehandschutter,	**Martyrium** Polycarpi. Een literair-kritische studie, BEThL 52, Leuven 1979.
A.R.M. Dressel,	Patrum Apostolicorum opera. Textum ad fidem codicum et Graecorum et Latinorum, ineditorum copia insignium, adhibitis praestantissimis editionibus, recensuit atque emendavit, notis illustravit, versione Latina passim correcta, prolegomenis, indicibus instruxit A.R.M. Dressel. Accedit Hermae Pastor, ex fragmentis Graecis Lipsiensibus, instituta quaestione de vero ejus textus fonte auctore C. Tischendorf, Leipzig 1857.
J.A. Fischer,	**Die Apostolischen Väter**. Eingeleitet, herausgegeben, übertragen und erläutert, SUC 1, Darmstadt 1986[9].
F.X. Funk,	**Patres** Apostolici Bd. 1, Tübingen 1901.
———————,	**Die Echtheit** der Ignatianischen Briefe aufs Neue vertheidigt, Tübingen 1883.

F.X. Funk – F. Diekamp, **Patres** Apostolici Bd. 2, Tübingen 1913[3]

O. de Gebhardt – A. Harnack – Th. Zahn, **Patrum** Apostolicorum Opera. Textum ad fidem codicum et graecorum et latinorum adhibitis praestantissimis editionibus, Leipzig 1920[6].

———————,	**Patrum** Apostolicorum Opera Fasc. II. Ignatii et Polycarpi epistulae martyria fragmenta, Leipzig 1876.
P.N. Harrison,	**Polycarp's two Epistles** to the Philippians, Cambridge 1936.
C.J. Hefele,	**Patrum** Apostolicorum opera, Tübingen 1847[3].
A. Hilgenfeld,	**Der Brief** des Polykarpus an die Philipper, ZWTh 29, 1886, 180-206.
———————,	**Ignatii** Antiocheni et Polycarpi Smyrnaei epistulae et martyria, Berolini 1902.
W. Jacobson,	S. Clementis Romani, S. Ignatii, S. Polycarpi, patrum apostolicorum, quae supersunt etc., 2 Bde., Oxford 1838.1863[4].

K. Lake,	The Apostolic Fathers with an English Translation, LCL 1, London – Cambridge/Mass. 1965.
―――――,	**The Apostolic Fathers** with an English Translation. In two volumes. I: I Clement, II Clement, Ignatius, Polycarp, Didache, Barnabas, LCL 24, London - Cambridge/Mass. 1977.
G. Lazzati,	**Gli Sviluppi** Della Letteratura Sui Martiri Nei Primi Quattro Secoli. Con appendice di testi, Studi Superiori, Torino 1956.
A. Lelong,	Les Pères apostoliques III. Ignace d'Antioche et Polycarpe de Smyrne. Épîtres. Martyre de Polycarpe (Textes et documents pour l'étude historique du christianisme 12), Paris 1910.
―――――,	Ignace de Antioche et Polycarpe. Texte grec, traduction française, introduction et index, Paris 1927².
J.B. Lightfoot.	The Apostolic Fathers. Revised Texts with short Introductions and English Translations, edited and completed by J.R. Harmer, Grand Rapids/Michigan 1970.
―――――,	**The Apostolic Fathers**, Bd.3 Teil 2, London 1889² [Bd.II. Sect. 2,1885] (Nachdr. Hildesheim - New York 1973 und Massachusetts 1989)
J.B. Lightfoot – J.R. Harmer,	**The Apostolic Fathers**, Grand Rapids, Michigan 1991.
A. Lindemann – H. Paulsen,	**Die Apostolischen Väter**. Griechisch-deutsche Parallelausgabe auf der Grundlage der Ausgaben von F.X. Funk, K. Bihlmeyer u. M. Whittaker, Tübingen 1992.
B. Μουστάκη,	Οἱ Ἀποστολικοὶ Πατέρες, Κείμενον – Μετάφρασις, Athen 1953.
H.A. Musurillo,	**The Acts** of the Christian Martyrs, OECT, Oxford 1979².
M.J. Routh,	Scriptorum Ecclesiasticorum opuscula praecipua quaedam. Recensuit notasque suas et aliorum addidit M.J. Routh. Gr. and Lat., 2 Bde., Oxford 1832.

G. Ruhbach,	Neuere Literatur zur Alten Kirche, ThR 39, 1974, 70-86.
————,	**Ausgewählte Martyrerakten.** Neubearbeitung der Knopfschen Ausgabe von Gustav Krüger. 4. Aufl., mit einem Nachtrag von Gerhard Ruhbach, Sammlung ausgewählter kirchen- und dogmengeschichtlicher Quellenschriften, N.F. 3, Tübingen 1965[4] (Tübingen 1929).
D. Ruiz Bueno,	Padres Apostólicos. Edición bilingüe completa. Introducciones, notas y versión española, BAC 65, Madrid 1967[2].
E. Schwartz,	**De Pionio** et Polycarpo, Göttingen 1905.
Th. Smith,	S. Ignatii Epistulae genuinae. Accedunt acta martyrii S. Ignatii, epistola S. Polycarpi ad Philippenses etc. cum veteribus Latinis versionibus et annotationibus, Oxford 1707.
J. Usher,	Polycarpi et Ignatii Epistolae, una cum vetere vulgata interpretatione latina. Accessit et Ignatianarum epistolarum versio antiqua alia, ex duobus manuscriptis in Anglia repertis, nunc primum in lucem edita. Quibus praefixa est, non de Ignatii solum et Polycarpi scriptis, sed etiam de Apostolicis constitutionibus et canonibus Clementi Romano tributis, Jacobi Usserii, Dissertatio, Oxford – London 1644-1647.
I. Vizzini,	Ignatii et Polycarpi Epistolae, Bibliotheca Sanctorum Patrum, ser. I, vol. II, Rom 1902. Τοῦ ἁγίου Πολυκάρπου ἐπισκόπου Σμίρνης καὶ Ἱερομάρτυρος πρὸς Φιλιππησίους ἐπιστολή, Βιβλιοθήκη Ἑλλήνων Πατέρων καὶ ἐκκλησιαστικῶν Συγγραφέων 3, Athen 1955.

2. 보조자료

G. Alföldy,	**Konsulat** und Senatorenstand unter den Antoninen. Prosopographische Untersuchungen zur senatori-

schen Führungsschicht, Ant. Reihe 1, Abhandlungen zur Alten Geschichte 27, Bonn 1977.

B. Altaner – A. Stuiber, **Patrologie**. Leben, Schriften und Lehre der Kirchenväter, Freiburg u. a. 1978⁸.

C. Andresen **Geschichte** des Christentums 1. Von den Anfängen bis zur Hochscholastik, ThW 6, Stuttgart 1975.

O. Bardenhewer, **Geschichte** der altkirchlichen Literatur 1: Vom Ausgang des apostolischen Zeitalters bis zum Ende des zweiten Jahrhunderts, Freiburg 1913 (Nachdruck Darmstadt 1962).

L.W. Barnard, Art. **Apologetik** 1. Alte Kirche, TRE 3, 1978, 371-411.

―――――――, **In Defence** of Pseudo-Pionius' Account of Saint Polycarp's Martyrdom, Grandfield, P.,(Hg.), Kyriakon. FS J. Quasten, Vol.1 Münster 1970, 192-204.

T.D. Barnes, **The Chronology** of Montanism, JThS 21, 1970, 403-408.

―――――――, **Eusebius** and the date of the martyrdoms, Les martyrs de Lyon(177), Lyon 20-23, Septembre 1977, Colloques internationaux du centre national de la recherche scientifique, No 575, 137-143, Paris 1978.

―――――――, **A Note** on Polycarp, JThS 18, 1967, 433-437.

―――――――, **Pre-Decian Acta** Martyrium, JThS 19, 1968, 509-531.

J.B. Bauer, **Die Polykarpbriefe**, in: KAV 5, Göttingen 1995.

W. Bauer - K. Aland - B. Aland, **Griechisch-deutsches Wörterbuch** zu den Schriften des Neuen Testaments und der frühchristlichen Literatur, Berlin - New York 1988⁶.

Th. Baumeister, **Die Anfänge** der Theologie des Martyriums, MBTh 45, Münster 1980.

K. Baus, **Der Kranz** in Antike und Christentum. Theoph. 2, 1940, 113-142.170-190.

D. Berwig, **Mark Aurel** und die Christen, München 1970.

G.A. Bisbee, **Pre-Decian Acts** of Martyrs and Commentarii, Cambridge, Mass. 1986.

A. Bovon-Thurneysen, **Ethik** und Eschatologie im Philipperbrief des Polycarp von Smyrna, ThZ 29, 1973, 241-256.

A.J. Brekelmans, **Märtyrerkranz**, AnGr 150, Rom 1965.

P. Brind'Amour, **La Date** du Martyre de Saint Polycarpe (Le 23 Février 167), AnBoll 98, 1980, 456-462.

N. Brox, **Zeuge** und Märtyrer. Untersuchungen zur frühchristlichen Zeugnis-Terminologie, StANT 5, München 1961.

L. Bürchner, **Smyrna**, RE III A, 1927, 730-764.

G. Buschmann, **Das Martyrium** des Polycarp, in: KAV 6, Göttingen 1998.

——————, **Martyrium** Polycarpi – eine formkritische Studie. Ein Beitrag zur Frage nach der Entstehung der Gattung Märtyrerakte, BZNW 70, Berlin/New York 1994.

——————, **Martyrium Polycarpi** 4 und der Montanismus, VigChr 49, 1995, 105-145.

C.J. Cadoux, **Ancient Smyrna**: A History of the City from the Earliest Times to 324 A.D., Oxford 1938.

H.F. von Campenhausen, **Kirchliches Amt** und geistliche Vollmacht in den ersten drei Jahrhunderten, BHTh 14, Tübingen 1963².

——————, **Polykarp** von Smyrna und die Pastoralbriefe, in: ders., Aus der Frühzeit des Christentums. Studien zur Kirchengeschichte des ersten und zweiten Jahrhunderts, Tübingen 1963, 197-252.

——————, **Bearbeitungen** und Interpolationen des Polykarpmartyriums, in: ders., Aus der Frühzeit des Christentums. Studien zur Kirchengeschichte des ersten und zweiten Jahrhunderts, Tübingen 1963, 253-301 (ursprünglich: SHAW. PH 1957, 5-48)

——————, **Die Idee** des Martyriums in der alten Kirche, Göttingen 1936, 1964².

G.E.M. de Ste. Croix, **Why** were the Early Christians Persecuted?, PaP 26, 1963, 6-38.

D. van Damme,	Art. **Polycarpe**, de Smyrne, DSp 12, Paris 1986, 1902-1908.
———————,	Art. **Polykarp** von Smyrna, TRE 27, 1997, 25-28.
E. Dassmann,	**Kirchengeschichte** I, Ausbreitung, Leben und Lehre der Kirche in den ersten drei Jahrhunderten, Studienbücher Theologie 10, Stuttgart 1991.
G. Dautzenberg,	Art. εὐωδία/ὀσμή, EWNT 2, 1981, 226-229.
B. Dehandschutter,	**Polycarp's Epistle** to the Philippians. An Early Example of "Reception", in: J.-M. Sevrin, The New Testament in Early Christianity, BEThL 86, Leuven 1989, 275-291.
———————,	**Le Martyre** de Polycarpe et le développement de la conception du martyre au deuxième siècle, StPatr 17.2, 1982, 659-668.
———————,	The Martyrium Polycarpi: a Century of **Research**, ANRW 2.27.1, Berlin/New York 1993, 485-522.
M. Dibelius,	**Die Briefe** des Apostels Paulus an Timotheus I. II, an Titus, HNT III/2, Tübingen 1913.
M. Dibelius – H. Conzelmann,	**The Pastoral Epistles.** A Commentary on the Pastoral Epistles, Philadelphia 1983[3].
F.J. Dölger,	**Antike** und Christentum. Kultur- und religionsgeschichtliche Studien, Bd.1-6, Münster 1940-1950 (Nachdr. 1974-1976).
H.R. Drobner,	**Lehrbuch** der Patrologie, Freiburg 1994.
E. Egli,	**Altchristliche Studien.** Martyrien und Martyrologien ältester Zeit. Mit Textausgaben im Anhang, Zürich 1887.
R. Falconer,	**The Pastoral Epistles,** Oxford 1937.
J.A. Fischer,	**Die ältesten Ausgaben** der Patres Apostolici. Ein Beitrag zu Begriff und Begrenzung der Apostolischen Väter, HJ 94, 1974, 157-190; HJ 95, 1977, 88-119.
K.S. Frank,	ΑΓΓΕΛΙΚΟΣ ΒΙΟΣ. Begriffsanalytische und begriffsgeschichtliche Untersuchung zum "Engelglei-

	chen Leben" im frühen Mönchtum, BGAM 26, Münster 1964.
——————,	**Lehrbuch** der Geschichte der Alten Kirche, Paderborn 1996.
W.H.C. Frend,	Art. **Montanismus**, TRE 23, 1994, 271-279.
——————,	**Martyrdom** and Persecution in the Early Church. A Study of a Conflict from the Maccabees to Donatus, Oxford 1965.
F.W. Gass,	**Das christliche Märtyrerthum** in den ersten Jahrhunderten, und dessen Idee, ZHTh 29, 1859, 323-392/ 30/ 1860, 315-381.
W.H. Gloer,	**Homologies** and Hymns in the New Testament: Form, Content and Criteria for Identification, PRSt 11, 1984, 115-132.
R. Glover,	**Patristic Quotations** and Gospel Sources, NTS 31, 1985, 234-251.
R.M. Grant,	**After the New Testament**, Philadelphia o.J.
——————,	**Eusebius** and the martyrs of Gaul, Les martyrs de Lyon(177), Lyon 20-23, Septembre 1977, Colloques internationaux du centre national de la recherche scientifique No 575, 129-135, Paris 1978.
——————,	**Sacrifices** and Oaths as Required of Early Christians, in: Granfield, P., (Hg.), Kyriakon, FS J. Quasten Vol. 1, Münster 1970, 12-17.
H. Grégoire – P. Orgels,	**La véritable date** du martyre de S. Polycarpe (23 février 177) et le, 'Corpus polycarpianum', AnBoll 69, 1951, 1-38.
E. Griffe,	**Un nouvel article** sur la date du martyre de Saint Polycarpe, BLE 54, 1953, 178-181.
——————,	**A propos** de la date du martyre de Saint Polycarpe, BLE 52, 1951, 170-177.
F. Halkin,	**Une nouvelle Passion** des Martyrs de Pergame, in: A. Stuiber / A. Hermann, (Hg.), Mullus, FS Th. Klauser, JAC. E 1, Münster 1964, 150-154.

A.v. Harnack,	**Die Bezeichnung** Jesu als "Knecht Gottes" und ihre Geschichte in der alten Kirche, SPAW. PH, Berlin 28, 1926, 212-238.
P.N. Harrison,	**The Problem** of the Pastoral Epistles, London 1921.
J.W. Henten,	**Zum Einfluß** jüdischer Martyrien auf die Literatur des frühen Christentums, II. Die Apostolischen Väter, ANRW 2.27.1, Berlin/New York 1993, 700-723.
A. Hilgenfeld,	**Das Martyrium** Polykarp's von Smyrna, ZWTh 22, 1879, 145-170.
P. Karpinski,	**Annua dies** dormitionis. Untersuchungen zum christlichen Jahrgedächtnis der Toten auf dem Hintergrund antiken Brauchtums, EHS. T 300, Frankfurt/Bern/New York 1987.
J. Kettel,	**Martyrium** und Eucharistie, Geist und Leben. ZAM 30, 1957, 34-46.
J.A. Kleist,	**The Didache**; The Epistle of Barnabas; The Epistle and the Martyrdom of St. Polycarp; The Fragments of Papias; The Epistle to Diognetus, ACW 6, New York 1948.
G.W. Knight III,	**The Pastoral Epistles.** A Commentary on the Greek Text, Grand Rapids/Michigan 1992.
H. Köster,	**Synoptische Überlieferung** bei den Apostolischen Vätern, TU 65, Berlin 1957.
B. Kötting,	**Wohlgeruch** der Heiligkeit, Jenseitsvorstellungen in Antike und Christentum, FS A. Stuiber, JAC. E 9, Münster 1982, 168-175.
W.G. Kümmel,	**Introduction** to the New Testament, London 1979.
A. Lallemand,	**Le parfum** des martyrs dans les Actes des martyrs de Lyon et le Martyre de Polycarpe, StPatr 16/2, TU 129, (Ost-)Berlin 1985, 186-192.
G.W.H. Lampe,	**A Patristic Greek Lexicon,** Oxford 1991[10].
H. Leclerq,	**Smyrne,** DACL 15/2, 1953, 1519-1548.
E. Lohmeyer,	**Vom göttlichen Wohlgeruch,** SHAW. PH 9, Heidelberg 1919.

A.M. Mansel,	**Smirne,** EAA 7, 1966, 376-378.
H.I. Marrou,	**La date** du martyre de S. Polycarpe, AnBoll 71, 1953, 5-20.
E. Mayser,	**Grammatik** der griechischen Papyri aus der Ptolemäerzeit, 2 Bde., Berlin – Leipzig 1906, 1926.
B.M. Metzger,	**The Text** of the New Testament. Its Transmission, Corruption, and Restoration, Oxford 1979².
G.H. Mohr,	**Lexikon** der Symbole. Bilder und Zeicher der Christlichen Kunst, Darmstadt 1984⁸.
C.F.D. Moule,	**The Problem** of the Pastoral Epistles: A Reappraisal, BJRL 47, 1964-1965, 430-452.
H. Müller,	**Das Martyrium** Polycarpi. Ein Beitrag zur altchristlichen Heiligengeschichte, RQ 22, 1908, 1-16.
A. Oepke,	Art. ζώννυμι κτλ., ThWNT 5, 1954, 302-308.
E. Peterson,	**Das Praescriptum** des. 1. Clemens-Briefes in: ders., Frühkirche, Judentum und Gnosis. Studien und Untersuchungen, (Nachdruck) Darmstadt 1982, 129-136.
B. Poschmann,	**Paenitentia** secunda. Die kirchliche Busse in ältesten Christentum bis Cyprian und Origenes. Eine dogmengeschichtliche Unterschung, Theoph./1940, 134-205.
J. Quasten,	**Patrology,** Vol. 1: The Beginnings of Patristic Literature, Utrecht – Brüssel 1950.
A. Resch,	**Außerkanonische Paralleltexte** zu den Evangelien, 2. Teil: Paralleltexte zu Lucas, TU 10/2, Berlin 1895.
W. Reuning,	**Zur Erklärung** des Polykarpmartyriums, Darmstadt 1917.
J. Rius – Camps,	**La Carta** de Policarpo a los Filipenses, ¿aval de la recopilación "Policarpiana" o credenciales del nuevo obispo Crescente?, in: E. Romero Pose (Hg.), Pléroma. Salus Carnis (Homenaje a Antonio Orbe SJ), Santiago de Compostela 1990, 141-171.
O. Roller,	**Das Formular** der paulinischen Briefe, BWANT 4, 6, Stuttgart 1933.

J. Roloff,	**Der erste Brief** an Timotheus, EKK XV, Zürich u. a. 1988.
W. Rordorf,	**Zum Problem** des "grossen Sabbats" im Polykarp- und Pioniusmartyrium, in: E, Dassmann/ K.S. Frank, (Hg.) PIETAS, FS B. Kötting, JAC. E. 8, Münster 1980, 245-249.
V. Saxer,	**Bible** et Hagiographie. Textes et thèmes bibliques dans les Actes des martyrs authentiques des premiers siècles, Bern 1986.
F. Schleiermacher,	**Über den sogenanten ersten Brief** des Paulos an den Timotheos, Berlin: Realschülbüchhandlung, 1807.
J.E.C. Schmidt,	**Historisch-kritische Einleitung** in's Neue Testamen, Geissen 1809.
J.H.H. Schmidt,	**Synonymik** der griechischen Sprache III, Leipzig 1879.
W.R. Schoedel,	**The Apostolic Fathers**. A New Translation and Commentary, Bd. 5: Polycarp, Martyrdom of Polycarp, Fragments of Papias, London - Toronto 1967.
E. Schwartz,	**Christliche und jüdische Ostertafeln,** AGWG. PH 8, Berlin 1905.
B. Sepp,	**Das Martyrium** Polykarpi nebst Anhang über die Afralegende, Regensburg 1911.
M. Simonetti,	**Alcune osservazione** sul martirio di S. Polycarpo, GIF 9, 1956, 328-344.
M. Sordi,	"neuen **Verordnungen**" Marc Aurels gegen die Christen, Klein, R., (Hg.) Marc Aurel, WdF 550, Darmstadt 1979, 176-196 (ursprünglich: M. Sordi, I "Nuovi Decreti" di Marco Aurelio contro i Cristiani, StRo 9, 1961, 365-378).
P. Stockmeier,	**Zum Begriff** der καθολικὴ ἐκκλησία bei Ignatius von Antiochien, in: Fleckenstein, H., (Hg.), Ortskirche/Weltkirche, FG J. Döpfner, Würzburg 1973, 63-74.

H. Strathmann,	Art. μάρτυς κτλ., ThWNT 4, 1942, 477-520.
A. Strobel,	**Ursprung** und Geschichte des frühchristliche Osterkalenders, TU 121, (Ost-)Berlin 1977.
——————,	**Schreiben** des Lukas? Zum sprachlichen Problem der Pastoralbriefe, NTS 15, 1968-1969, 191-210.
A. Stuiber,	Art. **Doxologie,** RAC 4, 1959, 210-226.
A. Stumpff,	Art. εὐωδία, ThWNT 2, 1935, 808-810.
J. Svennung,	**Untersuchungen** zu Palladius und zur lateinischen Fach- und Volkssprache, Lund 1935.
W. Telfer,	**The Date** of the Martyrdom of Polycarp, JThS 3, 1952, 79-83.
Ph. Vielhauer,	**Geschichte** der urchristlichen Literatur. Einleitung in das Neue Testament, die Apokryphen und die Apostolischen Väter, Berlin/New York 1975.
D. Völter,	**Polykarp** und Ignatius und die ihnen zugeschriebenen Briefe (Die apostolischen Väter neu untersucht II/2), Leiden 1910.
W.H. Waddington,	**Mémoire** sur la chronologie de la vie du rhéteur Aelius Aristide, Mémoires de l'Institut impérial de France, Académie des Inscriptions et Belles-Lettres 26, 1867, 203-268.

성서 인용 색인

창세	8,20-21	171
	19,24-25	169
	42,22	53
출애	12,4	165
	22,21	67
	29,18	171
레위	1,9	171
신명	12,12	83
	14,27.29	83
	31,6.7.23	147
	32,8	165
여호	1,6.7.9	147
1열왕	18,27	63
2역대	4,11	53
토비	4,10; 12,9	77
유딧	9,12.14	165
욥	1,1.8; 2,3	79
	1,21	33 59
시편	2,11	53
	8,7	53
	24,5	47
	26,14	147
	27,1	47
	30,25	147
	55,6	171
	58,6	165
잠언	3,4	67
	3,27-28	77
	15,5.20	63
	15,33	61
	19,18; 29,17	61
지혜	5,16	51
	6,5	67
	7,6	33
집회	머릿글 34	125
	1,27	61
	5,14	33
집회	7,23	61
	7,35	67
	30,2.13	61
	47,11	53
이사	1,17	67
	42,1-4	165
	44,5	127
	49,1-7	165
	50,4-11	165
	52,5	77
	52,13–53,12	165
	53,4.9.12	73
	64,3	131
	65,16	131
예레	5,4	79
에제	3,18.20	53
	9,4	127
	33,6.8	53
	34,1-31	65
	34,4.16	81
	36,20	77
다니	3장	155
	3,19 이하	169
	10,7	147
	13,42	61
1마카	7,34	63
2마카	6,30	163
	7장	155
마태	5,7.10	55
	5,33-37	147
	5,44	61 85
	6,10	129 141
	6,12.14-15	55 67
	6,13	71
	7,1	55
	7,1-2	55
	8,6.13	165

마태	10,16	171
	10,22	129
	10,23	135 137
	10,36	139
	10,39	135
	12,18	165
	12,32	33
	12,34	61
	13,17	51
	14,2	165
	14,48	141
	15,19	61
	17,5	165
	18,17	79
	18,35	55 67
	20,28	63
	21,2.7	143
	22,44	53
	24,4-5	53
	24,13	129
	24,30	69
	25,21.23	51
	25,36.43	67
	26,39	129
	26,41	71
	26,42	129
	26,55	141
	26,63	145
	27,13	153
	27,62 이하	177
마르	1,11	165
	3,31-35	57
	6,1	165
	6,41	163
	7,21	61
	9,2.7	165
	9,35	63
	10,38-39	139 167
	10,45	63
	11,7	143
	11,23	61

마르	12,6	165
	13,3	129
	14,36	167
	14,38	71
	14,48	141
	14,61	145 151
	14,62	145
	14,72	155
	15,1-15	147
	15,2.9.12.26	151
	15,3-4	153
	15,4 이하	145
	15,21	75
	15,39.44-45	179
루가	1,6	55
	1,32	53
	1,47	47
	1,54.69	165
	2,11	49
	2,36-37	14
	2,37-38	111
	2,43	165
	6,20	55
	6,27-28	85
	6,29	55
	6,36	55
	6,37	55
	6,45	61
	7,7	165
	8,13	51
	11,4	71
	11,50-51	53
	12,35	53
	12,45	165
	15,26	165
	16,8	75
	19,28-40	143
	20,34	33 75
	22,3	133 165
	22,17	167
	22,27	63

루가	22,43	129	사도	4,25		165
	22,53	143		4,27.30		165
	23,2	151		4,33		69
	23,6-12	115		5,31		49
	24,38	61		6,10		159
요한	3,12	53		7,52		67
	5,21	63		7,55		159
	5,29	167		7,55 이하		163
	7,1	135 137		7,60		61
	8,44	71		8,21		83
	8,59	135 137		9,7		147
	10,39	135 137		10,42		53
	11,33.38.41	149		11,26		151
	12,14 이하	143		12,3		141
	13,2	133		13,1		159
	13,34	49 77		13,23		49
	14,6	49		15,23		87 183
	14,16-18.26	110		16,12		57
	15,12	49		16,12-40		51 57
	15,16	85		19,33		177
	16,7	110		20,17-28		37
	17장	143		20,28		39
	17,1	143 163		21,14		129 141
	18,4	135 141		21,17-26		36
	18,7-8	135		21,20		69
	18,12	141		21,34		147
	19,9	145		21,40		149
	19,12	147 151 153		22,20		118
	19,15	147 151		22,24		129
	19,31	143 145		23,5		153
	19,34	69 171		23,27		141
	21,19	183		26,18		83
사도	1,9	129		26,21		141
	1,16	141		26,28		151
	1,25	75	로마	1,23		165
	2,5	83		1,29-30		55
	2,8-10	10		2,4		83
	2,17.20	110		2,11		67
	2,24	51		2,24		77
	3,13.26	165		4,25		75
	3,15	51		5,3; 6,9		51

로마	6,13	59
	7,14-25	65
	8,11	55
	8,17	34 63 75
	8,35	127
	11,36	169
	12,2	33
	12,10	77
	12,12	129
	12,17	67
	13,1-7	153
	13,8	77
	13,8-10	57
	13,11	51
	13,12	59
	14,10	67
	14,12	67
	15,6	83
	15,31	53
	16,1 이하	87
	16,13	75
	16,15	185
	16,25 이하	169
	16,25-27	185
1고린	1,2	47
	1,3	49
	1,6; 2,1	69
	2,9	115 131
	4,16	115
	6,2	34 79
	6,9-10	65
	6,14	55
	7,31	110
	8,9 이하	67
	9,21	171
	9,22	67
	9,24-25	173
	9,25	165
	10,24.33	115
	11,1	115
	12장 이하	159
1고린	12,12	35
	12,26	81
	13,13	57
	14,25	61
	15,3	51
	15,12 이하	71
	15,27-28	53
	15,40	53
	15,42-54	165
	15,48-49	53
	15,58	51 77
	16,15	87 185
2고린	1,1	47
	1,3	83
	1,7	51
	3,1	87
	4,14	51 55
	5,8	75
	5,10	67
	5,11	51
	5,15	75
	6,4	63
	6,7	59
	6,12	47
	8,1-2	51
	8,21	67
	10,1	77
	11,23	63
	11,26	69
	12,10	127
	12,19	81
갈라	1,1	83
	1,4	33
	1,5	169
	1,14	69
	1,20	147
	2,2	75
	2,4	69
	2,16	51
	4,26	57
	5,17	65

갈라	5,14; 6,2	57
	6,7	63
에페	1,3	83
	1,5.11-12	167
	1,10	53
	1,13	57
	1,17 이하	165
	2,8-9	51
	3,14-21	165
	3,20	185
	3,20-21	169
	3,21	169
	4,26	83
	5,5	79
	5,21	77
	5,22 이하	59
	6,8	51
	6,9	67
	6,11	59
	6,14	53
	6,18	85
필립	1,3-5	79
	1,5	51
	1,16	51
	1,23	75
	1,27	63
	2,4	69 115 127 143
	2,10	53
	2,16	75
	2,17	51
	2,25-30	87
	3,10	115 139
	3,14	173
	3,17	115
	3,18	85
	3,20	49
	3,21	53
	4,10	51
	4,10-18	51
	4,20	185
	4,20-23	169

골로	1,4-5	57
	1,9-12	165
	1,12	83
	1,16	53
	1,23	77 83
	1,24	139
	1,27	71
	2,10	85
	2,12	83
	2,19	81
	3,5	79
	3,10.17	115
	3,18	59
	3,24	51
	3,25	67
	4,7 이하	87
	4,12	129
1데살	1,2-10	79
	1,3	57
	1,6 이하	79
	2,12	63
	4,1	77
	5,6	71
	5,8	59 71
	5,17	35 61
	5,22	79
	5,23	185
	6,15	185
2데살	1,3-4	79
	1,4	81
	2,8	171
	3,5	73
	3,15	81
1디모	1,1	47 71
	1,6	33 53
	1,9	171
	1,15	31
	1,16	83
	1,17	169 185
	1,20	32
	2,1	85

227

1디모 2,2	85	2디모 4,5	71
2,3	47	4,6	163
2,7	83	4,8	31 51
2,15	61	4,9-22	32
3,1	31	4,10	33 63 75 87
3,1-7	31 37	4,14	31
3,3	63	4,18-22	169
3,5	39 79	4,19	32
3,8	33 63	5,22	31
3,8-13	31 63	디도 1,3.4	47
3,11	33 61	1,7	67
4,9	31	1,8	33
4,10	47	1,9-10	31
4,12	59	1,10	53
4,15	85	2,1	31
5,3-16	61	2,3	33 61
5,5	35 61	2,6	63
5,17-19	31 37	2,8	31
5,24	57	2,10	47
6,1	77	2,12	63 75
6,3	31	2,13	33 49
6,7	33 59	2,14	69
6,10	33 59	3,4	49
6,11.15	31	3,5	51
6,17	33 63 75	3,6	47
6,20-21	32	3,8	31
2디모 1,5	83	3,12-15	32
1,5-9	31	3,13	32
1,10	49	3,14	85
1,15-18	32	히브 1,9	73
2,11	31	2,8	53
2,12	63	3,12	61
2,18	71	4,12-13	61
2,22	31	5,10	83
2,25	81	5,13	73
3,3	33	6,20	83 169
3,5-6	69	7,3	83
3,11	127	8,1	53
3,16	31	9,6	179
4,1	53	9,11	169
4,3	31 71	10,7	129

히브	10,9 이하	129
	10,10	51
	10,32.36	129
	11,33	73
	11,36	129
	12,2	51 53
	12,2-3	129
	12,11	73
	12,28	67
	13,20-21	169
	13,21	129
	13,24	185
야고	1,1	181
	1,4	85
	1,27	67
	2,1 이하	67
	5,2	147
	5,14	36
1베드	1,2	49
	1,3	83
	1,8	51
	1,13	53
	1,21	53 83
	2,11	65
	2,12	77
	2,13-17	153
	2,17	77
	2,20 이하	129
	2,21-22	73
	2,25	65 81
	3,1-2	59
	3,8	77
	3,9	55
	3,13	69
	3,14	116
	3,17	129
	4,5	53
	4,7	71
	4,10-14	169
	4,11	185
	4,13	139

1베드	4,15-16	73
	4,16	116 151
	4,17	53
	4,19	129
	4,23	165
	5,1	118 139
	5,2-3	36
	5,4	173
	5,5	28 63 77
	5,8	71
	5,9	77
	5,11	169
	5,12	87 183
2베드	1,6	129
	1,17	165
	3,15	57
	3,17	169
1요한	2,13	114
	2,18.22	69
	3,8	71
	3,18	61
	4,2-3	22 69
	4,8-10	49
	4,9	73
	5,6-8	69
	5,14	129
	5,16	61
2요한	1,6	63
	1,7	53 69
유다	1,2	127
	1,24-25	169
	1,25	49
묵시	1,8	47
	1,9	129
	1,15	169
	2,2.3	129
	2,8 이하	10 157
	2,8-10	157
	2,10	10 173
	2,13	118
	2,19	129

묵시	3,9	157
	3,10	129
	4,8	47 163
	5,1	127
	6,7	127
	6,9 이하	165 183
	7,3-4	127
	7,4	165
	9,4	127
	10,4	127
	11,17	47 163
	12장	114
	13,10	129
	13,17-18	165
	14,8	151
	14,12	129
	15,2	165
	15,3	47 163
	16,7.14	47
	16,7	163
	16,19	151
	17-18장	151
	17,6	118
	19,6.15	47
	20,3	127
	20,4	183
	21장	111
	21,22	47 163
야고복음	23,3	120
4에즈	6,5 이하	127
	8,51 이하	127
4마카	6,4-5	129
	6,6	163
	6,7.9.30	163
	6,9	129
	7,12.16	163
	9,20	171
	9,26	163
	13,3	163
	17,12.15	173
이사.순교	5,7.14	131

고대문헌 인용 색인

네로의 생애 12,1 · · · · · · · · · · · · · · · · 171
디다 1,3 · 85
    4,9 · 61
    8,2 · 129
    9장 · 163
    9,2 · 167
    9,3 · 165
    9,4 · 143
    10,2-3 · 165
    10,5 · 143
    14장 · 163
    16,6 · 69
디디.삼위 3,41,1 · · · · · · · · · · · · · · · · 117
락탄.죽음 1,1 · · · · · · · · · · · · · · · · · · 173
리용.편지 5,1,10 · · · · · · · · · · · · · · · 121
    5,1,23 · 139
    5,1,29 · 131
    5,1,34 · 131
    5,1,36.42 · · · · · · · · · · · · · · · · · · 173
    5,1,51 · 131
    5,1,53 · 147
    5,1,62 · 175
    5,2,2 · 139
    5,2,2-3 · 121
목자.비유 6,2,3 · · · · · · · · · · · · · · · · · 65
    6,3,3 · 65
    6,7,2 · 65
    8,3,6 · 173
    8,11,3 · 65
    9,28,3 · 116
목자.환시 3,2,1 · · · · · · · · · · · · · · · · 129
미누.옥타 9,4 · · · · · · · · · · · · · · · · · · 151
바르.편지 5,14 · · · · · · · · · · · · · · · · 129
    7,2 · 53
    19,5 · 61
    20,2 · 67
바울/테클.행전 3장 · · · · · · · · · · · · · · 155

바울/테클.행전 5장 · · · · · · · · · · · · · · 61
    22장 · 171
베드.행전 2장 · · · · · · · · · · · · · · · · · · 61
사도규정 3,8,1 · · · · · · · · · · · · · · · · · 35
    8,15,2 · 165
소조.교회 7,18,12 · · · · · · · · · · · · · · 114
    7,19,2 · 114
쉴리.행전 3,5 · · · · · · · · · · · · · · · 147 151
    3,14 · 147
    17장 · · · · · · · · · · · · · · 169 173 183
아담의 생애 19 · · · · · · · · · · · · · · · · · 65
아리.호교 15 · · · · · · · · · · · · · · · · · · 175
아우구스투스의 생애 43,2 · · · · · · · · · · · 171
에우.교회 2,23,10 · · · · · · · · · · · · · · 143
    2,23,13 · · · · · · · · · · · · · · · · · · · 151
    2,23,18 · · · · · · · · · · · · · · · · · · · 183
    2,25,5 7 · · · · · · · · · · · · · · · · · · · 112
    3,32,3 · 183
    3,36,1 · 189
    3,36,13 · 19
    3,36,14-15 · · · · · · · · · · · · · · · · · 19
    4,8 · 157
    4,14,1 · 13
    4,14,7 · 189
    4,14,8 · 20
    4,14,9 · 25
    4,14,10–15,2 · · · · · · · · · · · · · · · · 15
    4,15 · 104
    4,15,1-45 · · · · · · · · · · · · · · · · · · 103
    4,15,3-45 · · · · · · · · · · · · · · · · · · 105
    4,15,15 · 105
    4,15,39 · 171
    4,22,4 · 116
    4,26,2 · 109
    4,26,5 이하 · · · · · · · · · · · · · · · · · 141
    5,3,3-4 · 111
    5,16,3 · · · · · · · · · · · · · · · · · 111 118

에우.교회 5,16,5	111
5,16,6	110
5,16,10	113
5,16,13	183
5,17	113
5,17,1	113
5,17,4	109
5,18,2	112
5,18,3	110 111
5,18,3-4	112
5,18,5	121
5,18,11	112
5,18,15	135
5,19	109 112
5,19,13	121
5,20,6	12 189
5,20,7	23
5,20,8	19
5,24,4	14
5,24,6	116
5,24,14-17	13
5,24,16	12
6,10,3	112
6,42,5	183
에피.약상 48	109
48,2 이하	173
48,2,1	137
48,2,4	110 117
48,4,1	110
48,7,1	117
48,10	109
48,10,3	110
48,11	117
48,11,1	110
48,11,1.9	110
48,12,3-4	135
48,12,4	110 117
48,13,1	110
49,1	117
49,1,3	110
49,2-3	114
에피.약상 51,33	113
오리.순교 30,37,39	163
36	133
오리.첼수 7,9	117
8,65	147
요세.유다 12,3,4	157
14,10,11-26	157
요한.행전 19	165
84	61
103	139
유스.트리 93,4	149
108,3	149
유스.행전 2,4	177
4,8	57
6장	169
유스.호교 1,6,2	177
1,16,5	147
21,3	147
이냐.로마 2,1	120
2,2	161 163
4,1-2	163
5,3	155 169
6,1	75
6,3	49 116 163 179
7,3	161
9,3	49
10,1	87
이냐.마그 머릿글	47
2	65
3,2	32
5,1	75
6,1	32 65
7,1	65
13,2	65 77
14장	163
15	11 38
이냐.스미 1-8	23
1	69
1,1	77
1,2	127
2-3장	173

이냐.스미 4장 ············ 155	이냐.트랄 11,2 ············ 69
4,2 ············ 75 119 169	12,2 ············ 163
5,1 ············ 119 173	13,2 ············ 65 87
6,1 ············ 53	이냐.폴리 머릿글 ············ 11
6,2 ············ 67	2,1 ············ 67
7,1 ············ 165 173	2,3 ············ 167
8,1 ············ 32 65	4,1 ············ 67
8,1–9,1 ············ 38	5,1 ············ 59
8,2 ············ 127 173	5,2 ············ 173
10,1 ············ 63	6,1 ············ 65 167
10,2 ············ 167	8,3 ············ 87
11,1 ············ 49	이냐.필라 머릿글 ············ 127
11,2 ············ 81	1,1 ············ 53
12,1 ············ 87	1,2 ············ 77
12,2 ············ 11 38	5,1-2 ············ 67
13,1 ············ 61	7,1-2 ············ 159
13,2 ············ 87	7,2 ············ 49 65
이냐.에페 1,1 ············ 47	8,2 ············ 69
2,2 ············ 65	9,1 ············ 83 169
6,1 ············ 65	9,2 ············ 47 173
7,1 ············ 69	11,1 ············ 49
9,1 ············ 69	11,2 ············ 87
10,1 ············ 35 61	이레.논박 1,3,6 ············ 71
10,2 ············ 77	2,32,7 ············ 147
10,3 ············ 73 116	3,3,4 ·· 12 13 14 16 20 22 38 71 189
11,2 ············ 51	4,18,5 ············ 165
12,2 ············ 163	체사레아의 바실리우스 편지 264 ······· 85
13,2 ············ 53	치릴루스의 시편 주석서 4,1 ············ 47
14,1 ············ 61 83	치프.편지 6,2 ············ 183
15,1 ············ 120	10장 ············ 171
15,3 ············ 61 83	10,3 이하 ············ 139
20,2 ············ 65 165	10,4 ············ 173
21,1 ············ 11 38 167	15,3 ············ 183
이냐.트랄 2 ············ 65	16,8 ············ 37
2,2 ············ 65	17,1 ············ 81
3,1 ············ 65	31,5 ············ 183
7,2 ············ 65	클레.양탄 3,4,39,2 ············ 71
8,2 ············ 77	4,13,93,1 ············ 109
9 ············ 69	4,17,1 ············ 121
9,2 ············ 55	4,75,1-2 ············ 163
10 ············ 119	7,17,108 ············ 109

클레.양탄 7,51,8 · · · · · · · · · · · · · · · · · 147	1클레 55,6 · 71
87,2 · 163	56,1 · 81
1클레 1,3 · 61 65	57,1 · 65 81
3,2 · 127	59,2.4 · 165
3,4 · 71	59,4 · · · · · · · · · · · · · · · 65 67 81 85
5,2 · 51	59,20 · 165
5,4 · · · · · · · · · · · · · · · 75 119 183	60,4 · 83
5,7 · · · · · · · · · · · · 73 75 119 183	61,3 · 83
6,2 · 51	62,2 · 83
7,2 · 53	62,3 · 57 83
8,4 · 67	63,1 · 51
9,1 · 53	63,3 · 87
13,1 · 55	64 · 71 83
13,2 · · · · · · · · · · · · · · · · · · · 26 55	65,7 · 185
17,1 · 67	2클레 13,1 이하 · · · · · · · · · · · · · · · · 77
19,1 · 53	14,2-4 · 127
21,1 · 63	테르.규정 32 · · · · · · · · · · · · · · · · · · · 12
21,3 · 61	테르.박해 9,4 · · · · · · · · · · · · 113 135
21,6-7 · 61	테르.수치 1–2 · · · · · · · · · · · · · · · · · 113
21,6-8 · 61	테르.스카 4,3-4 · · · · · · · · · · · · · · · 147
21,7 · 61	테르.영혼 8 · · · · · · · · · · · · · · · · · · 171
32,3 · 51	테르.육신 15 · · · · · · · · · · · · · · · · · · 69
33,8 · 73	테르.전갈 15 · · · · · · · · · · · · · · · · · · 171
35,5 · · · · · · · · · · · · · · · · · · · 28 55	테르.프락 1 · · · · · · · · · · · · · · · · · · · 112
36,1 · 83 169	테르.호교 10 이하 · · · · · · · · · · · · · · 149
37,5 · 81	39,6 · 175
38,1 · 77 81	42,8 · 65
39,1 · 63	테르.회개 7,10 · · · · · · · · · · · · · · · · · 113
40,1 · 83	테오.교회 28,1 · · · · · · · · · · · · · · · · · 81
41,2 · 61	토마 행전 A 10 · · · · · · · · · · · · · · · · 65
42장 · 179	파치.편지 1,1 · · · · · · · · · · · · · · · · · 114
42,5 · 75	페르.순교 1,2 이하 · · · · · · · · · · · · · 131
43,1 · 57	3,3 · 131
45,2 · 57	4,1 · 131
47,1 · 57	4,7 · 131
47,1-2 · 57	6,1 · 163
47,7 · 77	10,4 · 131
49,1 · 57	15 · 139
50,7 · 51	15,3 · 131
53,1 · 57 83	21,5 · 171
55,4 · 57	1폴리 1,1(13,1) · · · · · · · · · · · · · · 38 73

1폴리	1,2(13,2) ············· 19 23 24	2폴리	11,4 ················· 23 24 35
2폴리	머릿글 ············ 22 37 39 41		12,1 ···················· 24 25 26
	1,1 ························ 20 73		12,2 ················· 22 24 169
	1,2 ···························· 22		12,3 ······················· 24 26
	1,2-3 ·························· 22		13 ································ 75
	1,3 ···························· 23		13,2 ····························· 75
	2,1 ·············· 22 23 24 25 40 59		14 ································ 75
	2,1-2 ··························· 22	폴리.순교	머릿글 ······· 102 173 181 183
	2,2 ······················ 23 24 33 41		1장 ······························ 116
	2,2-3 ····················· 23 24		1–4장 ·························· 135
	2,3 ······················ 22 23 26		1,1 ·· 105 118 119 135 167 181 187
	3,1 ························ 23 38		1,2 ········· 115 117 127 143 181
	3,2 ··························· 22		2,1 ························ 117 118
	3,3 ··························· 23		2,1-2 ······················ 119 175
	4,1 ················ 23 24 33 40 55		2,2 ············ 117 118 133 143 175
	4,2 ··························· 24		2,2-3 ···························· 139
	4,3 ······················ 23 24 35		2,2-4 ···················· 129 133 181
	4,2–6,2 ························ 24		2,2–7,3 ···························· 105
	5,1 ··························· 23		2,3 ······················· 115 155
	5,2 ·········· 23 24 33 35 39 40 41		2,4 ······························ 133
	5,1-2 ···························· 38		3장 ······························ 179
	5,3 ··············· 24 26 35 38 40		3,1 ······· 125 129 133 171 175 181
	6,1 ····················· 24 35 38 39		3,1-2 ··························· 135
	6,1 이하 ··············· 25 35		3,2 ······················· 135 143 147
	6,2 ··························· 36		4장 ··· 17 117 120 121 122 125 133
	6,3 ··················· 22 23 24 25 35		135 143 173 179
	6,3–7,2 ························ 23		5–16장 ······················· 106
	7,1 ················· 22 24 25 35 119		5,1 ······················ 122 125 175
	7,1-2 ······················ 25 26		5,2 ························ 167 173
	7,2 ···················· 22 24 40		6,1 ············· 135 137 139 141
	8,1 ···················· 22 23 26		6,2 ··········· 115 137 139 141 175
	8,2 ························ 24 49		7,1 ······························ 117
	9,1 ·············· 20 23 24 38 73		7,2 ························· 141 143
	9,2 ············ 19 22 24 25 33 40		7,3 ······························ 143
	10,1-2 ························· 26		8,1 ······ 105 115 125 143 173 183
	10,2 ··························· 24 25		8,2 ············· 105 115 139 141
	11장 ························ 39 59		9장 ······························ 141
	11,1 ······················ 24 35 38		9,1 ······························ 141
	11,1-2 ·························· 24		9,2-3 ······················· 151 155
	11,2 ·················· 34 35 39 40		9,2 ·················· 139 155 163 171
	11,3-4 ························· 38		9,3 ························· 14 16 18

| 폴리.순교 10장 · · · · · · · · · · · · · · · · · 104
| 10,1 · · · · · · · · · · · · · 103 151 155
| 10,2 · · · · · · · · · · · · · · · · · 85 135
| 11,1-2 · · · · · · · · · · · · · · · · 133 155
| 12장 · 173
| 12,1 · 139
| 12,1-2 · · · · · · · · · · · · · · · · 133 143
| 12,2 · · · · · · · · · · · · 133 135 159 171
| 12,2-3 · · · · · · · · · · · 147 153 155 177
| 12,3 · · · · · · · · · · · · 137 159 167 173
| 13,1 · · · · · · · · · · · · · · · · 147 157 177
| 13,2 · · · · · · · · · · · · · · · · · · · 118 175
| 13,3 · · · · · · · · · · · · · · · 115 129 133
| 14장 · · · · · · · 102 139 143 161 163
| 14,1 · 163
| 14,2 · · · · · · · · 118 119 139 163 175
| 14,3 · 83
| 15장 · 161
| 15-16장 · · · · · · · · · · · · · · · · · · · 169
| 15,1 · 183
| 15,1-2 · 169
| 15,2 · · · · · · · · · · · · 102 118 161 169
| 16,1 · · · · · · · · · · · · · · · · · · · 115 133
| 16,2 · · · · · · · · · · · · · · · · · 12 38 125
| 135 137 159 167 173 175 183
| 17장 · 104
| 17,1 · · · · · · · · · · · · 118 133 175 181
| 17,1-3 · 139
| 17,2 · · · · · · · · · · · · · · · · 147 157 181
| 17,2-3 · · · · · · · · · · · · · · · · · 163 175
| 17,3 · · · · · · · · · · · · · · · · · 22 117 118
| 119 120 127 135 159 177 181
| 18장 · 179
| 18,1 · · · · · · · · · · · · · · · · · · · 147 157
| 18,2 · 175
| 18,3 · · · · · · · · · · · · · · · 101 102 118
| 19장 · 181
| 19,1 · · · · · · · 105 118 119 120 127
| 133 135 143 175 179 181 187
| 19,2 · · · · · · · · · · · · · · · · · · · 22 125
| 129 133 159 165 175 181

폴리.순교 20,1 · · · · · · · · · · · · · · · · · 102
    20,2 · 183
    20-23장 · · · · · · · · · · · · · · · · · · · 104
    21장 · 14 15 16 18 115 118 141 175
    21,2 · 175
    21-22장 · · · · · · · · · · · · · · · · · · · 102
    21-23장 · · · · · · · · · · · · · · · · · · · 105
    22,1 · · · · · · · · · · · · · · · · · · · 104 187
    22,1.3 · 171
플라톤의 법률론 · · · · · · · · · · · · · · · · · · 59
폴리.편지 10,96,3 · · · · · · · · · · · · · 151 155
    10,96,5-6 · · · · · · · · · · · · · · · · · 149
    10,96,9 · · · · · · · · · · · · · · · · · · · 149
피오.순교 2장 · · · · · · · · · · · · · · · · · · · 179
필립보 행전 63 · · · · · · · · · · · · · · · · · · 65
히에.유명 17 · · · · · · · · · · · · · · · · 20 159
히에.편지 41,3 · · · · · · · · · · · · · · · · · 114
    41,4 · 110
히폴.논박 8,19 · · · · · · · · · · · · · · · · · 112
    10,25 · 118
    10,25-26 · · · · · · · · · · · · · · · · · · 112
히폴.다니 4,20 · · · · · · · · · · · · · · 112 117
히폴.사도 3,4,8 · · · · · · · · · · · · · · · · 165
CD 2,14-16 · · · · · · · · · · · · · · · · · · 55
    7,7 · 55
    8,7 · 59
    10,18 · 59
    11,15 · 59
    12,6-7 · 59
    14,1 · 55
    19,4 · 55
1QH 14,9-11 · · · · · · · · · · · · · · · · · · 55
    17,23-24 · · · · · · · · · · · · · · · · · · 55
1QS 1,3-4 · · · · · · · · · · · · · · · · · · · 55
    4,9 · 59
Stobaios Anthol. 3,10,37 · · · · · · · · · · · · 59
    3,16,12 · 59